Minerva Shobo Librairie

再帰性と市場

グローバル市場と再帰的に変化する人間と社会

中西眞知子［著］

ミネルヴァ書房

序

初めて訪れた異国の街で路店をのぞき、市場を訪れる。独特の香辛料の香りや、民族音楽の調べと異国の言語の響き、店先に並んだ手工芸品の美しい色合いが五感を刺激する。新鮮な野菜、果物、肉、魚、チーズなどの並ぶ陳列台をのぞき、色とりどりの衣装に触れる。市場の活気が旅疲れの私の気分を湧き立たせる。試食用に並んだパンや菓子、紅茶やワインを味わう。いつの時代のものだろうか、アンティークのペンダントを胸に当て、何度も塗り重ねたペンキのにおいのするアンティーク椅子に座る。ノスタルジックな気分になり、いつしか古い記憶がよみがえる。

身振り手振りで片言ながら売り手とことばを交わす。価格の交渉をして、できるだけこちらの希望価格で商品を手に入れようとする。交渉が首尾よくはかどって、お目当ての商品を手にすると、あたかもその地の住民の一人として、コミュニケーションを交わして、市場に参加することができたような気分に浸る。

辞書片手に入ったメニューを読むこともできない地元の食堂で、身振り手振りで隣のテーブルの人と同じメニューを注文する。その土地の料理を味わうことができれば、大いに満足して、デザートも隣のテーブルと同じものを注文する。そこでもあたかも、その店の常連となっていっしょに食事をしているような気がしてくる。

一方、自宅にいてもパソコンを開けば、インターネット市場が二十四時間世界中でオープンしている。インターネットの画面を開いて、仮想空間の中で推奨品リストから本をバスケットに入れると、私の購入履歴が追加されて、推奨品リストが更新される。航空券やホテルの予約にインターネットを用いると、私の購入履歴はデータマイニングされて、同じ目的地の航空券や同一都市のホテルの格安予約の案内が届く。

私たちは日々、市場に囲まれて暮らしている。現代社会で、市場と接することのない毎日は考えられない。市場は、いつしか自覚のないままに、われわれの社会に広く深く入り込んで、その日常生活に大きく影響を及ぼしているのではないだろうか。同時に、われわれの感覚や暮らし方、美意識、考え方、行動などが変化すると、その変化に応えて、市場も日々変化を続けているのではないだろうか。

日本では、祝い箸やお節料理の並んだ店頭で、新しい年の到来が近いことを感じ、早々とスーパーに並んだ七草セットに、松の内が終わることに気づく。二月に入ると、節分には奈良の風習が全国に広まったという恵方巻が、今年の恵方を記したチラシつきで売り場に並ぶ。チョコレート売り場では早々とベルギーやオーストリアから届いたバレンタインチョコレートフェアが催される。

三月になると、雛人形が登場し、茶巾寿司や桜餅が陳列される。バレンタインデーのお返しに、菓子メーカーがマシュマロでチョコレートをくるんだことに始まるといわれるホワイトデーのクッキーやキャンデーが並ぶ。四月の新学期を控えて、ランドセルや学用品のセールが始まる。五月のゴールデンウィークには、鯉のぼりが飾られて、柏餅や粽が店先に並ぶ。菖蒲湯が推奨される。そして母の日が近いことを早く知るのは花屋に並ぶカーネーションよりも、デパートの婦人用品売り場の母の日セールからである。

六月には夏に向けて水着や海外旅行のキャンペーンが始まり、デパートの紳士用品売り場では父の日セールとなる。七月に入ると夏のバーゲンが始まり、レジャー用品が売り出される。素麺やスイカが店頭に並び、白地に赤いかき氷の旗が涼感を誘う。八月のお盆用品が並び終わると、夏の盛りは終わり、秋物の衣類が並ぶ。いち早く秋の訪れを知らせるのも市場である。

九月になると、秋の果物が店先に並び、敬老の日セールが始まる。お彼岸にはおはぎがショーケースに並ぶ。十月には敬老の日のお返しを目的として設定されたという「孫の日」のキャンペーンが始まり、秋の行楽シーズンの到来を告げる。西欧の収穫祭であるハロウィンのカボチャもいつのまにか日本の市場に定着したようで、パンプキンパイやパンプキンプリンが販売される。十一月には電車の中吊り広告で紅葉の名所が紹介される。

そしていつしか師走が訪れる。居酒屋の店先にはおでんののれんがかかり、柚子湯を勧める広告で冬至の訪れが近いことを知る。街の商店街のライトアップの風景やクリスマスソングによってクリスマスの訪れを知る。

日本の四季を追って、一年間の市場の変化をみていったが、日本以外の国においても、市場は、その国の催しや文化と密接に関連する。

英国では、長い冬の後、イースター休暇が終わると花が咲き誇り、春に光とともに街も明るくなる。あちらこちらの公園の芝生でビキニ姿で日光浴に余念のない女性の姿を見かけ、肌に塗るオリーブ油が店頭に陳列される。夏のホリデイ向けには、スペインやイタリアなど南欧旅行のパンフレットが並ぶ。

初夏の訪れとともに、ピクニックバスケットやバーベキューセットが店頭に並ぶ。九時まで明るい夏の夜、テラスやリスの走る芝生の上でバーベキューをし、きゅうりやサーモンのサンドイッチや、果物のたっぷり入ったサマーカクテルピムスを楽しむ。

新学期の始まる九月下旬には、新入生セールで、机やいす、文房具、衣類などが安くなる。そして十月末にはサマータイムが終わり、ハロウィンのカボチャが市場に並ぶ。

十二月に入ると通りが華やかにライトアップされて、クリスマスセールが始まる。美しくリボンをかけられたシュトーレン、七面鳥や鶏の丸焼きがスーパーに並ぶ。あちらこちらでクリスマスマーケットが開かれる。そして、スーパーもレストランも閉店して静まりきったクリスマス。その翌日のボクシングデーからは、冬のバーゲン・セールが始まる。

古今、東西を問わず、われわれの生活は市場と共にある。現代社会において、市場は今まで以上に私たちの生活に深く入りこみ、気づかぬ間に、われわれの五感、記憶、感情、感動、考え方、行動、習慣などを、次々に変えていっているのではないだろうか。そしてそれは、いつしかわれわれの社会を変革していくことにもつらなっていくのではないか。

再帰性（reflexivity）[1]とは、「自己を他者に映し出して、それが自己に帰って自己を変革する螺旋状の循環」である。第1章で論じるように、この概念自体も社会の変化に伴って変化している。

市場とは、自己利益の最大化を図る交換の場という意味であり、社会は、仲間（socio）に由来して、人と人の間の関係、共同過程をさす。社会化とは、個人が他人との相互関与によって、社会の価値や規範を内面化する習得過程を意味するが、この社会化、すなわち規範共有の過程に市場の再帰性が大きく入り込んで、その変化を促しているのではないだろうか。

本書において、第1章では、まず再帰性の変化を追い、新しい市場再帰性の萌芽を見出す。そして第2章で市場再帰的な五感や記憶や感情、行動などについて考えよう。さらに、第3章ではブランドの再帰性について見ていこう。また、第4章で東京、名古屋、大阪という日本の三大都市における都市の再帰性について、比較調査結果に基づいて考えていこう。さらに第5章では日本と英国の市場（いちば）の再帰性についてディプスインタビユー結果から検討してみよう。そして最後に、第6章ではグローバル資本主義社会と新しい市場再帰性について考察し、来るべきグローバルな社会を展望することにしよう。

これから加速度的にグローバリゼーションが進むことが予想されるわれわれの社会において、それを意識するか否かにかかわらず、市場はいつしかわれわれの内部に入り込んで、味覚を、嗅覚を、聴覚を、視覚を、触覚を変え、感情も行動も変化させていく。このことに対して、われわれはもっと五感を研ぎ澄ましていたほうがいいのではないか。市場がわれわれをどこへ導くことになるのか、われわれにとって、楽しい未来社会を開くことになるのか、それともすべてはグローバル資本主義の意のままに変えられていくほかはないのだろうか、ここで、いっしょに、来るべき社会に思いをめぐらせて、さまざまな議論をしていこう。

注

(1) 再帰性 reflexivity、Reflexivität という語は再帰性、反省性、自省性、反照性、リフレクシヴィティなどと翻訳されている。反省性の意味が近い個人意識から、再帰性のほうがふさわしい社会の制度や構造の循環的反照的な性格まで広い意味をもつ。ここでは最も多く使われており意味範疇の広い「再帰性」という語に統一する。

目　次

序

第3章　ブランドの再帰性

第6章　グローバルな資本主義社会と新しい市場再帰性

第1章　再帰性の変化と新たな展開

1　はじめに

再帰性（reflexivity）[1]をめぐっては、これまで多様な議論が展開されてきている。

英語圏の社会学において、早くも一九七〇年代後半に再帰性論に注目し、それ以降も重要な論点を提示してきたのはアンソニー・ギデンズであった。ギデンズは、自己意識が他者の理解と不可分に結びついていることを重要なことと考え、個人と社会との循環に焦点を当てる（Giddens 1976：6-27=1987：7-24）。彼は人間の行為と社会構造との循環を構造の二重性と呼ぶ。また、社会学は行為者の意味の枠に構成された世界を再解釈する二重の解釈学であるという。このようにしてギデンズは、再帰性が、社会的、言語的な基盤をもつことに意味を見出す。再帰性には、行為者が自己をモニターし、自らの意味を再審したり、行為の帰結が行為者自らに作用したりする自己再帰性、行為が社会構造に条件づけられつつ、同時に社会構造に影響を及ぼす制度的再帰性、さらに概念的言語的な媒介による認知的再帰性などがある。

なお、ニクラス・ルーマンによれば、「メカニズムはそれが自分自身に適用されることにより再帰的になる」（Luhmann 1974=1989：80）。ルーマンは、現代の自己の「主体」継承者とは「自己言及システム」であるという。どのコードも自分自身に適用すればパラドクスに至るので、このパラドクス回避のためには、自己言及を中断して、意味のある社会の記述を行うしかなくなるという（Luhmann 1990=1996：84-142）。ルーマンは自己言及概念を徹底することによって、再帰性が意図しなくても主体にまで及ぶことを示している。再帰性を徹底すれば、主体も再帰性自身も再帰性の及ぶ対象となるといっていいであろう。

ここでは再帰性とは、「自己を他者に映し出して、それが自己に帰って自己を変革する螺旋状の循環」と表現しておこう。再帰性は多くの領域で働き、異なる次元を結びつけることができる。

次元の異なるものを螺旋状に循環させる再帰性が、認識論、方法論から現代社会論まで縦横に論じるギデンズの問題意識を象徴していて、社会科学基礎論と近代社会論の関係は再帰的なもので、その再帰性をも問い直す必要があるのではないかとかつて筆者は論じた（中西 1998）。宮本孝二はギデンズの再帰性論を、主体の意味形成や意味反省能力、行為の帰結、社会学的認識・知識の存在様式の三つに分けて、構造化理論とモダニティ論で各々その働きを明確化して、再帰性の役割を、人間や社会の意味を批判的に問い直し変革する点に求める（宮本 2000）。門田健一は、再帰性は時代と共に変わるもので、前近代社会の再帰性は「伝統の再解釈と明確化」だけに制限されていたが、近代においては「システム再生産の基盤」に浸透し、それによって思考と行為が相互反照性をもつようになると、その変化を示す（門田 2000）。社会的実践が新たな情報に照らして絶えず検討・変革され、社会的実践の特質をその構成から変えてしまうという。ギデンズによれば、近代の再帰性の方法的原理となっているのは懐疑の精神で、近代の啓蒙思想には方向感覚の喪失が伴っていて、理性による懐疑が理性に向けられたとき、理性はその確実性を失うと門田は指摘する。

以上で紹介したように、ギデンズの再帰性論は大きな影響力をもったが、門田も指摘するとおり、再帰性の意味は時代とともに変化するものであり、ギデンズの提示するものにとどまっているわけではない。その後も再帰性論は多様に展開しており、その展開が示すように、再帰性概念は社会の変化に伴って変化してきた。

本章では、これまでの再帰性や再帰的近代化の議論の展開を追い、新たな展開をとらえることを試みよう。第一に、ギデンズやウルリッヒ・ベックの再帰性論と対比して、スコット・ラッシュらの再帰性論を検討する。第二に、情報化社会において ラッシュの指摘する再帰性の変化を紹介する。第三に、これらの論者が示す再帰性の変化を踏まえて再帰性の展開の方向性を探り、ラッシュやジョン・アーリをはじめとする最近の議論において新たな再帰性の展開を見出したい。

2 ベック、ギデンズとの対比におけるラッシュの再帰性論

それでは、ベック、ギデンズ、ラッシュが行った「再帰的近代化」(Beck et al 1994=1997) をめぐる論争を中心に、ラッシュの再帰性の特徴を明らかにしよう。

ベックは、省察 (reflection) とは近代化における自己省察であるといい、これを知識として、すなわち認知的再帰性としてとらえる。これに対して再帰性 (reflexivity) を、産業社会からリスク社会への望まれない、目に見えぬ変化であるとして、これらを区別する。ベックによれば、何が危険かという定義は認知的なものであり、社会的に構築されたものである。したがって、現代の社会は自ら生み出した結果を省察せず同じ政策を続けていく限り、限界と直面する。彼は再帰的近代化を、西欧近代化の招いたリスク社会のもたらす結果に対する自己対峙で、創造的な破壊の可能性を意味すると考える。ベックによれば、その主たる原因は、西側社会の近代化の勝利にある。これらへの対処法は、上からの大きな政治ではなく下からの社会形成であり、人々が参加してルールが制定しうるサブ政治にある (Beck et al. 1994 : 1-55=1997 : 9-103)。なお、ベックは再帰的無意識について論じ、ラッ

シュの美的再帰性が再帰的コミュニティを作り出すもので、再帰的コミュニティは緊急の行動にはふさわしいということを認めている（Beck 1999=2014：189–229）。

社会的、言語的基盤をもつことに大きな意味を見出すギデンズにとって、再帰性とは、個人が社会的、言語的な基盤に依拠して自己を含めた諸対象の意味を再解釈したり、構造に条件づけられながら、同時に、構造に働きかけたりする螺旋状の循環である。ギデンズは、認識論の解消や秩序の崩壊や状況依存的真理を認めるポスト近代論者とは異なり、高度近代（high modernity）論を唱える（Giddens 1990=1993）。彼は近代が最初から循環を含んでいたので、われわれの側から働きかけることができ、近代が再帰的自己アイデンティティを可能にすると、楽観的で肯定的な見方をする。ギデンズは、単純な近代化を、合理的で社会を一直線に富の増大や質の向上へと向かわせるものであるという。これに対して、再帰的近代化を、近代化のもたらす限界、矛盾、困難と折り合いをつけていくものであると区別する（Giddens 1994=2002）。これについて、「高度近代」論や「再帰的近代」論は近代からの巻き返しであり、モダニティを近代ないしは近代化を再帰的にとらえ返すための「メタレベル」に位置する概念としてとらえる見方もある（厚東 2011b：3–20）。ギデンズは、あくまでも近代の立場から、近代や近代化をメタレベルで批判的に問い直し変革していく概念として、再帰性をとらえているということができるであろう。

ラッシュとアーリは、一九八〇年代に、組織的な資本主義社会が終焉して、時間と空間の経済的再編や文化の変化を伴った現代資本主義社会となることを示した。そこでは、社会と文化の複雑な相互依存関係が存在するようになるという（Lash and Urry 1987：2；Urry 1995=2003：186–209）[2]。ラッシュによれば、自己再帰性はそういった近代化の過程に内在するものであり、再帰的近代化とは構造に対して行為者の保持する力が増大していくことである（Beck et al. 1994：110–173=1997：205–315）。

ラッシュは、再帰的近代化が行為を構造から遊離させるもので、とりわけそれは経済活動の「再帰的蓄積」に示されるという（Beck et al. 1994 : 119–127=1997 : 221–234 ; Lash and Urry 1994 : 60–110）。彼は、文化資本や情報能力が蓄積されると考え、関係性を重視する伝統的構造に注目して、日本、ドイツ、英米の再帰性を次のように示す。西欧の再帰性が個人化とともに育つのに対して、日本では集合的なものへと変わる。日本の再帰的近代化は、情報やリスクを企業と従業員、供給側と契約側が分担する集合的なもので、関係的で協調的な情報管理が再帰的生産を促進して、集合的再帰性が経済的成功を生じさせたという。「近代日本の文化はモダンではなく、ポストモダンの部類に属する」（厚東 2011a : 21）といわれるように、日本では、近代以前の伝統社会ですでに「空気」ともいうべき集合的再帰性が働いていて、ポスト近代の萌芽が見られることに、ラッシュらも気づいている。一方、ドイツでは生産システムの協調主義的管理が再帰的生産を可能にしたという。ドイツの職人の再帰性は、伝統的な土台に高度な近代的なものを移植したもので、伝統的な職業観に根ざす実践的再帰性が見出されるという。また知的思考が増すにつれて、英米における情報システムに見られる言説的再帰性の重要性が増すという。ラッシュが伝統遵守は再帰的であると記すように、再帰性は伝統社会においても、各文化と経済の特性を反映したかたちで見られる。

ラッシュによれば、情報化が進むと、資本の蓄積は情報の蓄積に代わる。資本に支えられていた力が情報の力によって獲得されるようになり、新たな情報の蓄積原理から発生する仕事によって新中間階級が生まれる。また、米国のスラムや英国の公営団地の労働者階級からの下降移動、移民、女性など、この情報コミュニケーション構造からも排除された新たな下層階級が生み出されるという(3)（Beck et al. 1994 : 127–135=1997 : 234–247）。彼らは、米国の黒人ゲットーや英国のカリブ、アフリカ、新興国からの移民など、情報構造からも排除された下層階級に言及する（Lash and Urry 1994：145-170）。情報化社会では，すべての階級が構造の地盤低下と自己決定の拡大を経験することになり，単純な近代では国民国家に向けられていた市民の責務が，再帰的近代では自己のモニタリングに向けられるという。

ラッシュは，情報コミュニケーション構造を通して流れるものが，概念的象徴だけではなく，概念以外の模倣的（mimesis）な象徴の産出配分の構造でもあることに着目し，これが美的再帰性の可能性を切り開くという（Beck et al. 1994：135-143=1997：247-262）。ラッシュによれば，情報コミュニケーション構造による情報の流れは，二つの方向を切り開く。まず，概念的象徴は新たな資本主義的支配のため，情報様式という資本に代わる権力と知識の複合体を生み出す。他方で，これは認知的再帰性の条件を形成する。次に，イメージ，音声，叙述などの模倣的な象徴は，文化産業の商品化された知的財産として，ポスト工業社会の権力集合複合体に属するものである。他方で，美的再帰性が美的批判を展開する仮想空間と現実空間を開く。ラッシュは，再帰性の理論が日常の経験による媒介と関係していく限り再帰的であり，その対象がシステムに向けられる場合に批判理論になると考える。美的再帰性は，日常の経験に対して模倣的に作用する限り再帰的である。ラッシュは，テオドール・アドルノにしたがって，美的再帰性とは，究極的ではなく近似的媒介を意味するという。彼は，アドルノ自身，ポピュラー文化を拒絶してきたが，アドルノの模倣は実はポピュラー文化を擁護するものであるという。というのは，ポピュラー文化は記号を通して抽象的にではなく，類似性を通して直接意味を表示するからである。文化産業もこの直接性を商品へと変質させていることをラッシュは指摘する。[4] 美的再帰性とは，非概念的な模倣的象徴やイメージに媒介された再帰性で，対話は美的倫理に基づく私の美的な表現である。判断に対する美的なものの勝利，主体に対する客体の，同一性に対する差異の報復とも表現される。美的再帰性は，啓蒙思想ではなく，芸術における近代化のなかに見出すことができる。「美的再帰性は、脱組織化した記号と空間の経済の詰め物で、それは莫大な有意味で逆説的な産業的、社会的、文化的帰結を生み出す」(Lash and Urry 1994：59) と、社会にさまざまな帰結をもたらすものであることが示される。

さらにラッシュは、後期近代の共同体回帰の基盤を解明すべく、共有された意味に基づく解釈学的再帰性を提唱する (Beck et al. 1994：143-156=1997：262-287)。ラッシュは、主客図式の思考展開は、共有された慣わしや「われわれ」の共有化された意味が崩壊したときに生じるという。解釈学的再帰性とは、実践のなかで生じる意味や慣習を媒体とする再帰性で、対話は「われわれ」の共有された意味に基づいた沈黙である。彼は、ベックの示す認知的再帰性の個人化や、自らが提示した美的再帰性の個人化とも異なって、共同体主義的な観点から「われわれ」の回復を試みる。新たな文化的共同体は、無思考のカテゴリー、しきたり、共有化された意味についての再帰性を伴うもので、再帰性がより高まる可能性をもつ。彼は、新たな共同体が偶然性を増し、再帰的共同体の基盤を欠くのではないかとも危惧する。これについてラッシュ (Lash 1996：250-272) によれば、われわれはすでに存在する生活様式としての構造とともに存在するので、象徴交換がデジタル交換になり、生活様式が仮想の慣習になった時代において、生活様式の問題は、再帰的共同体の問いとして理解されるべき事柄となる。

ギデンズは、現代社会をポスト近代ではなく、より近代化の進んだ高度近代として楽観的にとらえる。一方ベックは、産業社会からリスク社会への目に見えない望まれない変化としてとらえていて、ギデンズほど楽観的ではない。これに対してラッシュは、現代社会を脱分化の進むポスト近代としてとらえている。このように現代社会認識の違いはあるが、近代のもたらす限界や矛盾と折り合いをつけ、近代化そのものを再帰的に問い直し、変革するという点で、再帰的近代化の本来的な意味は共通している。

ラッシュの批判は、第一に、啓蒙思想に源をもつベックやギデンズの「認知的再帰性」が西欧合理的な言語を前提としたもので、暗黙の了解にまで再帰性が及ばない点である。ラッシュは、ベックの認知的再帰性が、科学技術批判を含んでいる点は認めるが、知を通した科学的な問いによるもので、方法論的個人主義であり、知への自己反映であると批判する。また、ギデンズの再帰性の理解が解釈学的な兆しを含むことを認めるが、身体を客体としてとらえていて、人間を道具的合理的に理解していると評する。ラッシュによれば、身体は客体でも主体でもなく、人間の第一の自然な「楽器」とでも表現すべきものであり、その再帰性は美的で解釈学的なものとなる（Lash and Urry 1994 : 7, 31-59）。ラッシュは、ベックやギデンズの再帰的近代化理論を、言語に依拠するもので、主客図式を前提とした再帰性の認知的な次元に集中しているので、自己の全体的な次元を見失っているという。そのために合理的で単純な近代化に結びつくと批判する。一方、芸術の近代化を源とするラッシュの美的再帰性や解釈学的再帰性は、模倣やイメージ、暗黙の了解を再帰性の対象とすることによって、言語化以前の美や沈黙、無自覚の領域にまで再帰性を徹底する。彼は自然に対する解釈学的感受性が、西欧の伝統主義的理念型よりも日本の自然に主観を付与する主観主義的理解に近いともいう（Beck et al. 1994 : 210-211=1997 : 382）。前述した企業の情報やリスク管理の集合的再帰性に加えて、対自然観でも日本の再帰性を持ち出す。ギデンズやベックとは違ってラッシュは、西欧合理的な再帰性とは異なる文化的背景を伴う再帰性をも見出そうと試みる。

第二に、情報化や市場化が進んで流動化して、より文化的になる社会を、ベックやギデンズの「制度的再帰性」ではとらえきれないと批判する。ベックやギデンズの再帰性を「制度的再帰性」、自らの解釈学的再帰性を「再帰的共同体」と表現して、脱組織化、脱制度化し、文化的になっていく社会で、制度的再帰性の効力を疑問視する。彼は、現代社会においてわれわれが、制度的再帰性というよりも無秩序な資本主義のなかで暮らしているというのだ（Beck et al. 1994：110–173，198–215=1997：205–315，360–391）。ラッシュと立場を同じくするアーリは、旅行という文化産業の消費によって増加する主体の美的再帰性が大量の現実的な経済を創造することを指摘して、「ツーリズムの再帰性」（Urry 1995= 2003：x）と表現する。彼らはまた、現代社会では、再帰的供給者が再帰的消費者に販売やサービスを行っていること、多くの人が喜んで、友好的に、消費者を夢中にする方法でといった、感情を媒介した再帰性に基づく感情労働[5]を求められていることを指摘する（Lash and Urry 1994：197–207）。ラッシュは、自らが唱える美的再帰性や解釈学的再帰性によって、脱組織化した資本主義社会で、つぎつぎに制度を離れていく文化や情報の蓄積をとらえようと試みる。

ラッシュは、認知的なあるいは制度的な再帰性にとどまらず、美的なあるいは解釈学的な再帰性によってしかとらえられないものを求め、それによって現代社会の新たな側面をあぶり出す。美的再帰性や解釈学的再帰性によって、西欧合理的思考だけではなく、感性や雰囲気に訴えてわれわれに変化を促す市場や情報への接近が容易になり、さらにこれらの再帰性が蓄積されて、現実の社会に経済効果をもたらすことを明らかにできるのではないか。

3　情報化社会における再帰性の変化

ここでは、ラッシュの議論を中心に、情報化社会における再帰性の展開を見ていこう。

ラッシュは、生活様式という語を用いて、情報化の進む社会の生活様式を、離隔による生活様式と表現する

(Lash 2002：13-25=2006：35-57)。その生活様式は、テクノロジーの浸透に伴って平準化されるという。超越論的観点は経験的観点へと平準化され、認識論と存在論の二元論もテクノロジーの根源的一元論へと平準化される。その結果、再帰性にも変容が生じる。知は活動、表現、できごとと再帰的に結合されて、知と実践の間には離隔がなくなる。再帰性は反省のもつ隔離（distance of reflection）よりむしろ反射（reflex）に近くなるという。

現代の「再帰的共同体」である情報社会で、ラッシュは、再帰性が知を行動と再帰的に結合することにかかわるという。再帰を無自覚、反省を自覚的と区別するならば、現象学は再帰的である。現象学的再帰性においては、知は活動や表現に再帰され、知は活動や表現のうちに具現して、両者の間には距離がなくなる。その他者とのコミュニケーションにおいて、相互反映性としての現象学的再帰性が成立する（Lash 2002：156-175=2006：279-356)。ラッシュによれば、ギデンズの「再帰的近代化」ができごとをテーマ化して懐疑のなかで行われるのに対して「現象学的再帰性」は実践の再帰性で、懐疑は停止する。再帰的近代化において個人は「判事」、現象学的再帰性においては「証人」とも表現される。ラッシュは、再帰的近代化が本質的に個人主義的であるのに対して、現象学は集合的であるという。

テクノロジー的生活様式における意味形成とは、主体のためではなく他者のためになされる。思考するとは同時にコミュニケートすることである。再帰性すらアウトソースされ、行動やできごとについての他者向けの注釈が外面化される。内的経験は情報化し、批判のための再帰性をも含めて、すべてがコミュニケーションとなる。そうなると、批判の拠点を情報の外部に求めることは不可能で「情報への批判は情報そのもののなかにある」ことになる（Lash 2002：208，220=2006：368，387)。すべてがコミュニケーションとなる情報化社会で、再帰性は高度な相互反映性となる。人々は、次々に働く現象学的再帰性によって、自覚のないままに変わり、同時に構造を変えていく。

　ラッシュは、情報化社会で必要な批判理論には、間主観性や社会の重要性の追求が求められるという。彼は、対話的で受容的な感性をもつ主体の形成を訴え、「差異のポリティクス」ではなく「メランコリーのポリティクス」を、「疑いの解釈学」ではなく「回復の解釈学」を提唱する。これはラッシュが解釈学的再帰性を論じる際に再帰的共同体に求めたものを思い出させる。解釈学的再帰性は、共有された意味や慣習の理解を伴う。これに対して現象学的再帰性は、われわれの意思や自覚と無関係に際限なく訪れる情報との相互反映性であり、意味はコミュニケーションとなる。このように現代社会の現象学的再帰性の働きが途切れることのない再帰的共同体において、その集合性を維持し、確認するための批判としては、すべてを受け入れ、途切れることのない情報との相互反映による憂鬱をやわらげるポリティクスや、集合性の回復を促す解釈学に立ち帰ることが必要とされるのであろう。

　なお、ラッシュ（1990：237-265=1997：338-378）が近代の科学性に対抗して権力の場の論理に挑戦するポスト近代論者と位置づけるピエール・ブルデューは、道具や操作に埋め込まれている社会的、知的な無意識を対象として再帰性を考える（Bourdieu and Wacquant 1992=2007：2-93）。この無意識が社会学の認識論的保証の支えとしてその客観性を高めるという。ブルデューによれば、界の観点から考えることは関係論的に考えることで、各界別の利益、種別イリューシオ（ilucio）[6]を呼び起こす。ブルデューの再帰性は、無意識の領域まで含む点ではラッシュの現象学的再帰性に近いが、彼の再帰性は「場」や「界」に依拠したものである。これに対してラッシュの現象学的再帰性は、依拠するものがなく、変化そのものに焦点を当てる。厚東（2011b）は、アーリ（Urry 2000=2006）が「社会としての社会的なもの」から「モビリティとしての社会的なもの」へと社会学の実質を組み替えたという。アーリは、「動きの前には何もなく、動くことでものごとがどのようにあるかが表現される」(Urry 2007 : 33)とも語る。ラッシュの現象学的再帰性は、アーリが注目するような動きや変化を反映した再帰性といってもいいであろう。

さらにラッシュとアーリは、記憶が、身体や五感とかかわりながら更新されていくという見方(Lash and Urry 1994 : 240-241)を消費にも適用する。ラッシュによれば、情報資本主義のもとで更新されていく社会的記憶の枠組みはブランドとなる(Lash 2002 : 149-150, 194=2006 : 269-270, 344)。ブランドは知的財産、トレードマークを土台にして成り立つ。トレードマークの公的領域における事前に認知、承認されたロゴやデザインが、他者を排除できる力をもつことになるという。情報やコミュニケーションの流れの混乱状況を収束するのにブランドが一役買うというのだ。彼は、反復的労働は南の国、デザインは米、欧州、日本という不平等を生み出していることを指摘するが、特にデザイン集約的労働は、プロトタイプの生産やブランドの固有性にかかわり、ブランド価値の維持や増進に関係するという。ラッシュは、こういったプロトタイプとブランドの蓄積が情報資本主義の核になると考える。再帰的共同体を見出すことが困難になった混乱する情報化社会で、その集合性を収束する軸の一つとしてブランドがあげられる。

さらにラッシュとラリーによれば、ブランドは表面的に見えるが、じつはいっそう深い、生成的ないし構成的な、創造的で圧縮された構造で、活動のシリーズを生み出す(Lash and Lury 2007 : 196-197)。ブランド・マークは社会的想像を外部化したもので、製品の生産における資本や労働力の貢献の上に、ブランドの生み出す活動をプラスしてブランド価値を構成する。彼らは、ブランドの核心を、外延的(extensive)ではなく内包的(intensive)であるという。ブランドは、現実的な活動では情報資本の蓄積として経済効果を生み出しながら、知的には価値を生み出す再帰的な役割を果たす。

最近のラッシュ（Lash 2010）は、内包的文化（intensive culture）[7]について論じている。彼によれば、自己組織化とは、システムでも、個人でも、コミュニティでも再帰的になることである（Lash 2010：7）。流れ（flow）に奔出（flux）を加えることとは、奔出がいつも再帰的なものであるので、グローバリゼーションに再帰性を加えることになるという（Lash 2010：40）。彼は、かつては内包（intensity）が精神的な感覚で、外延（extensity）が商品という物質的なものであったが、いまや内包的物質（intensive material）とでもいうべき新しい差異に変わったことを明らかにする（Lash 2010：19）。今日のグローバル情報文化において、内包と外延は互いに溶け合い、システム自体が内包的なものと変わり、差異の交換をとおして働くという（Lash 2010：69）。情報資本主義において本質は商品そのものに入るとも表現される（Lash 2010：185）。そしてグローバル資本主義とは、もはや商品の線形性によって統治されるシステムではなく、差異の凝縮や、その支配原理と合体した非線形の自己組織的な奔出によって統治されると論じる（Lash 2010：215）。グローバル資本主義は、自己組織的な奔出によって統治されるもので、商品のように従来は物質的であると考えられていたものが内向きには精神的なものに転じて差異価値を生み出し、外向きには再帰的に新たな活動を呼び起こすことになるというのである。

ラッシュは、グローバルな情報社会において大量に生み出されて高速で流通する知が、感覚的、直感的に活動や表現に再帰され、それらの活動や表現に具現された知が他者の活動や表現にさらに再帰されるという相互反映性として、現象学的再帰性が成立するという。新しい市場やネットワーク空間で、人々が、合理的選択ではなく、ブランド・マークやネーミングの印象、音や映像、雰囲気に惹かれて行動することで情報が広がり、市場が変化してそれが経済的集積に結びつく。ひるがえってそれらは、人々の五感を変化させる。加速する情報や市場の変化と集積をとらえるとき、現象学的再帰性が分析的有効性を発揮する場合が増えていくものと考えられる。

4　新しい市場の再帰性

現象学的再帰性の展開として、新しい市場の再帰性について、ラッシュやアーリらの示唆に依拠しつつ、検討を進めることにしよう。前述したように、ラッシュは、従来は単なる物質的であると考えられてきた商品が意味を内包し、新しい差異価値をもつものに変わり、その意味が情報として消費者の行動に再帰され、新たな活動や表現を生み出すことを示している。それらは、消費者の五感の変化にも結びつく。

アーリは、西欧では五感のなかで視覚が最も地位の高いものであり、近代的認識論の基礎をなすものとみなされてきて、リチャード・ローティが明らかにした「大いなる鏡としての精神という考え方」に現れるように、大きな力を行使してきたという（Urry 2000=2006：139–186）。一方で、最近の視覚の物質化やデジタル化、ハイブリッド化を指摘して、「モノとテクノロジーは視覚を拡張したが、見る者へ視線を送り返したりはしない」（Urry 2000=2006：167）とも記す。

視覚と対照的に、匂いや音は入／切の切り替えができないという。彼はゲオルク・ジンメルを援用して、嗅覚は「社会解体的な感覚」で、近代社会が危険な匂いの誘導を試みたが成功していないという。近年の匂いの傾向として、香辛料の効いた東洋風の食べ物の匂いや東洋的な香りの人気が増し、レモンなど「自然」であると見なされる匂いが多用されていると指摘する。市場は「自然」であるとみなされる匂いなどを商品に添加することで、それがひとつの解釈であっても「自然」や「季節」あるいは「異郷」を思い起こさせ、それを求める嗅覚の変化を促す。

アーリによれば、嗅覚同様、受動的な聴覚であるが、ソニーのウォークマンは、移動可能な人体の一部として持ち運べるようにしたので、公共の場で私的な音の空間を構成が可能になった。同じ音でもシャープとフラットで音の高さが異なる弦楽器や、演奏のたびに調律するチェンバロの時代を経て、ピアノの登場によって、美よりも合理性優先の平均率音程が決定的になる。平均律を受け入れる聴覚は、美的であることよりも合理性を優先する「近代化された五感」（野村 2005：39）と表現される。さらに二十世紀に入ると、音楽の大衆化に伴って不協和音を受け入れる「大衆化した五感」となる。アドルノは、クラシックと軽音楽の区別を「販売上の配慮からの操作」（Adorno 1963=1998：33）とさえ語る。最近のアイポッドやスマートフォンスピーカーの普及は、今聴きたい音楽を手元で選択可能にすることで聴覚を変化させ、変化した聴覚が、次なる美しい音を求めて音楽市場を変化させる。

アーリが示唆するところを敷衍するならば、市場化の進む社会では、視覚、聴覚、嗅覚、味覚、触覚などのわれわれの五感は無自覚のうちに市場の変化とともに変化し、市場における商品の変化などに依拠するようになるといえよう。この五感を、文化として熟する以前の市場を媒介して生成される「市場再帰的五感[8]」と筆者は表現したい。

市場とは、自己利益の最大化を図る交換の場という意味で、社会学では主に交換の理論において使われてきた。一方社会は、仲間（socio）に由来し、人と人との間の関係、共同過程をさし、市場もまたそこに組み込まれている。社会化とは、個人が他人との相互関与によって、社会の価値や規範を内面化する習得過程を意味する

（Abercrombie et al. 1988=1995 ; Scott and Marshall 1994）。社会化、すなわち規範共有の過程に新たな市場の再帰性が大きく入り込んで、変化を促しているのではないか。市場は人々の五感を変化させて、その五感が新たな市場を形成するもので、ラッシュやアーリが示すように、いわば非合理的な再帰性を促進するのではないか。情報化、市場化の進む社会では、社会の動きを敏感に反映した新しい市場再帰性が、自覚せぬうちにわれわれの五感まで浸透して再帰的変化をもたらし、市場に新たな変化と蓄積をもたらすのではないだろうか。

ラッシュは、近代化が分化の過程であるのに対してポスト近代化は脱分化の過程であるという（Lash 1990 : 1-52= 1997 : 1-85）。美的、理論的、倫理的領域の自立性がなくなり、文化と社会も、文化と経済も脱分化される。商業広告と文化的生産の境界線を引くことが難しくなり、文化と市場ないしは商品の境界が不明確になる。市場は、従来の文化に代わって、五感のみならず、記憶や感情の領域にも入り込む。そして、情報批判の場合と同様に、市場に内包されたシステムを再帰性の対象とすることになる市場批判も含めて、すべてを市場のなかに取り込んでいく。

ブランドが、情報資本主義のもとで集合性を収束させる枠組みとなることを前述したが、ブランドは、価値を生み出して活動を作り出して、新しい市場再帰性の働きを促す。また、ラッシュらは、グローバリゼーションに伴って文化が産業的になり、そのような文化産業の対象となる可能性をもつものの範囲は広いという（Lash and Lury 2007 : 181-207）。グローバル情報社会では、多方向からのネットの発信など、新しい舞台装置が市場の再帰性の加速的な変化を促進する。それは、現実の経済において、再帰的にグローバル情報資本の蓄積価値構造を形成し、それを日々更新していくことになろう。

なお、新しい市場再帰性に関する最近の議論として、ピエロパオロ・ドナッティの自律的再帰性やメタ再帰性、アンソニー・エリオットの消費再帰性と小川葉子のハイパー再帰性について触れておこう。

ドナッティは社会学を関係論的に構築しようと試みる（Donati 2011）。彼は、今日「再帰」が人々をより意識的生活に導くという単純なものではなく、再帰性の目的も論点も曖昧であることを指摘し、ベック、ギデンズ、ラッシュの再帰的近代化論が、関係論的な意味を無視して、機能的再帰性を過度に強調していると批判する（Donati 2011：192-210）。ドナッティによれば、新しい市民社会の誕生は、再帰性が市場や国家の外に存在するときに生じるという。彼は、現代を近代とは不連続なアフター近代としてとらえている。彼は、未開社会における家族のコミュニケーション再帰性、伝統社会における国家などヒエラルヒー社会の自律的再帰性、近代社会における市場など開かれた社会の自律的再帰性に加えて、アフター近代社会における第三セクターとの再帰をメタ再帰性と呼ぶ。ネットワーク社会は関係論的な再帰性をもたらすものであり、高度な個人が再帰的にからまりあってネットワークのダイナミズムを結びつけていくという。ドナッティは関係論的に再帰性をとらえて、グローバルなコンテキストでは、競争的論理でなく機会の論理によるメタ再帰性によって、すべてがうまくいくようになると主張する。

エリオットは、絶え間ない自己再創造の要請、即座の変化への渇望、速度による魅了、短期主義とエピソード性などによって構成される「新しい個人主義」を唱える（Elliot 2009=2010）。新しい個人主義時代の社会は、廃棄される可能性への不安によって根底から形作られていると表現する。彼は、ベックやギデンズが情動よりも認識に、感情よりも合理性に特権を与え、消費社会の「再創造の想像の輪郭」をとらえきれないことを指摘する（エリオットほか 2010）。市場志向的な解決は、自己救済からセラピー、即席のアイデンティティから美容整形まで、購買の精神へと還元されるもので、いつも「次回」があると期待する消費者意識を表して「消費主義が自己を無限に変えられるというファンタジーを促進している」(Elliot 2009=2010：56) という。エリオットは、グローバリゼーションへの対応が、やむことなき再創造であるという企業の気風に駆られて、無限に自己を変えられるという幻想を媒介として消費を促す、消費再帰性を見出している。

また小川は、グローバルな再帰性を、ハイパー再帰性としてとらえる（小川 2007；小川ほか 2010）。ハイパー再帰性とは、持続可能性と非線形性の集合的生命の二重螺旋の時間概念を結合させる核として位置づけられる。それは、ブランドやメディアコンテンツの消費過程において、ナラティブとリスクをめぐって螺旋状に入り組む。グローバルなハイパー再帰性は、ギデンズのルーティン化を促進する再帰性とは異なり、創発性、リスク回避性、システム変革志向性を備えたコミュニケーション戦略によって可能となると小川は指摘している。集合的生命という観点からの持続可能性という価値意識がブランドや商品、メディア情報の生成に作用し、そこで、非線形の物語が生成されて消費者に影響を与えるという新しい市場再帰性の一端が描かれている。彼女は、フェア・トレードなどをめぐるメディア言説では、人々の歴史や時間が介入して語られていているという。そしてメディアが運ぶ物語によって自己形成のプロジェクトが商品化されるという観点から近代のメディア文化をとらえるギデンズ（Giddens 1991=2006）とは異なる展開を示すという。また、ナラティブ形式の知識表現は、非線形に構成、発展して、コンテンツの再解釈可能性、編集可能性、再生可能性が拡大し、他のメディア媒体に分岐していくと記す。

これらから明らかになるように、新しい市場再帰性は、市場再帰的五感やブランドの再帰性だけではなく、ドナッティの関係論的で開かれたメタ再帰性、エリオットの自己再創造幻想を媒体とした消費再帰性においても見出すことができる。また、小川のハイパー再帰性において、集合的、社会的生命という観点からの持続可能性という価値意識は、ラッシュが情報化社会の批判理論において回復の解釈学で求めていた集合性に通じる。ラッシユが求めていた集合性に価値観を付与したといってもいいであろう。さらに非線形に構成されて発展していくナラティブ形式の知識表現は、小川が提示する、自ら変わりつつ、構造を変革して発展していくシステム変革志向性をもつ再帰性の成立を示している。持続可能性の価値がブランドや商品、メディアの生成や消費者、視聴者に作用して非線形に発展していくハイパー再帰性は、グローバルな社会での市場再帰性の可能性を示唆する。

情報化、市場化の進む社会における新しい市場再帰性とは、われわれの五感や、記憶、幻想、感情、価値など社会的、集合的なものを媒介として、商品やブランド、広告媒体、インターネット市場を含めた流通など市場のさまざまな場面において生成し、変化し、蓄積を続けていくものではなかろうか。

買い物におけるネットワークショピングやモバイルショピングの増加は、集合的、あるいは現象学的傾向をもつ再帰性の働きの加速につながることになろう。その再帰性の変化は、われわれの視覚の変化やワンクイックの条件反射の変化を促進するものとなろう。さらにそこから派生する、さまざまなネットワークコミュニティの形成によって、われわれのコミュニケーション活動が変化して、それは価値観や感情、行動の変化にも結びつくことになろう。このように、自ら変わりながら、次から次へと変化を呼び起こすことを繰り返す螺旋状の循環が新しい市場再帰性であろう。

その時代の市場や情報の変化に伴って、再帰性は、自らも絶え間なく自在に変化を繰り返して、その社会の変化に適応するように変わっていくものではなかろうか。新しい市場再帰性の働きによって、市場と相互反映的にわれわれが変化し、同時に市場も変化を続けるであろう。そして再帰性自身もそのなかで自ら変化することによって、創発的に構造を変革しつつ、発展していくものではなかろうか。

5　結び

最後に、これまでに登場した主要な再帰性を、社会的背景まで視野に入れてまとめると表1-1のようになる。この表1-1は提唱順で、時代名称は各提唱者の定義に従っている。筆者自身は、時代が、プレ近代、近代、再帰的近代、という順序で推移していくものと考える。再帰的近代化が「近代化そのものの問い直しであり、変革である」という点では、各論者の見解はほぼ一致しているが、現代をどのようにとらえるかは、高度近代社会、ポスト近代社会、グローバル情報化社会など、論者によって異なる。これらは各々の再帰性についての見解と関連するので、時代名称には統一性がないが、提唱者の記述のままに示すことにする。表1-1から、社会の変化を反映して、再帰性の性格が変化していることを読み取ることができる。

本章では、ギデンズやベックを批判することから出発したラッシュの再帰性論を基軸に、ラッシュやアーリらの議論を紹介した。そして、啓蒙思想を源とする合理的な言語中心の認知的再帰性や構造の再生産を重視した制度的再帰性から、芸術の近代化を源として美的感覚や共感を重視する美的再帰性や解釈学的再帰性へ、さらにグローバル情報社会における相互反映性によって知と行動を結びつけられる現象学的再帰性へと、社会の変化に伴う再帰性の変化について明らかにした。また、ラッシュやアーリらの最近の議論の展開において、五感の変化を媒介にした商品開発と消費の循環のように、人間の感覚と市場が相互に再帰的に変化し、その変化が市場で現実的にも蓄積していく市場の再帰性などの、新しい市場再帰性を見出した。

表1－1　再帰性の種類と特性

再帰性の種類	提唱者	特性	社会的時代的背景
自己再帰性（self-reflexivity）	ギデンズ，ベック	行為者が自己をモニターして自らの意味を再審したり，行為の帰結が行為者自らに作用する再帰性	後期近代，高度近代社会
制度的再帰性（institutional reflexivity）	ギデンズ，ベック	行為が構造に条件付けられつつ，構造に帰結をもたらすという行為と構造が相互に作用しあう再帰性	後期近代，高度近代社会
認知的再帰性（cognitive reflexivity）	ギデンズ，ベック	概念的言語的なものに媒介された再帰性	後期近代，高度近代社会
再帰性，自己言及性（self reference）	ルーマン	再帰のメカニズムが自分自身に適用される自己言及性	後期近代社会
集合的再帰性（collective reflexivity）	ラッシュ，アーリ	集団主義に媒介された再帰性	近代日本社会（プレ近代社会から続く）
実践的再帰性（practical reflexivity）	ラッシュ，アーリ	専門的技能を基盤にした伝統的職人技に媒介された再帰性	近代独社会（伝統的協働社会から続く）
言説的再帰性（discursive reflexivity）	ラッシュ，アーリ	知的な情報処理によって媒介された再帰性	近代英米社会
美的再帰性（aesthetic reflexivity）	ラッシュ，アーリ	非概念的な模倣的象徴やイメージに媒介された再帰性	脱組織化したポスト近代の情報社会
解釈学的再帰性（hermeneutic reflexivity）	ラッシュ，アーリ	共有された意味や慣習に媒介された再帰性	脱組織化したポスト近代の情報社会
現象学的再帰性（phenomenological reflexivity）	ラッシュ	知が他者との相互反映性において行動に結びつく再帰性	グローバル情報社会
社会的・知的無意識の再帰性（unconscious reflexivity）	ブルデュー	道具と操作に埋め込まれた無意識に媒介された再帰性	ポスト近代社会
開かれた自律的再帰性（autonomous reflexivity）	ドナッティ	市場に媒介された再帰性	開かれた近代社会
メタ再帰性（meta-reflexivity）	ドナッティ	機会の論理による第三セクターとの再帰性	アフター近代のグローバル社会
消費再帰性（consuming reflexivity）	エリオット	消費による幻想を媒介とした自己再創造と商品再創造の循環という再帰性	消費社会
ハイパー再帰性（hyper-reflexivity）	小川	創発性，リスク回避性，システム変更志向性を備えたコミュニケーション戦略によって可能になり，持続可能性と非線形の二重螺旋の時間性の核となるグローバルな再帰性	グローバル社会
新しい市場再帰性（market reflexivity）	筆者（ラッシュらの示唆による）	五感の変化を媒介した商品開発と消費の循環のように，われわれを媒介として市場が再帰的に変化，蓄積していく再帰性 再帰性が自ら変化	新しい市場社会

情報化の進展に伴う新たな市場再帰性によって再帰的循環はより速く深くなり、人間も市場も変化を続けている。仮想空間を含めて、さまざまな領域であらゆる方向へと無自覚のままに再帰性が働いて、人間も社会も変化を促し促される、市場を通した新しい再帰的近代化がすでに始まっているのではないだろうか。
これから訪れる新しい市場社会において、われわれは、新しい市場再帰性の働きやこれから新たに生じるであろう再帰性の変化に対して、もっと敏感に察知し、それを意識しながら市場で、社会で、活動することが求められているのではなかろうか。

注

(1) 再帰性は序の注1参照。
(2) アーリによれば、英国では、脱組織化は一九八〇年代に始まったもので、注目すべき点は、経済社会関係のグローバリゼーションによる同時的理解、新製品や市場へのフレクシブルな対応、生産の空間的変容、労働者と企業の一体化、社会運動、文化の変容などである（Urry 1995=2003）。
(3) ギデンズも、最近、多くの人々が従事せざるをえないカフェ、スーパー、ガソリンスタンドなどのルーティンの仕事を「ビッグマックジョブ」と呼び、それすら伝統的な労働者階級が身につけることが難しい対面的社会的スキルを含むと記す(Giddens 2007 : 61–64)。
(4) 飲料の味を「のどごし」「こく」などの言語で表現せずに、対象者が連想する色、写真、絵画などを選択したり、類似性と差異性のみを示して市場調査を行うことがある。分析者がそれを解釈したり、想起イメージが直接広告メディアの製作に結びつくこともある。

(5) アーリー・ホックシールドによれば感情労働という語は公的に観察可能な表情と身体的表現を作るために行う感情の管理という意味で、賃金と引き換えに売られ、交換価値を有する（Hochschild 1983=2000）。ラッシュとアーリは、レストランの給仕の仕事は感情労働が中心であり、社会的出会いにおいて男女で異なった自己を伴うために、この給仕の感情労働も男女で異なるという（Lash, Urry 1994 : 200-202）。

(6) ブルデューは、文化の蓄積や再生産、継承が社会的に意味をもち、差異を生み出すことを示す（Bourdieu 1979=1990）。ブルデューによればイリューシオ（ilucio）はラテン語でプレーのなかにあるという意味で、界の観点から考えることは関係論的に考えることである。各界は、種別利益、イリューシオを呼び起こす（Bourdieu, Wacquant 1992=2007）。

(7) 内包的文化（intensive culture）は外延的文化（extensive culture）と対照的な概念であり、intensive には、激しい、強烈な、徹底的、集中的、凝縮的、内向的、内包的などの訳語がある。Lash（2010）*Intensive Culture* という書名は内へ向かって包み込み、激しく集中して、凝縮する文化という意味をもつと考えられる。ここでは、内包的文化と訳すものとする。

(8) 「市場再帰的五感」は市場によって五感が自覚の有無にかかわらず変化し、変化した五感が新しい市場を形成する市場と人間の再帰的関係である。デイヴィッド・リースマンの提示する自律的人間のエネルギーが無限に消費に流れ込んでいく市場指向的人間と異なり、自覚なく変化する。市場再帰的五感も社会的なものだが、五感と市場の間には距離がない。単なる相互作用ではなく、相互反映的に互いに他を反映して自らを変革していくことを繰り返す、螺旋状の循環である。

第2章　市場再帰的な五感や行動

1　はじめに

本章では第1章で見出した新しい市場再帰性をはじめとして、市場におけるさまざまな再帰性を媒介することになるわれわれの五感、感情、記憶、行動などについて考えていこう。

第1章では、ラッシュやアーリなどの考え方を参照して「市場再帰的五感」について概観した。ここでは、まず、アーリ（Urry 2000=2006）を援用しつつ、視覚、聴覚、味覚、嗅覚、触覚などの五感の市場再帰性についてより詳細に論じていこう。

また、市場における商品、サービス、イメージなどによって構成されることになる市場の集合的記憶について考えよう。

そして、ホックシールドの感情労働という表現に代表される労働者側の感情や、エリオットが、いつも次回があるというファンタジーによって購買を促すことになるという消費再帰性などが働く消費者側の感情、ならびに労働者と消費者両者の感情の関係性についても考えていこう。

さらに、市場再帰的なものとして変化をとげ、今後も変化を続けていく行動や習慣などについても取り上げて論じていくことにしよう。

2　市場再帰的五感

アーリによれば、ジンメルは五感が社会的性格をもつことを主張している（Urry 2000=2006）。またポウル・ロダウェイは五感が地理的であることを示しているという。五感はまた、市場的な性格をも、もちあわせているのではないだろうか。

(1)　視　覚

アーリはローティ（1979=1993）を援用して、「視覚のヘゲモニー」が西欧の社会思想と文化を特徴づけてきたものであり、デカルト以降の思想が「心の眼」に映る心的表象を外的世界の鏡像として特権化してきたことについて言及する（Urry 2000=2006：139–186）。彼は、これまで哲学を支配してきたのは、ローティが主張する「大いなる鏡としての精神」という考え方であり、視覚が西欧文化の想像力の歴史において決定的な役割は果たして来たことを示す。

そして彼は、ジンメルの感覚の社会学に依拠して、目が比類のない「社会学的働き」に当てられるものであり、相互の注視が諸個人同士の連結と相互作用をもたらすという。また聴覚など他の感覚と異なって、視覚だけが所有を可能にするという。さらに視覚が、メディア化の広がり、デジタル映像の流通という推移のなかで、途方もなく大きく拡張されてきたことが指摘される。

アーリは、視覚が他の感覚との協働と互報を伴う複雑な絡まりあいから抜け出すまでには長い闘争があったという。十九世紀には明確な五感の分離の進展があり、とりわけ、触覚、嗅覚、聴覚から視覚が分離していった。アーリによれば、視覚には、二つの鍵となる権力や知の過程がある。すなわち、社会的活動の各領域での事細かな目視での検査がなされることと、社会全体が透明となって遠隔から統制可能なものになることである。アーリによれば、これ見よがしにバルコニーに立ち、他者を見渡すなど他者へ視線を投じようとしたのは、主に上流階級である。その後、一八八〇年代にシカゴに始まる展望窓付き摩天楼が発達すると、ビル内の人々は下の人々の匂いや接触の恐れから護られて群集を見下ろしたり、ながめまわしたりできるようになったという。一八五一年のロンドン万国博覧会以降、社会が透明なものとなり、視覚が他の感覚から分離されて、感覚のヒエラルヒーの中で主要な位置を占めるようになる。撮る欲望を表出した写真の発案者の存在や、風景鑑賞の性質に転換が見られるようになって、作家や芸術家が風景体験をとどめておきたいという欲望を明言するようになる。アーリはテイラーを援用して、風景が、支配の観念をも併せもっていることを示し、イリガライを援用して、目が他の感覚以上に対象化と支配を行うもので、目は離れたところにいて距離を保つという。そして二十世紀末の視覚文化においては、とりわけテレビのスクリーンが重要な役割を担うことを指摘している。

アーリは、視覚の重視が身体を表面へと還元したり、身体のもつ複合的感受性を周辺に追いやり、身体が環境ともつ関係性を貧困化させたことから、こういった視覚優位性に対して、男性主義的企てであり、それを偏重していると批判を行う。また、「ものとテクノロジーは視覚を拡張したが、見る者へ視線を送り返したりはしない」（Urry 2000=2006：167）と視覚の物質化、テクノロジー化が、視線を送り返さず、人間と人間が見つめ合うという視線の交換という行為から離れていくことを示す。アーリによれば、ハイブリッドは人とものの移動に際して人間的体験を大衆化する上で重要な意味をもっていた。彼は、視覚が、交差しあうハイブリッドを生み出し、それらのハイブリッドが他の感覚を圧倒するようになってきたことを明らかにしている。そして「視覚がデジタル化されるにつれ、この感覚は独立化し、人々が通常の生活で暮らしているあり方から次第に乖離してきている」（Urry 2000=2006：185）と語っている。

現代社会において、いたるところで使われているコンピューターは、視覚優位を促進しているといわれる。最近の商店街の案内板は、コンピューターグラフィクスに近い立体表示を行っている。これは若年層にはわかりやすいが、従来の平面的な地図に慣れている高齢者にはわかりにくい。街の表示方法がその街の利用者の選別につながることになる（中西 2007）。新しい空間認識をもつ世代の視覚は、メディアや市場に流布する商品によって容易に作られる。新しい表示や表現を市場で再生産して、それを受容する視覚の変化が広まっていく。

さらに最近では、視線の動きを記録する「アイトラッキング」の技術の活用が広がっているという（朝日新聞、二〇一三年四月十日）。これによると、視線分析の結果、自販機の左下に視線が最も集まることがわかり、企業が主力コーヒー類をそこに配置すると、売り上げが上がったという。さらに脳波の計測結果と組み合わせ、見たものに対する感情がプラスかマイナスかを脳波の動きから解析することができる。高感度の形状やパーツの組み合わせによって人気が出るデザインの予測ができるという。他の感覚を支配する力をもつ視覚を、科学技術を用いた視線分析によって、今まで以上に市場に適合させようとする試みが進んでいるのが現状であろう。

西欧において、長い時間をかけて他の感覚から分離されて、他の五感よりも圧倒的に優位になった視覚である。そのことへの批判が起こるとともに、新たな物質化やデジタル化、ハイブリッド化が進んでいる。視覚は、現代社会において、グローバルな情報化が進んだ市場に適応すべく、市場と再帰的にさらに変化を続ける。

（2）嗅覚

アーリによれば、匂いは特に十九世紀の西欧都市の文化構成にとって重要なものであった（Urry 2000=2006：139-186）。匂いが都市の異様さを際立たせていたという。嗅覚は文明人といわれる人々よりも未開人のほうが格段に発達しており、近代社会では、アンリ・ルフェーベルなどによって論じられているように、他の感覚に比べて嗅覚を切り詰めてきた。ジンメルが嗅覚は優れて社会解体的な感覚で、魅力より嫌悪感を伝達するものであると論じたように、嗅覚への偏見があり、ドイツ人とユダヤ人の相互嫌悪が匂いによる差別から派生したともいわれている。

近代社会は、匂いに敏感で「不自然である」とみなされる匂いを抑制し、危険な匂いを誘導しようと試みたが、これに成功していないという。匂いを規制して、然るべき場所にフローさせておこうという取り組みは「自然」への文化的転回のおかげで反故にされてしまったとアーリはいう。アーリによれば、近年の匂いの傾向としては、香辛料の効いた東洋風の食べ物の人気が増すのに加えて、天然で東洋的な香りを身にまとったり、室内に用いたりしている。また、皮革、泥土、カプチーノの香水まであるという。さらに殺菌消毒の清潔さよりも、「自然」であるとみなされる素材（レモンなど）の匂いが多用されていることが指摘される。店舗やオフィス、ホテルにおける匂いの活用も盛んになる。これはもともと立ち去ってなかった匂いが回帰しつつあることだという。

嗅覚も市場とともに変化する。最近では、レモンなど自然であるとみなされる匂いが多用されているという。「レモン」や「ばら」の香をつけたオーデコロンなどの商品は、本物の「レモン」や「ばら」とは異なると感じることがあるが、何度か嗅ぐうちに、いつしか商品の香によって「レモン」や「ばら」をイメージするようになる。

日本のスーパーの店頭でも、洗剤、制汗剤、芳香剤などの香りの選択肢が増加している。日本人の好きな香をたずねると、「レモン」「ラベンダー」「オレンジ」「バラ」「キンモクセイ」など自然本来の素朴な香りが多くあげられるという（朝日新聞、二〇一三年四月十三日）[1]。そして人工的な香りに対しては「大人の使う香水に近づけた」「高級」といったイメージを抱く人がある一方で、「きつすぎる」「そのもののもっている香りや匂いがわからなくなりそう」と拒否反応も示されている。商品につけられた「自然」であるとみなされる香りに対して、われわれの嗅覚は、異なった「自然」の解釈を示しているのであろう。市場再帰的な嗅覚の変化に対して日本人の美的再帰性が自覚的に働いて、自分たちの自然の解釈とは異なるものとして拒絶を示すこともあるという例であろう。

西欧近代社会において、視覚とは異なり、社会解体的な感覚として偏見をもたれ、危険な匂いの誘導すら行われようとされてきたものの、未だに自然の記憶を失っていないわれわれの嗅覚が、市場における再帰性を媒体するもののひとつとして、拡大を続ける市場から改めて注目され始めているのではなかろうか。

(3) 聴　覚

聴覚についてアーリは、匂いと同様、入／切の切り替えができないという点で視覚と対比する（Urry 2000=2006：139-186）。耳は、自らとじることができないためにジンメルの言葉を借りれば、利己的な機関であり、単に受け取るのみで与えはしないという。

アーリは、音響発明がクラシック音楽の音質向上に加えて、ポップミュージックの発明を後押ししたことを指摘する。彼は、ソニーのウォークマンを新たなポストモダン的サウンドスコープの偶像として位置づけて、どこへでも移動可能な人体の一部として音が持ち運ばれるため、公共の場であっても私的な音の空間を構成することができるようになったという。さらにアーリは、ウォークマンについて、ポール・ドゥ・ゲイらの説明を引用して論じる（Urry 2000=2006：87–137；Do Gay et al. 1997=2000）。ウォークマンとは皮膚の延長で、身体にフィットし、運動のためにデザインされた現代の遊牧民が要請した道具で、後期近代の文化が可動性に与えた高い価値を示すという。ウォークマンのようなテクノロジーとものが、都市生活のサウンドスケイプに適応したクールな散歩者を生み出すことになり、ウォークマンの使用を屋外にいる人の個人主義的なものであるという。ウォークマンは、公共空間と私有空間という既存の分類を打ち破り、私的な聴取を公的な領域に持ち込む「場ちがい」なものとして社会に脅威をもたらしたともいわれる（Do Gay et al. 1997=2000：168–181）。アーリは生産と消費の分節化のプロセスにも注目し、製品の改良やマーケティングにおいて消費者の活動が決定的であったという。また、ウォークマンには、日本的なデザイン、コンパクトさ、シンプルさ、細部の精巧さなどがあるが、日本のデザイナーから見ればむしろ西洋的な美意識の産物であり、ハイブリッドでテクノロジーとイメージの複合的で相互交差的なフローに由来するとアーリは語る。

ドゥ・ゲイらは、ソニーがグローバリゼーションを目ざしつつ、コミュニティへのケアや脱中心的マネジメントになるローカリゼーションを行って、それらのシナジー効果を語り始めたという（Do Gay et al. 1997=2000：116–126）。またソニーを、テキストとテクノロジー、ハードウエアとソフトウエアが相互依存する文化産業であると表現する。

生産と消費、西洋の美と東洋の美が交差するところでグローカルな企業によって生まれた製品は、公共空間に私有空間が混じり合う現代の都市における「聴く」生活を象徴し、さらに聴覚に新たな変化をもたらす。

聴覚が、時代の変化に伴って変化することは、第1章でも論じた。聴覚は美よりも合理性を優先する近代的な聴覚へ、音楽の大衆化に伴って、不協和音を受容する大衆的聴覚へと変化した。さらに電子音楽などを受容する聴覚が広まり、アイポッドなどによって音楽の選択可能性が広がることによって、聴覚も、ジャンルを超えてより多様な音楽を受容する聴覚へと変化する。

最近は、スマートフォンやタブレットと無線で接続するワイヤレススピーカーで、持ち運びやすさや野外での使いやすさを工夫した新商品や、高音質をインターネットで楽しむハイレゾリューション音源を利用する人が増えているという（日本経済新聞、二〇一二年十月三十日、二〇一三年十二月十八日）。手持ちの携帯端末から音楽を送って、そのときどきの好みの音楽を本格的な響きで楽しめるので、行楽地などで好評だという。従来のウォークマンに、音楽の選択可能性やより美しい響きを加えることによって市場価値を高め、消費者を魅了してそのときどきの聴覚の変化を促す。

聴覚は、美的聴覚から合理的聴覚へ、また、大衆的聴覚へ、そしてそのときどきで、場所を選ばず、ジャンルを問わずに、多様な音楽市場の提供するなかから聴きたい音楽を求めるアドホックな聴覚へと、市場や社会の変化に伴ってさらに変化していくであろう。

（4）触　覚

触覚について、アーリによれば、私たちは接触という一種の互報関係のなかで触れ、触れられている（Urry 2000=2006：139-186）。見られることなく眺めることが可能な「見る者」とは異なり、「触る者」は常に触れられているという。そして、触覚は、私たちがものと取りもつ関係の中心をなしているという。私たちの触覚の技能が発達しているおかげで、ものは、肌触り、強度、大きさ、陰影、材料の組成など、その特性の多くを差し出してくれると表現する。

触覚も市場の変化に伴って変化する。わが国では近年、柔らかく優しく、保湿成分を含ませたティッシュの高級品が「鼻セレブティッシュ」や「カシミアプラチナ」「保湿」などのネーミングをもつブランドで登場している。このような日本製のものと比べて、英国や欧州のティッシュに触れると、厚く硬く感じる。われわれの触覚はさらに肌に優しいもの、快いものを求めて変化し、変化した顧客ニーズに合わせて、日本の企業の研究開発は、より薄く、柔らかく、肌に優しい商品を開発するという循環が続く。

顧客の快さを限りなく追求する市場によって、われわれの触覚はより鋭敏なものへと変化を遂げ、少しでも不快なものを受容しない贅沢な感覚へと変化していく。

(5) 味 覚

味覚も市場によって変化する。

たとえば、日本茶は、茶葉から入れる一番煎じと二番煎じの味の違いや茶葉の違いによる差があるが、これがいつしか忘れ去られる。「伊右衛門」や「おーいお茶」などのペットボトルの味が、均一の日本茶の味として普及する。ペットボトル入りの日本茶が世界に広まる一方、増加する海外旅行や移民によって異国の味に慣らされたわれわれは、紅茶や各種フレーバーティー、チャイ、ウーロン茶など多種類の茶を求める。求めに応じて、カフェや店頭で種々の茶の取り扱いが増加して市場が拡大し、われわれの味覚の変化が広がる。

「ボンカレー」や「バーモンドカレー」などの味に慣れ親しんだ若者は、それを「普通のカレーの味」としてとらえる味覚をもつようになる。そして彼らは、香辛料を多種類混ぜ合わせて手作りした本来のインドカレーの味を「普通のカレーの味」とは異なるものと受け止めるようになる。一方で、海外旅行や移民によってタイ、ベトナム、マレーシア、インドネシアなどさまざまなエスニック料理の香辛料に慣れ親しんだ味覚は、さらに刺激的な新しいエスニック料理を求めるようになる。マーケットのグローバル化や移民の増加によって、異国の文化の味覚に慣らされていく味覚の混交がおこり、グローカルな味覚となる例も少なくない。まずいことで知られる英国料理が年々おいしくなるのは、インドのカレーに代表される、香辛料をたくさん用いた食文化豊かな移民の増加によるところが大きいとささやかれるぐらいである（中西 2007）。最近の彼らの味覚は、モダンブリティッシュを掲げるレストランの魚料理の下味に醤油味が使用されるほどに変化を遂げている。

市場の提供する味を受容するようにとわれわれの味覚が適応して変化し、変化した味覚は、市場が求める味の市場を再帰的に拡大していく。

視覚、聴覚、味覚、嗅覚、触覚などのわれわれの五感はそれらが社会的なものであるがゆえに、市場によって大きく変化し、変化した五感は次なる新しい市場を求める。市場は、われわれの五感を媒介として、再帰的循環を続けていく。情報化、市場化の進む社会で、われわれの五感は自覚のないままに、つぎつぎに市場の望む五感へと変化させられていくのではなかろうか。

3　市場再帰的記憶

ラッシュ、アーリによれば、記憶は個人的なものに還元できない社会的なものである（Lash and Urry 1994：240-241）。思い出したり忘れたりする社会的過程は、身体の周りをめぐり、リズムはさまざまな社会的文脈の上で働くもので、思い出は身体的で感覚や視線や触覚や聴覚や嗅覚などと関連する。記憶は社会のなかで身体や五感とかかわりながら更新されていくものだが、社会には市場が深く埋め込まれている。記憶も市場再帰的に身体や五感とかかわりながら更新されていくものであるといっていいであろう。アーリによれば、アンリ・ベルグソンの主張するように、過去が過去の上に積み重なるということは、新たな要素が絶え間なく蓄積されることで変化していくことを表している（Urry 2000=2006：187-230）。このベルグソンの議論に社会学的視点を加えたのが、モーリス・アルヴァックスによる集合的記憶であるという。アーリは、アルヴァックスが、社会制度、記念、祝祭の慣習によって、過去が現在に、現世代に向けて蓄積され、解釈されることを強調するという。

アルヴァックスは、われわれが、個人的持続によって、個人的持続を含むより大きな非人格的な持続を構成することができるのは、それらの個人的記憶自体が、そこからその実質を借用している集合的時間を基礎にするからであると、集合的時間、集合的記憶に注目する（Halbwachs 1950=1987：100-162）。アルヴァックスは、個人的意識は時間の流れの通過点、集合的時間の接触点であるという。彼によれば、過去へとさかのぼることのできる限界は集団によって異なるもので、集合的思考への個人的思考の関与の度合いによってそのどこまでその思い出に到達するか説明するという。浜日出夫は、アルヴァックスが記憶という現象を個人的現象ではなく集団のなかで生じる集合的現象としてとらえこれを集合的記憶と名づけたが、この集合的記憶とは、集団においてそのときどきに利用可能な記憶の社会的枠組みを用いて過去を再構成する営みであるという（浜 2010, 2000）。

松井広志は「モノとしてのポピュラーカルチャー」を考えるうえで物自体に注目して検討すべく、集合的記憶についてアルヴァックスの理論を参照する（松井 2013）。松井は、浜を援用して、アルヴァックスの考え方をモノとしてのポピュラーカルチャーに応用できる点を以下の三点にまとめる。第一に「概念」からだけでなく、イメージからも記憶が構成されること明確に言語化されない記憶を扱える点である。第二に「物的環境によって保持されていなければ、過去を取り戻せることは理解できない」（Halbuches 1950=1987）と述べられるように、記憶における物的環境の重要性を強調することである。第三に「記憶の社会的枠」（Halbwaches 1925=1972）という概念を用いて記述する集合的記憶と個人的記憶の相互浸透性で、ポピュラーカルチャーの流動的な受容者がその「集合的」概念に適合するという点である。松井は浜が記憶と想起の点でそれぞれ潜在的/顕在的という軸を設定してアルヴァックスの集合性を明確化しているという。浜はまた、音楽を聴くという経験を例として過去「把持」と未来「予持」という概念によって、「水平に流れる時間」ではなく、「垂直に重なる時間」を説明している（浜 2010, 2013）。彼は、アルヴァックスによれば、過去の痕跡が刻まれた時間と空間の枠組みのなかを歩くことによって、過去を集合的に再構成することになるという。記憶と場所に注目することで、近代社会が均質で空虚な空間のなかで未来に向かって前進するばかりでなく、過去を引きずり、過去を背負って歩く場所に根を下ろして、人間が作る社会へと目を向けさせることになると浜は示す。

松井が指摘するように、「もの」は商品としてあるいはブランドとして、集合的、社会的記憶を生み出すということができるであろう。さらに商品やブランドをはじめとして、サービスや流通なども含めて、さまざまな市場が集合的、社会的記憶を生み出すための再帰的な働きをしているのではなかろうか。アルヴァックスは「自然は持続を組織する仕事をしだいに社会に委ねていく」、「社会は絶えず社会独自の仕方で時間を測定するようにわれわれに強制することにより、われわれがしだいに自分のしかたで時間を用いられなくなるようにしている」(Halbwachs 1950=1987 : 101-103) という。このように、時間は自然から社会に委ねられ、社会が強制することになってきた。いつしか、この担い手としては、社会のなかでもとりわけ、市場の役割が大きくなってきているのではなかろうか。アーリは、集合的記憶の重要な形式のひとつとして、制度的な記念「公式の記録」の形式をあげる (Urry 2000=2006 : 241)。そして彼は、こうした記念は、特定の場所についての非公式の記憶を封じる力をもつことになり、社会集団、制度組織、全体社会の多くは、複合的で相容れない記憶の営みを築いているものの、こうした記憶が公的な承認の対象から排除されていることを示す。市場は制度外も含めて、非公式ではあるが、集合的記憶のマジョリティを形成していることにならないだろうか。

商品やブランドについて考えてみよう。たとえば、アーリが市場再帰的五感の聴覚のところで取り上げたウォークマンであるが、これは、ブランドが、いつしか外で音楽を聴くことができる機器を表す一般名詞となった例でもある。このようにブランドであったものが商品名を表す一般名詞となって社会で流布し、集合的記憶と結びつく例は、「うどんすき」「カップヌードル」など、その食事のシーンや作り方も含めて、いくつも枚挙できるであろう。お湯を注げば三分間でできる「チキンラーメン」は、一九五八年発売であるが、軽食や夜食のインスタントラーメンは作った記憶を含めてある世代 (cohort) の共通の記憶のひとつであろう。「ボンカレー」などのレトルトカレーも、温めてご飯の上にかければいいという使用法まで含めて、ある世代の集合的記憶と結びつくであろう。びん入りの濃縮液の「カルピス」を冷蔵庫の氷と水で薄めて飲んだ世代と「カルピス・ウォーター」の缶から飲んだ世代とでは、同じ「カルピス」でも異なる記憶をもつことになる。

アルヴァックスは「空間的枠の中で展開しない集合的記憶は存在しない」「空間とは持続する現実である」(Halbwachs 1950=1987：182）という。浜が場所を「過去を集合的に再構成する場所」と表現したが、過去を集合的に再構成させる場所のひとつとして、古代ギリシャの時代から開かれていた市場（いちば）をあげることができるのではなかろうか。厚東によれば、「集まりとしてのアゴラ」は都市の意思決定が行われる政治的中心であり、「市場としてのアゴラ」は人々の欲望を満たす財が交易される都市の経済的中心であったが、集会場としてのアゴラと市場としてのアゴラは、ギリシャの都市では同じ場所を占めていた（厚東 1991：121-122)。アゴラの経済的機能が前面に押し出されるにつれて、集会場としてのアゴラと市場としてのアゴラは空間的に分離されるようになるという。市場と共同体とが同一の空間を占めていた時代から分離されて独立して扱われる時代へと政治と経済の互いのありようを、市場という場所が反映している。

市場など、流通のもたらす記憶について考えてみよう。幼いころ近所に、公設市場というものがあった。パン屋、菓子屋、八百屋、魚屋、肉屋などが軒を並べていた。毎日食パンを買いにくる子どもの顔を覚えて「いつもおつかい、おりこうね」と飴玉をくれた店主の笑顔の記憶が、パンの焼ける匂いとともによみがえる。やがてスーパーやコンビニエンスがかつての市場に取って代わる。残業をした帰りに深夜のコンビニエンスで、しょっちゅう変わるアルバイトの店員から夜食のパンを買って、週刊誌を立ち読みして帰るのは仕事人間時代の記憶であろう。最近ではおにぎりや和風惣菜の品ぞろえの充実したコンビニエンスが、早朝の散歩帰りの高齢者の立ち寄り場所となっているという。子どもから高齢者まで、コンビニエンスおにぎりの包装を上手にはがしてのりをおにぎりに巻く技術の習得とともに、コンビニエンスの記憶を集合的なものとして共有する世代が増えてくることになろう。

店主の視線を気にしながら本屋でミステリーを長時間立ち読みした記憶は、紙の手ざわりやインクの匂いなどと共によみがえる。近い将来、本の選択場面は、アマゾンの推奨画面やアイパッドの手ざわりと共に記憶されることになるのだろうか。

また、宅急便の車を見るとお届け物の到来の記憶がよみがえる。高島屋の薔薇のマークの包装紙と似たイメージの薔薇の包装紙を通信販売の会社が贈答品用に用いている。贈られた人の高島屋のプレゼントといういい集合的記憶のブランドイメージを想起させることから、薔薇の包装紙を贈答品に用いているという。

記憶が市場再帰的なものになり、市場は集合的記憶を更新していく。変化する市場は、新たな集合的記憶を紡ぎだし、再帰性を促進する枠組みを提供する。変化し続ける市場という枠組みを通して、われわれの集合的記憶が更新されていく。

4　市場再帰的な感情

第1章でも述べたように、ラッシュ、アーリは、現代社会でサービス業において、多くの労働者が、喜んで、友好的に、消費者を夢中にする方法でと表現されるような、感情[2]を媒介した再帰性に基づいた感情労働[3]を求められているという（Lash and Urry 1994 : 200-202）。彼らによれば、同じ給仕の仕事であっても、社会的出会いにおいて求められる男女の自己の違いを反映して，男女では異なるサービスを求められることも，感情労働の一つの特徴である。

ホックシールドは，客室乗務員の仕事に例をとって，「客室乗務員にとって微笑むことは仕事の一部であり，そこでは彼女が自分の仕事を労なく行っていると見せるために，自己と感情を調和させることが求められる」（Hochschild 1983=2000：8）と記す。彼女らは，肉体労働や頭脳労働とは別の「感情労働」と定義される労働を行っているという。この種の労働は，精神と感情の協調を要請し，ひいては自己の源泉をも使い込むようなものであるという。彼女は，感情の管理が制度的に行われていることを指摘して，「農夫が自分の使役馬に遮眼帯をつけて前だけを見るようにさせるのと同じように，制度は私たちがどう感じるのかを管理する」（Hochschild 1983=2000：56）と表現する。そして彼女は集合的な感情労働に関して，企業が客室乗務員同士の相互行為という分野に注目して，個人的な感情管理をサポートすることが可能になるという。集団でのおしゃべりが雰囲気を決めるのではなく，必要とされる雰囲気が労働者のおしゃべりの質を決定することになるとホックシールドはいうのである（Hochschild 1983=2000：132-133）。

彼女は，客室乗務員とは反対の極として，集金人の仕事のように，不快な顔と命令を下す鋭い声が求められ，不信と積極的な悪意の感情が求められるような仕事があるという。集金人も顧客に応対するが，乗客の地位を引き上げて，あたかも招待客であるかのような待遇によって，乗客の好意と信頼を誘発する客室乗務員とはまるで対称的である。そこでは，金銭の請求が発生し，顧客の自尊心を完全に犠牲にしてでも集金をしなければならないからである。どちらの仕事においても，労働者たちは企業の能率促進主義の影響を受けやすいと彼女は指摘する（Hochschild 1983=2000：158-185）。

ホックシールドは、かつて私的なものであった感情管理の行為までが、人と接する職業における労働として売られていることを示し、資本主義が感情管理の利用価値を見出し、それを有効に組織化して先へ推し進めたという。しかも感情からの疎外が、仕事上の危険にとどまらす、文化に組み込まれてしまっていることをも指摘している。彼女は十八世紀のパリで、人間の性質が資本という形態に変わっていくのを観察して描写していたジャン・ジャック・ルソーが存在した時代から、市場の侵入がいかに拡張され、組織化されてきたかという。企業側の目的は、労働者が自分自身の感情を解釈する方法に侵入することで、労働者は、自分自身の感情認識を失ったり、会社側の解釈と戦わなくてはならなくなったりすることになると彼女はいう。彼女はほとんどの販売員や管理職、経営者は何らかの感情労働を求められていること、そして感情労働を求められるカテゴリーの仕事こそが、今後急速に成長していく分野の仕事であることを示す（Hochschild 1983=2000：212-226，254-261）。

ジョナサン・H・ターナーとジョン・E・ステッツによれば、社会学者が感情を系統立てて研究するようになったのは一九七〇年代以降である（Turner and Stets 2005=2013：29）。彼らは、ホックシールドがすべてのイデオロギーを、枠組みの規則と感情規則から組成される解釈の枠組みとして論じているという（Turner and Stets 2005=2013：86-103）。枠組規則は、個人が状況においてどのような解釈と意味を与えるべきかを指示し、感情規則は枠組みの基礎に与えられた状況において、人々がどのように感じるべきかを特定するものであるという。彼らは、モリス・ローゼンバーグが、感情研究において認知的再帰性と行為の再帰性に着目していることを示す（Turner and Stets 2005=2013：103）。ローゼンバーグは前者、特に自己感情に向かう再帰性に関心をもち、再帰性が、因果過程や社会的同意、文化台本の影響のもとに内面を解釈、推論する感情同定化、聴衆のための感情ジェスチャーに反映される感情開示、感情経験の過程をとおして人間感情の生理的性質を変えることを論じたという。彼らは、ローゼンバーグの再帰性がホックシールドの深層演技によく似た着想であるというのである。

ホックシールドは感情が「文化に組み込まれてしまっている」と表現していて、感情労働とは、市場の侵入、拡大化、組織化にあると指摘している。またローゼンバーグは、自己感情に向かう再帰性を見出し、感情の同定や感情の開示、感情経験などにおいて働く再帰性に注目する。彼らが示すように感情は社会や文化と密接にかかわって形成されるものであろう。現代社会においては、感情はさらに、「市場に組み込まれている」といってもいいのではなかろうか。感情は市場と再帰的に解釈され、変化し、変化を促しているのではないだろうか。

以上のように、労働者側の感情が感情労働という市場に組み込まれた市場再帰的なものとなることを示したが、市場化の進む社会では、労働者側だけでなく、消費者の感情も市場再帰的なものへと変化するのではないか。

第1章で、エリオットが、無限に自己を変えられるという幻想を媒介として消費を促す消費再帰性を見出したことを示した。エリオットは新しい個人主義について以下のように論じている（エリオットほか 2010）。新しい個人主義は第一に、絶え間なく続く自己再創造への要請によって特徴づけられる。この絶え間ないアイデンティティの再創造には、依存症、過度の執着、強迫性への臨界点などが待ち受けているという。これは個人生活のみならず、組織的、制度的レベルにおいても当てはまる。第二に、即座の渇望によって駆動されることになる美容整形、テレビにおける即座のアイデンティティの改変、強迫的な消費、出合い系サービス、セラピー文化などが見出されるという。それはいつも「次回まで」のものであり、自己再創造へのやむことなき要請は「次のもの」を求める文化であるという。第三に速度に魅了されることを構成要素とすることである。グローバリゼーションのなかで、加速化した生活は消費への要求、消費へのドラマで、コスモポリタン文化の高速度の流れのなかで、消費者は欲望と失望、美しさと恐怖という矛盾したものを生み出す力を和解させようと試みる現象であるという。

消費は既知の世界を超えて純粋の速度と瞬時の快楽をつかむ力をもつところまで人を引き上げるという。第四に短期主義とエピソード性への耽溺を通じてその中で形作られるという。彼は、フレクシブルでやむことなき再創造がグローバリゼーションへの唯一の適切な対応だとする企業の新しい気風に駆動された、社会経済的、文化的なものが問題の根源であり、新しい個人主義時代の社会とは、廃棄される可能性への不安によって日々根底から形作られているという。エリオット（Elliot 2009=2010）によれば、「今欲しい」という消費主義は、自己を無限に変えられるというファンタジーを促進するもので、自らの変化が改造産業から選んだものであるならば、再創造できないものはないと、自己再創造への休むことのない強調が「次」なる文化となる。

このように、グローバリゼーションが進み、新製品や新サービスを開発し続ける市場によって、「次」から「次」へと絶え間なく変化することを促され続けられることによって、消費者の幻想や気分、感情なども、市場の変化に適応すべく変化を続ける市場再帰的なものへと変化するのではなかろうか。

ジグムント・バウマンは、時間の短縮がもっとも見事に実現されるのは消費者が性急で衝動的で熱しやすくさめやすいときであるという（Bauman 1998=2010：111–118）。彼は、消費社会の文化とは習得ではなく忘却に関連するという。消費者の消費能力はニーズによる限界を超えて拡張するもので、ニーズと満足の伝統的な関係は逆転して、満足への約束と希望はニーズに先行して、現存するニーズよりも情熱的で心奪われるものであるという。バウマンによれば、消費者とは絶えず移動し、移動し続けることを運命づけられた人である。消費者のニーズと満足の関係も市場再帰的に変化し、満足への希望のほうがニーズに先んじるものへと変わりつつあるということができよう。

さらに、消費者の市場再帰的な感情の変化は、供給者側の感情労働とも再帰的に関連するものではないか。客室乗務員によって、わが家のリビングルームにいるかのようにくつろぎを与えられ、どのような理不尽な仕打ちにあってもこみ上げる怒りをこらえて微笑みを浮かべて、奉仕してもらうことが当たり前となることによって、乗客の感情も「メードにかしずかれるご主人様のようにわがままで支配的なもの」へと変化するのではなかろうか。夏休みにスポーツセンターの室内プールで監視員のアルバイトをしていた学生が、水中でウォーキングをしていた利用者に「泳いでいる人の水しぶきが顔にかかるので注意して欲しい」とクレイムをつけられたことに驚き、これを卒論の研究テーマにすることにした。そして売り手が買い手に対して弱者である消費社会によって、こういったモンスターが生産され続けるのではないかと論じたことがある（河本拓也 2009）。消費者は商品やサービスのみならず、労働者の感情労働によっても、その感情を市場再帰的に変化させられているといえるであろう。

労働者の感情にも消費者の感情にも市場が深く入り込んで、感情を媒介として次々に再帰的な新しい変化を呼び起こす。さらに、労働者の感情と消費者の感情の間にも互いに再帰的な変化が生じる。われわれが意図するか否かにかかわらず、これらの再帰的循環が連続的に進んでいくのが、現代のグローバルな市場社会ではないだろうか。

5　市場再帰的な行動

さらに、市場はわれわれの五感や記憶や感情のみでなく、行動や習慣をも市場再帰的に変化させるのではないだろうか。

バウマンは、グローバリゼーションとともにおしゃべりの場が、井戸、コインランドリー、巨大なショッピングモールと移り行き、巨大なショッピングモールは出会いに機会を与えてくれるかもしれないが、具体的な行為や状況の会話から出発して水平的な正義を創造するには大きすぎるという（Bauman 1998=2010：26-37）。さらに、ショッピングモールの構造が、人々を歩かせ、館内を眺めさせて、アトラクションは気分よく、楽しませるように建設されているが、その構造は人々を立ち止まらせて互いに見つめたり、語り合ったり、商品以外のものに気をとめたり、熟考したり、議論するようなことを促すようにはできていないこと、商業価値以外の方法で時間を過ごさせないように建設されていることを指摘する。それと気づかないうちに、市場の空間が人々の行動や思考を規定することになる。

第一節で、ペットボトル入りのお茶の普及がわれわれの味覚を変化させたことを指摘したが、ペットボトル入りのお茶の普及が変化させたものは味覚だけではない。かつてのわが国の女性社員の労働を象徴する「お茶くみ」労働というものがなくなり、今では、会議室の机上には出席者の人数分のペットボトル入りのお茶が並んでいる風景が普通である。一人暮らしの若者の急須をもたない生活は珍しいものではない。ペットボトル入りのお茶こそが彼らにとっては普通の「お茶」であるのだ。

「ボブとアンジ」(4)という大阪ガスの提供するネット上の料理レシピは、一九九五年から六千以上のメニュウを提供している。材料や、カロリー、栄養価などの条件で、検索することができる。午後五時ごろには、夕食のメニューの参考にするために、終業時のオフィスからのアクセスが集中するという。ネット上の料理レシピは、おいしそうな写真や季節ごとの提案でメニュー選択を容易にするように見える。が、無自覚なまま、人気ランキング、在庫、オーブン使用時間など、市場の求めるものを選択させられることにもつながることになるであろう。

家庭内の夕食のメニュウの決定にもネットを通して市場が浸透する。

いっぽう、ワンガリ・マータイによって二〇〇五年以来広まったのが、「もったいない」[5]という日本語である。reduce（ゴミ削減）、reuse（再利用）、recycle（再資源化）という三つのRにrespect（尊敬）が込められている語が、「もったいない」であるという。彼女はこの語を世界共通語の「mottainai」として広めることを提唱した。もはや世界語となった「もったいない」という消費者の感覚が広がると、それに呼応して、制度的再帰性が働き、賞味期限切れの商品を格安に取り扱うスーパーやコンビニエンスが広がる。消費者はその雰囲気の中で「もったいない」という気分を集合的再帰性によって強める。もちろん、熟慮の上での合理的な選択という認知的再帰性が働く場合もあろうが、市場や社会の動きに同調してエコバッグを持ち、エコロジカル商品を選択させられているという解釈学的再帰性の働きによる現象が生じているのではないだろうか。

第1章で、小川がメディアの運ぶ物語のひとつとしてあげていたフェア・トレードであるが、佐藤寛によれば、フェア・トレードとは「市場メカニズムを活用した貧困削減のツール」である（佐藤 2011：10）。彼は、フェア・トレードの特性を、先進国の消費者が、貧困撲滅の舞台から遠く離れた場所にいながら、消費という社会・経済行為によって途上国の生産者の生活に影響を与えるというつながり方を作り出したことであるという。企業が、利潤追求以外に企業の社会的責任（CSR：Corporate Social Responsibility）を果たすために、単なるチャリティではない途上国の社会的ビジネスに着手する事例や、社会的ビジネスを目的とする社会的企業家も増えている。先進国の消費者市場で展開され、商品購買を通して途上国の生産者を支援しようとするビジネスモデルがフェア・トレードであると彼はいう。彼は、フェア・トレードが途上国の生産者に対価が得られるように市場価格よりも高い価格設定をしていること、フェア・トレードは、物語り付き販売（CRM：Cause Rerated Market）の一つであることなどを指摘している。フェア・トレードは欧米のキリスト教会をその原点としているもので、世界初の常設のフェア・トレードショップはオックスフォードのオックスファムショップであるという。古屋欣子（2011）によれば、フェア・トレードの定義のポイントは、以下の三点である。第一に途上国と先進国の間の貿易活動であること、第二にフェア・トレードが特に途上国の立場の弱い生産者に焦点を当てて、彼らの持続可能な発展を支援することを目的とすること、第三にフェア・トレードは貿易活動だけでなく、啓発や政策提言活動も視野に入れていることである。

大島敦（2011）によれば、フェア・トレードに最初に着目したのは社会学者であり、フェア・トレードをグローバリゼーションが進むなかで生じる矛盾に対応する社会的な運動としてとらえた。彼は、レイノルズがフェア・トレードを情報の共有ネットワークという概念で整理していることを援用して、生産者が価格情報や取引情報を得ることで消費者と対等な取引を行えること、消費者に対して生産者の情報を伝えることという二点を重要な構成要素とする。彼は、レイノルズがフェア・トレードについてグローバルなネットワークとしての連帯という性格を強調していることを指摘する。また、調査結果から、四十代女性のフェア・トレードに対する認知度が高く、学歴が高いほどフェア・トレードを理解しているということが判明したという。そして、消費者は、フェア・トレード・ラベルの有無を認識して購入していること、フェア・トレード購買行動を決定する要素は、社会的属性というよりも価値観に由来している可能性が高いことなどを示している。大島はフェア・トレード研究とは、当たり前だとみなして見過ごしてきたものを再発見するものであると位置づける。フェア・トレードは、初めのころは代替手段としてのオルタネーティヴ・トレードであったが、最近ではむしろ主流になり、フェア・トレード体験が理性的なものから感情的なものへ移ったといわれる（Ransam 2001=2004; Nicholls, Opal 2005=2009）。世

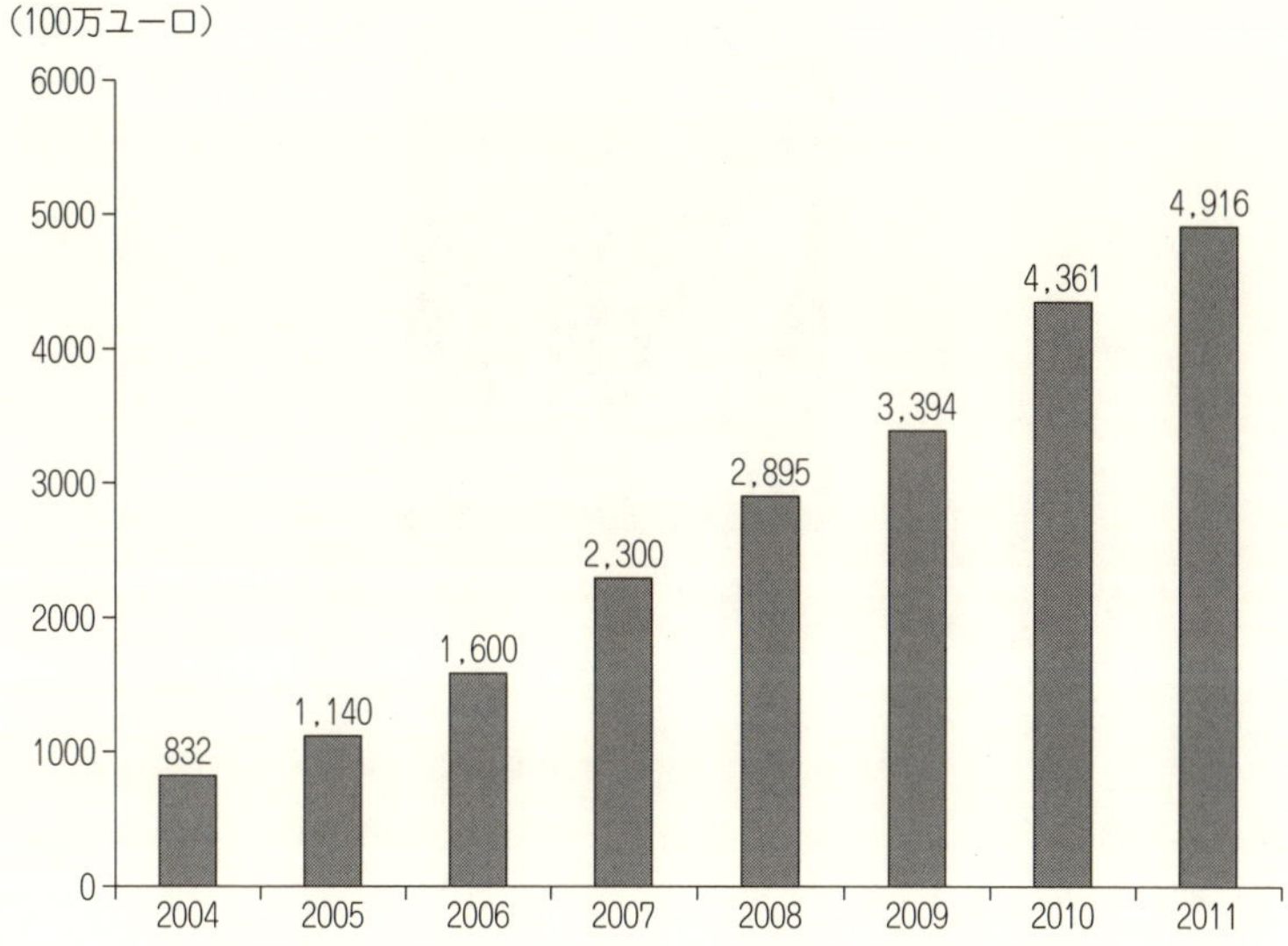

図2－1　世界のフェアトレード認証製品市場の推移

出典：Fairtrade International.

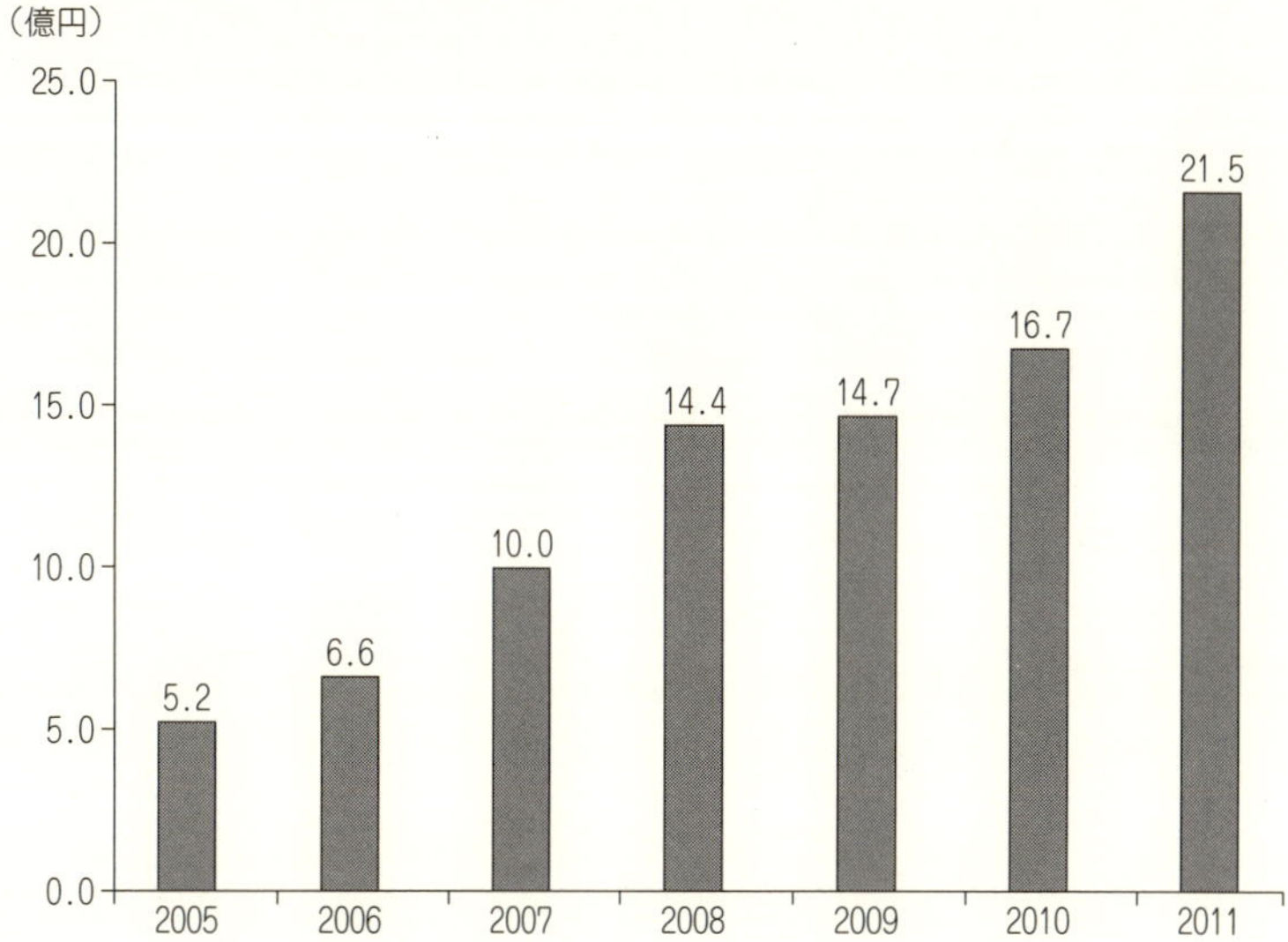

図2－2　日本におけるフェアトレード認証製品市場の推移

出典：フェアトレードジャパン

図2-3　国際フェアトレード認証ラベル
出典：フェアトレードジャパン

界的に見ると欧州に比べてまだわが国のフェア・トレードの市場規模は小さいが、近年は大きく増加している[6]（図2-1、2-2参照）。増加している消費者の商品選択にとって、大島も述べているようにフェア・トレード認証ラベルのもつ力も大きい（図2-3参照）。企業側もフェア・トレード認証ラベルの消費者に対する影響力に気づいていて、ネスレやスターバックスなどのグローバルな大企業も、いくつかのブランドではフェア・トレード認証を獲得している。店頭でフェア・トレード・ラベルの表示商品を選択するという買い物による満足感が広まり、消費者の間で集合的再帰性が高まって、消費につながったのではないかと考えられる。

さらに、フェア・トレードのように、開発途上国の人々を生産者としてとらえるだけではなく、プラハラードは、彼らを消費者してとらえ、ＢＯＰ[7]すなわち経済ピラミッドの底辺で暮らしている四〇億人以上の人をテーマにして、次なる市場（next market）を考えようという提案を行っている（Prahalad 2005=2005）。ＢＯＰ市場を今後の有望な市場と考える企業も増加している。ＢＯＰという語が最近ではビジネスマンの間でも広がっている。生産者が途上国の消費者の動向に焦点を当て、途上国の消費者の行動が企業の行動にも再帰的に影響を及ぼすことになる。

もっとも、地球環境や南北格差などの、時間的空間的に距離があり、自覚なしに見えないリスクを、市場の中での市場批判がどこまで把握できるかについては疑問が残るであろう。市場批判自体が、めまぐるしく市場再帰性の働く中では、その効力をそぎ取られていくことも考えられよう。鈴木謙介が危惧するように、情報や市場環境の加速する流れが、われわれの能動性を奪うことも十分予想される（鈴木 2007a, 2007b）。

市場と社会の絶え間ない再帰的循環のなかで、市場は、五感や感情、行動の赴くままにさせることによって、自らへの批判を見失せる危険性があろう。アディクションの増加や浪費のための浪費など、市場がいつしか行動を変化させていくことによって、失われたり陥ったりする危険も少なくないものと考えられる。が、市場はそういった市場の負の側面や既存の市場への批判を含めて、すべての変化を再び市場の中に取り込もうとするのではないか。

6　結　び

本章においては、市場がわれわれの五感、記憶、感情、行動などを媒介として再帰的循環を呼び起こし、われわれに変化をもたらしつつ、自らも変化しながら蓄積を続けている状況を追った。そして市場が市場への批判も含めてすべてを市場のなかに取り込んでいくさまを見てきた。

ラッシュとアーリは、彼らが社会的構造ではなく、流れ（flow）を分析したのであると語り、カステルの「力（power）の流れ（flow）から流れの力への変換」という表現を引用する（Lash and Urry 1994 : 314-326）。彼らは、美的、解釈学的再帰性が、社会条件と自己の解釈学的関係において商品、消費、批判において、またコミュティの基礎として活動していることを示す。そして、資本、労働、イメージを含む動く客体のみではなく、再帰的主体が存在し、個人は自分の行動をモニターすることができるが、システム自体が認知的、倫理的、美的にそれ自身が再帰的であるシステムにますます埋め込まれていくことになるという。彼らはまた、情報技術が、コントロールの新しい形式へと導き、読み書きの批判的な技巧にも浸食できると論じる。彼らはまた、文字文化には不可能なやり方でなされるビジュアル文化への公的制御の可能性を懸念している。場所が失われるのではないかという危惧に対して、彼らは、場所はいつも作り直されるもので、現代における場所の再作成の特徴として、イメージと(美的)再帰性の重要性を示す。すなわち、グローバルな流れや情報のインパクト、イメージと自発的訪問者が場所の急激な再作成を生じさせること、そして、超日常的な場所の再作成のフローや影響に接するときの国家の相対的弱体化を指摘するのである。彼らは、現代のグローバルな記号と空間の経済においては、マルクスが述べたように「すべて造られるものや「自然な」ものはイメージのなかに溶け込む」と語る。グローバル化、記号化、情報化が急激に進展していく現代社会において、市場もまた、さまざまなイメージのなかにいつしか溶け込んで、われわれの五感、記憶、感情などとともに、直接的な行動を媒介として次から次へと再帰的循環を促進しているのではないだろうか。

われわれの五感も記憶も気分も感情も行動も社会的なものであり、コミュニケーションであろう。それと気づかぬままにわれわれは、個人も社会もグローバルな市場のイメージに溶け込み、その意のままに再帰的変化を繰り返して変化し続けているのかも知れない。市場によって、五感、感情、行動などが無自覚のまま再帰的に変化し、それに伴って従来は備えていた批判力が失われるという再帰的循環に陥ることも十分考えられよう。が、それらは溶け込んだ、市場のイメージのなかで再構成されながら、市場と創発的に変化を続けて市場の変化を促して、螺旋状の再帰的循環を繰り返しているのではないだろうか。

われわれは五感や感情を働かせて、記憶をたどり、来るべき市場や社会のイメージを予感して、自らの行動が何によって呼び起こされ、どういう帰結へと結びつくのか、おぼろげながらであっても、どこかでそのことを思い描きながら次の行動へと移ることで、市場再帰的循環の螺旋をこれまでとは異なる方向へと変化させていくことも可能となるのではなかろうか。

注

（1）朝日新聞デジタルの会員登録者を対象に朝日新聞社が実施（朝日新聞 二〇一三年四月十三日）
調査方法　インターネット調査の対象　朝日新聞デジタルの会員有効回収一三二一人。
調査時期　二〇一三年三月下旬
調査実施　朝日新聞社
調査項目　約七〇種類の香りの中から最大五つまで好きな香りを選択
調査結果　一位レモン（三五四）、二位ラベンダー（三一一）、三位オレンジ（二八四）、四位バラ、ローズ（二六五）、四位キンモクセイ（二六五）、六位ヒノキ（二五五）、七位グレープフルーツ（二三〇）、七位コーヒー（二三〇）、九位ライム（二二七）、十位ユズ（二一一）など。

（2）社会学の感情研究は一九七〇年代に始まったもので、感情とはものごとや人間に対する気持ちであるが、文明過程の結果として変化しているもので、単なる覚醒の意識ではなく、文化や社会状況によって形成されるものであると考えられる

(Abercrombie 1988=1995, Scott, Marshall 1994)。

(3) 感情労働、第1章注5を参照。

(4) 「ボブとアンジー」は大阪のガスクッキングスクール等が作った料理のレシピを公開している。一九九五年に大阪ガスが初めて作成し、後に大阪ガスグループのエルネット株式会社に運営移管された。ネットレシピの草分け的な存在で、日経インターネットアワード、ヤフーベストサイト100、第六回ウェブクリエーションアワードなどに選ばれている。カロリーや効果効能を選択してレシピを選択することができる。また季節に応じて「紫外線対策レシピ」「旬のお魚レシピ」などのさまざまなレシピを提示している(http://www.bob-an.com/)。

(5) 二〇〇四年、環境分野として初のノーベル平和賞を受賞したワンガリ・マータイは、二〇〇五年二月に来日した。日本語「もったいない」が、マータイが取り組む資源の有効活用、3R(reduce, reuse, recycle)を一言で表すことばであり、さらに命の大切さや、かけがえのない地球資源に対するrespect(尊敬の念)という意味も込められていることを知り、子供たち、次世代へのメッセージを含んだ言葉として深く感銘し、環境を守る国際語「mottainai」として世界に広げることを決意したという。二〇〇九年四月には、mottainaiキャンペーンの国際的な活動が評価され、日本政府から旭日大綬章を授与された。ケニア山麓に三年間で約二〇万本を植林する「mottainai green project—緑のmottainai—」がスタートしたが、これは、東アフリカに水と緑を取り戻すのが目的で、住民の積極的な協力もあり、目標数を上回る植樹活動が続いているという(http://www.mottainai.info/about/)。

(6) 二〇一一年の世界のフェア・トレード認証製品の市場は、フェア・トレードの主要産品の売上が堅調に増加したことにより、前年より一二%増の四九億ユーロ(日本円で約五四五七億円)である。日本においては、一九九三年にフェア・トレード・ラベル運動が導入された。二〇〇二年後半ごろから、身近なコーヒーショップやスーパーなどでもフェア・トレード認証製品が販売されるようになり、二〇〇八年まで毎年三〇～五〇％の成長率で拡大してきた。二〇〇九年には、エチオピア産モカコーヒーの残留農薬の問題が影響して、フェア・トレード市場の拡大が一旦停滞したが、二〇一〇年にはコットン製品やチョコレート、バナナなど新しい産品カテゴリーに商品が広がったことにより、二〇一一年にはフェア・トレードの主力産品である認証コーヒーの販売量が大きく伸びたことにより、順調に成長している。二〇一一年フェア・トレード認証製品市場規模は前年比二九％増の二一億五千万円となった。フェア・トレードに参加する企業・団体数も年々増加傾向にあり、日本国内では二〇一二年七月末時点で一三七組織に広がっている。認証ラベルは、一九九七年、当時各国に展開されていた日本を含む一四のラベル認証機関を束ねるアンブレラ組織として、FLO（Fairtrade International Organization）が設立された。二〇〇二年には、ばらばらだったラベルデザインを共通にして、現在の国際フェア・トレード認証ラベルが完成した。各国で順次新ラベルへ切り替えられ、欧州ほぼ全域、北米、日本、オーストラリア、ニュージーランドなどの二一のラベル推進組織が、ラベル運動の普及に努めている。二〇〇七年には、中南米・アフリカ・アジアの各生産者ネットワーク組織もFLOの構成メンバーに加わったという（http://www.fairtrade-jp.org/）。

（7）　BOP市場とは、プラハラードが『ネクスト・マーケット』において取り上げた（Prahalad 2005=2005）。彼は、「開発途上の人々は内に力を秘めた創造的な企業家であり、価値を重視する消費者である」と認識を改めれば、ビジネスチャンスにあふれた新しい世界がひらかれるという。世界で四〇億人以上の人がボトム・オブ・ザ・ピラミッド（bottom of the pyramid）すなわち経済ピラミッドの底辺において一日二ドル未満で暮らしていて、それらの人をテーマとして、次なる市場を考えようと提案する。基本的な考え方として、第一に企業がBOP市場にアプローチし、競争すれば、貧困者は消費者に変わること、第二に、市場としてのBOPは新たな成長の機会とイノベーションについて議論する場を民間企業に提供すること、第三にBOPは民間企業に不可欠なコアビジネスの一部と考えるべきであることが主張される。貧困者を消費者に変えることが市場開発活動のひとつで、価格、アクセス、入手しやすさを満たすことで消費力を作り出し、ニーズを満たし、消費者としての自尊心と選択の機会を与え、互いの信頼を築くことで、民間企業も大きな恩恵を受けることになるという。

第3章　ブランドの再帰性

1　はじめに

現代社会において、ブランドは、市場はもちろん、街に、インターネット画面にと、いたるところにあふれている。ブランドと聞くと、ブランドショップに並んだ、ルイ・ヴィトン、カルチェ、シャネルといったいわゆる有名ブランドを思い浮かべることが多いかもしれない。が、こういったいわゆる有名ブランドだけでなく、ユニクロやマクドナルドをはじめ、サントリー、資生堂などのコーポレイト・ブランドや、スーパー、デパートなどのノーブランド、新幹線の社内で見かけるB to Bブランド広告など、街や市場で、あるいは自宅にいてもテレビコマーシャルやインターネット広告で、企業や商品、サービスのブランドを目にしない日はないといってもいいだろう。

ブランド（brand）とは元来、家畜に焼印を押して、他の人のものと識別していたことに始まり、スカンジナビア語で焼印を押す（burned）という語にその起源をもつ。ブランドあるいは商標の歴史は、古代の陶工や石工のマークにまでさかのぼることができるという（Keller 1998=2000）。

ブランドはその名前やトレードマーク、デザイン、シンボルなどによって他と識別することを目的とするものであるというのが一般的な定義であろう。そしてブランドは、自らが、その価値を生み出していくものでもある。

本章ではブランドの市場において再帰的な役割を明らかにしたい。第1章で論じたように、再帰性概念も社会の変化に伴って変化している。合理的再帰性である自己再帰性、制度的再帰性、認知的再帰性などの認知的、制度的な再帰性のとどまらず、美的再帰性、解釈学的再帰性、現象学的再帰性、さらに新しい市場再帰性など非認知的、非制度的な不合理な再帰性も含めて、本章ではさまざまな再帰性の観点から、ブランドの再帰性について考えていきたい。加えてブランドの再帰性について日本のブランド「無印良品」の具体例を論じる。そして、今後、さらにグローバル化の進むこれからの市場におけるブランドの再帰性について考えていこう。

2　ブランドの意味と現状

(1)　ブランドの意味

ブランドとは、アメリカマーケティング協会（AMA）の定義によれば、「ある売り手の財やサービスを、他の売り手のそれとは異なるものと識別するための名前、用語、デザイン、シンボルおよびその他の特徴」であるという。池尾恭一らによれば、必ずしもいいものが強いブランドになるとは限らず、強いブランドを構築するためには、ブランドの意味ないし価値を伝達するコミュニケーションが主要な役割を果たす（池尾ほか 2010：414-438）。デービッド・アーカーによれば、ブランド・アイデンティティ（brand identity）とは、ブランド戦略を策定する上での長期ビジョンの核となり、ブランド連想を生み出すベースとなるものである。

石井淳蔵は、ブランドとは、「日本の粋」や「場の空気」の概念に似て、客観的な存在として存在するというよりも、その存在を了解しあうたぐいの存在のようなものだという（石井 1999：1-13）。彼は、ブランドに関して消費者の選択（市場でのコンテスト）が決着をつけるというブランド自然選択説と、ブランドの核心には常に製作者や経営者のブランドにかける思いや夢、世界観やビジョンがあるというブランドパワー説の両説を紹介する。そのうえで、彼は、ブランドの現実は、消費者の欲望にも、メーカー側のどちらにも還元し尽くせないことを説明する（石井 1999：36，129-130，139-174，175-196）。ブランドは自ら価値を作りだし、新しい意味世界を作りだすという創発性があること、その現実は共同幻想ではなく、社会的実在的性格をもつものであることを指摘する。ブランドパワーの典型的な構成要素は、ブランド知名度、ブランド理解度、トライアル喚起力、商品満足度、リピート喚起力、新規性、相対価格などであるが、彼はこのようなブランドパワーの説明に対して、ブランド拡張が行われる瞬間に、拡張の前提であったブランド価値が変容するという自己言及的なプロセスへの考慮が及んでいないのではないか、と危惧する。ブランドは、ブランド拡張によって新しい世界（製品カテゴリー、コンセプト、広告テーマ、市場領域、消費者）をその領分のなかに包摂する毎に、新しい価値が同時に構成されるという。ブランド価値は人間と同じように生きて成長しているというのだ。彼は、ブランドが無から有の価値を生み出すことを、ブランドのディドロ効果(1)によって説明し、商品世界の供給構造が表現する市場概念やライフスタイルに対する、ブランドからの果敢な挑戦を意味するものであるという。そして、ブランド経営者がブランドのあるいは自らの命がけの跳躍を試みるのは、新たな消費欲望が次々に創出して自らのブランドに固有の欲望とすることができると考えるからであるという。

ブランド・エクイティ（brand equity）のエクイティとは、財務・会計用語の正味資産をさすもので、「ブランド資産価値」と訳される。デイビッド・アーカー（Aaker 1991）によれば、ブランド・エクイティとは、「ロゴから連想されるプラスの要素とマイナスの要素の総和」であり、そのブランド名が付いていることによって生じる価値の差である。第一にブランドロイヤリティー（生活者がブランドロイヤリティーをもっているか）、第二にブランド認知（ブランドの名前が知れ渡っているか）、第三に知覚品質（そのブランドから高い品質がイメージされるか）、第四にブランド連想（ブランドから質のいい連想が生まれているか）第五にその他のブランド資産（特許、商標、チャネルなど）であるという（池尾ほか 2010：418）。ブランドは資産価値として、さまざまな観点からその蓄積を計測されることが可能になる。

石井によれば、マーケターの目標とは、「ブランド・エクイティを市場の中で確固としたものとすること」（石井 2010：142）である。石井は、アーカーの唱えるいずれのブランドの構成要素も企業と消費者（石井によれば生活者）との繰り返しの関係のなかから育まれるという（石井 2010：196–205）。さらに石井によればブランドは企業と生活者、お互いの関係の架け橋となる。また「コミュニケーションを通じて新たな現実、新たな市場が作り上げられる」（石井 2010：188–189）という。コミュニケーションによって新しい購入理由や新しい意味が形成されていくことになるという。コミュニケーションを行うことによってはじめて、ブランドの継続的成長が可能になるというのである。

ブランドは、自らと他との識別を目的とするところに起源をもつものであるが、それは資産価値を形成し、企業と消費者の関係性の中で育まれて、企業と消費者の架け橋となる。このようにして、ブランドは、そのブランド・アイデンテイを核としながら、社会における企業、消費者、メディア、公衆とのコミュニケーションを通して、自ら絶えず変化し、成長していくものであるといっていいであろう。

（2）ブランドの種類と要素

ブランドにはコーポレイト・ブランドとプロダクト・ブランドがある。コーポレイト・ブランドとは企業名によって品質保証を保証するものである。日本ではプロダクト・ブランドと比較すると、コーポレイト・ブランドが多くなっている。特に耐久財等、保証が重視される商品にコーポレイト・ブランドが多くみられる。また、コーポレイト・ブランドとプロダクト・ブランド両者を併記した「花王のアタック」のような二階建てブランドも日本では多く見られる。これに対してプロダクト・ブランドは商品個別のブランドで、企業を離れて、独自の世界を展開している。欧米ではこのプロダクト・ブランドが主流である。日本でも近年は個性の強調を目的として「ボス」「レクサス」「ツバキ」などといったプロダクト・ブランドが増える傾向にある。ちなみに二〇一三年七月のアジアにおけるトップブランドは、一位サムソン、二位アップル、三位ソニー、四位ネスレ、五位パナソニック、六位LG、七位キヤノン、八位ナイキ、九位シャネル、十位アディダスであるという（Campaign Asia Pasi-fic 2013. 9 nielsen との協働調査）。

ブランドには、ナショナル・ブランドとプライベート・ブランドがあり、ナショナル・ブランドは全国市場を対象にするメーカーまたはサービス業のブランドである。これに対してプライベート・ブランドは流通業者（デパート、スーパーなど）のブランドでプライベート・ブランドの商品は、広告費用などが削減されるため、比較的低価格で提供される。陶山計介によると欧州の市場では、プライベート・ブランドの比率が二三％を占めていて、毎年の伸び率も四％以上である。これに対して日本では代表的なプライベート・ブランドとして、コープ、トップバリュー、セブンプレミアム、CGCなどがあるものの、まだプライベート・ブランドの比率は一五％あまりである。が、近年の伸びは著しく、二〇一一年に二・六兆円の売り上げが、二〇一五年には三兆円に及ぶと予想される（陶山 2012）。

また、商品のブランド以外に、サービス・ブランドがある。サービスは無形であり、提供する人によって品質が変動するので、サービス業にとってもブランディングが重要になる（Keller 1998=2000：51）。サービス・ブランディングは顧客と社員との絆となり、目に見えない体験として残るもので、ブランド形成は従業員の誇りや忠誠心に大きく影響を及ぼして、サービスの質を底上げしていくといわれる（首藤明敏 2010）。サービス・ブランディングは、顧客だけでなく、従業員にとっても顧客との大切な絆となり、働く意識に大きく影響を与えることがわかる。同時に従業員の意識や行動が次なるサービス・ブランディングを形成していくことにもなろう。

小売店のブランドであるリテール・ブランドについては、ネットスーパーへの拡張を求めて、特定のスーパーを好きだと回答した人を対象として実証研究が行われている（岡山・高橋 2013）。その結果、リテール・ブランド・エクイティは、ストアイメージとコミュニケーションから形成されること、大手チェーンとローカルチェーンにとっては、小売企業としてのイメージが強く関連するため企業広告が有効であるのに対し、個性的なスーパーは、ストアイメージが強く影響を及ぼすこと、経験価値の高まりによって、リテール・ブランド・エクイティが向上し、結果として感情的な関係性が高まり、購買に結びつくことなどが明らかになっている。サービス・ブランディングは、従業員にとっても顧客にとっても絆を形成するものであり、リテール・ブランドにおいても、企業イメージとともに、「その店を好き」という店に対する消費者のロイヤリティーが、行動に大きく影響することがわかる。

ブランドには、消費者を対象としたＢ to Ｃブランド以外に、企業向けのＢ to Ｂブランドがある。従来、人的営業活動に重きが置かれていたＢ to Ｂ取引であるが、余田拓郎は、Ｂ to Ｂには、直接の顧客にとどまらないで、流通チャネル、最終消費者、従業員、リクルート市場、投資家など、それほど広いステークホルダーを意識しなくても知名度の向上やイメージの形成が期待できる消費財の場合よりも、より広いステークホルダーを念頭に置いたブランディングへの取り組みが欠かせないという（余田 2010，2011）。また、顕在化していない顧客に対して信頼獲得につなげるために、部品や素材などの成分ブランドの戦略的な活用とコミュニケーションが求められるという。技術が成分ブランド化することによって、直接の顧客にとどまらず、さらに先の顧客を刺激することで持続的競争優位を築くことができるというのだ。技術もブランド化し、それが、消費者だけなく、社会におけるさまざまなステークホルダーとのコミュニケーションによって、持続的に力を持ち続けることが可能になるということができるであろう。

さらに、人や組織、スポーツ、芸術、エンターテイメント、場所などについてもブランド化ができるものであって、さまざまな場面で、ブランディングの力が発揮できることが指摘されている（Keller 1998=2000：54-57）。「オリンピック」「ショパン・コンクール」「ウィーン・フィル」「カンヌ映画祭」「ディズニーランド」などブランドの力がものをいう場面は少なくない。

池尾らは、タイボーとカーペンターを参照してブランドのタイプとして以下の三つをあげる（池尾ほか 2010：421-424）。第一に機能的手価値の提供に力点をおく「アタック」「バファリン」などの機能ブランド、第二に高級ワインやファッションなど製品の意味的価値や象徴的価値に重きを置いたイメージブランド、第三に「ディズニー」や「スターバックス」のような、消費者がブランドと接したときに感じ取る経験に重きをおく経験ブランドである。また、ブランド構成要素（brand element）には、以下のようなものがあるという（Keller 1998；久保田進彦 2004）ブランド認知の最も中心的なものとなるブランドネーム、図案化・装飾化されたロゴとシンボル、最近関心の集まっている人格的特徴や性格を有するソフトバンクの「犬のお父さん」のようなキャラクター、ブランド・コンセプトを伝える短いフレイズであるスローガン、英語の鈴の音の擬音語にその源をもつＣＭやＢＧＭなどのジングル（Jingle）、製品の容器や包装としてのパッケージである（池尾ほか 2010：425-427）。

ブランド構築の理想とは、そのブランドのロングセラー化であろう（池尾ほか 2010：436-437）。おいしい水で薄めることで再生した「カルピス」（一九一九年）、三十周年で卵の入るくぼみをつけた日清食品の「チキンラーメン」（一九五八年）、味のバリエーションを広げてさまざまなご当地ブランドを創ったグリコの「ポッキー」、冬の鍋専用を夏の冷奴などにも適用したミツカンの「味ポン」、糖衣状にして海外旅行にも携帯可能にした大幸薬品の「正露丸」など日本における長寿ブランドがあげられよう。第2章でも述べたように、「カルピス」や「ミルクキャラメル」（一九一三年）などおよそ百年間、市場に存在し続けた長寿ブランドは、それらを飲用したり食用したり贈答した時代の、直接的な集合的記憶を呼び起こすものでもあろう。そのほか現在活躍する長寿ブランドとしては福助足袋（一八八二年）、三ツ矢サイダー（一八八四年）、恵比寿ビール（一八九〇年）などがあるという。これらの約百年に及ぶ長寿ブランドについては「その名も味わいも人々の五感にしみこむ現役選手」（朝日新聞、二〇一三年六月一日）と表現される。しかし同時に、このように、長寿を可能にしたブランドは、市場変化に対応して、味の多様化や高付加価値化、使用目的の拡大といったメガ・ブランド化を行っている。池尾らは、「変わらずにいて変わっていく」ということをロングセラー化の条件として示している。百年たっても存在し続けるブランドであるためには、老舗ブランドであっても、変化する社会環境と創発的に変わっていくことが求められことになろう。

社会が急激に変化していくなかで、コーポレイト・ブランド、プロダクト・ブランド、サービス・ブランド、リテール・ブランド、BtoBブランドなどいずれであっても、ブランドが長く社会に受け入れられていくためには、内部のその核をもちながらも、社会の変化に応じて、いつも新しい変化を映し出して、自ら変化していくことが求められるといっていいであろう。ブランドもまた、再帰的に変化するもの、すなわち、自己を他者に映し出し、それが自己に帰って自己を変革する螺旋状の循環をたどって変化していくものと考えられよう。

3 ブランドのもつ再帰的な働き

ラッシュとアーリ（Lash and Urry 1994：13-20）によれば、現代の脱組織化された資本主義社会において、生産されるものは物質的な対象ではなく記号である。ものは、マーケッターや広告製作者が、もののイメージを襲うブランディングのプロセスを通して記号価値の財を手にする。これは、生産者と消費者の複合体においても起きるもので、事実、消費者はブランディングの美的化の行為者の役割を担うことになる。

たとえば、旅行者は、サービスと経験を記号に変えることによって変化させるという意味の仕事によって消費することになるという。「ツーリズムの再帰性」については第1章でも触れたが、旅行者の旅行という行為の繰り返しによってふつうの田園風景が記号化してブランドとなり、「湖水地方」のような名称と価値を獲得してガイドブックに掲載されるようになる。さらにガイドブックを通して、観光客を呼び込み、ホテルやレストランなどの観光施設が整備されて、ブランドの価値は広がり、高まっていく。湖に縁取られた英国のふつうの田園風景(2)が、「湖水地方（Lake District）」というブランドで呼ばれるようになって、英国でも有数の観光地となり、他の田園風景との差異がもたらされる。

第1章でも論じたように、ラッシュによれば、情報資本主義のもとでの枠組みは、ブランドとなる（Lash

2002：149–150，194=2006：269–270，344）。ブランドはブランド・マークを土台にして成り立つもので、ブランド・マークの公的領域における事前に認知、承認されたロゴやデザインは、他者を排除できる力をもつ。情報やコミュニケーションの流れの混乱状況を収束するのにブランドが一役買う。また情報資本主義の下で、デザイン集約的労働のある部分はプロトタイプの生産となる。このデザイン集約的労働の大切な面としてブランドの固有性にかかわる、ブランド価値の維持、増進があることを指摘する。プロトタイプとブランドの蓄積が情報資本主義の核となるというのである。

さらにラッシュとラリーによれば、ブランドは表面的に見えるが、生成的、構成的な、創造的で圧縮された構造で、活動のシリーズを生み出す（Lash and Lury 2007：196–197）。社会的想像を外部化したブランド・マークは、製品の生産における資本や労働力の貢献の上に、ブランドの生み出す活動をプラスしてブランド価値を構成するもので、ブランドの核心は、外延的ではなく内包的であるという。

脱組織化した情報資本主義のもとでの枠組みはブランドとなり、社会的想像を外部化したブランド・マークは公的に認知され、他者を排除できる力をもつことになる。ブランドは、外に向けて現実的な活動では情報資本の蓄積として経済効果を生み出す。そして内へ向けては、感情的、知的には価値を生み出す再帰的な役割を果たす。

瀬戸内海を泳ぐ鰺や鯖などの魚ですら、(3)「関あじ」「関さば」というブランド化によって、高付加価値を生み出し、同じ海峡を泳ぐ魚が、異なる漁協で取れた魚とは異なる差異価値を有するようになる。「越前」と「松葉」という大ブランドに囲まれた京都府や兵庫県の市町村は、ブランドがにに乗り遅れないように、「ご当地がに」を新興ブランドで売り出そうとして、名乗りを上げているという（朝日新聞、二〇一三年十一月六日）。

第1章で提示したように、新しい市場再帰性とは、われわれの五感や、記憶、幻想、感情、価値など社会的、集合的なものを媒介として、市場のさまざまな場面において生成し、変化し、蓄積を続けていくものである。ブランドにおいては、新しい市場再帰性が、ブランドを核として、内向きには新たな価値を生み出し、外向きには、ブランドネーム、スローガン、キャラクター、ジングル、パッケージ等を通して、ブランドに関する活動を生み出す働きを促進して経済効果を蓄積している。

ブランドはわれわれの内部には新しい価値を生み出しながら、新しい市場再帰性などさまざまな再帰性の働きを促進させて、社会の変化に伴う新しい変化を取り入れることで、いつも変化の途上にありながら、社会に経済効果と共に、情報資本や文化資本を蓄積していっているといっていいであろう。

4　ブランドの再帰性の事例──「無印良品」

ここで日本のプライベート・ブランドである無印良品の例を取り上げよう。

無印良品は一九八〇年、西友のプライベート・ブランドとして始まった。深澤徳によれば、そのルーツは、一九六〇年代に着手された、社内のプライベート・ブランド開発にまでさかのぼることができる（深澤 2011）。西友ストアーは、品質を犠牲にすることなく、価格でも十分な訴求力をもった商品群の開発を目指していた。一九七七年には、「うらごしかぼちゃ」のようなユーザーの工夫次第で自由に使える料理素材缶詰が発売された。また、主婦の声から、両端をカットしないマッシュルームや割れていたためなど見栄えのために無駄にしていた部分をなくし、徹底的に商品の原点を見直すことで、「無印良品」誕生へ結びついていったという。

「無印良品」発案は、セゾングループを率いる堤清二とデザイナー田中一光である。既存ブランドに対する対抗を基本コンセプトとして、英語のノーブランドグッズ（no brand goods）を直訳して付けられた名称である。「わけあって安い」というのが、当初のキャッチコピーであった。深澤は「無印良品」を選択することが自分が賢い生活者であるという安心感をもたらしてくれたという。

一九八三年には青山に路面店を出店した。青山は生活を自らデザインし、自分にとっての豊かさを実現するという「無印良品」のイメージターゲットに合致したエリアであるという。その後、大阪市のアメリカ村店、翌年、名古屋の四ツ谷店、福岡の天神店をオープンさせた。深澤によれば、いずれもファッション性の高い地域が選ばれている。

また自転車とはそもそも何かという原点を突き詰め、付加的なパーツをすべて省き、必要最小限の自転車本来の機能に絞り込んだ「無印良品」の自転車が誕生した。自転車は今でも「無印良品」の存在的なシンボルであるということだ。

セゾングループの解体後、旧セゾングループ各社との関係は薄れていたが、その後ファミリーマートと資本提携をするなどして関係を再強化して、同チェーンでの取扱商品の数も増えている。旧セゾングループの中ではファミリーマートのほか、クレディセゾンが株主である。一九八九年には西友から独立して、株式会社良品計画を設立する。

一九九一年には、ロンドンの中心街に「MUJI West Soho」を海外一号店として出店した。これは日本の禅（ZEN）の精神、つまり無駄をそぎ落として本質をとらえたものというイメージで高く評価されたという（管波紀宏・長沢伸也 2012）。ロンドンのフラッグシップショップは、日本向けの商品をそのまま輸入して一等地に出店し、ロンドンでは一九九一年期末には五店舗の出店を行っている。しかし、その後のフランス四店舗、ベルギーの一店舗は赤字によって追い込まれた。フランスやベルギー店は閉鎖することになる。

無印良品が二十周年を迎えた二〇〇〇年から二〇〇一年にかけては低迷を続けていた。深澤はこれを無印良品と顧客の間主観的な運動が機能せず、本来の価値が置き去りにされた結果、無印良品がステージの違う他者との低価格競争に巻き込まれ、不振を招いたことに起因すると分析する。そのころ、無印良品では、文化や感性だけに頼らずに科学的合理的なスキームを取り入れることが試みられる。松井忠三は、マニュアルを積極的に活用して仕組みを作ることの重要さを説いている（松井 2013a）。また、世界的な著名デザイナーが匿名で開発に参加する「ワールド・ムジ」や、世界各地の暮らしの中で培われてきた日用品を発掘提供する「ファウンド・ムジ」など新しい試みが行なわれてきた。

二〇〇四年には、ミラノに出店する。イタリアにおけるフラッグシップショップ戦略は、英国の場合と異なって、アパレル商品などを現地のサイズに合わせて展開し、一等地の中の二等地への出店を行うものであった。伝統的に積極的なプロモーションを行わない無印良品は、都市部に一店舗ずつ展開して現地化を行いながら、ミラノサローネへの出展など、高感度層へとブランドを浸透させていったことで、多店舗化を成功させていったという。無印良品はライフスタイルのブランドであるから、現地に合わせてセレクトすることで消費者にブランドをよりわかりやすく伝えた。無印良品は、海外では日本以上に日本らしい商品とイメージされていて、日本の無印良品よりも、はるかにブランドイメージが高いということである。海外でのＭＵＪＩブランド展開にあわせて、日本でもブランド統一のためにＭＵＪＩロゴを前面に出していたが、近年は「無印良品」に再び一本化されたという。管波と長沢は、欧州において日本と同じ手法ではうまくいかなかった無印良品にとって、消費者とのブランドのコミュニケーションを考えたフラッグシップショップ戦略が必要であったという。「クールジャパン(4)」など、日本独自の文化が、欧州では注目されている今日、無印良品のブランド・コンセプトに日本のよさを見出した欧州の消費者によって、ブランドイメージがより高いものへと変化させられたということができるであろう。松井はグローバル・ブランドを成立させる条件は進化であるとして、グローバル・マーケットが存在するのではなく、ブランドをマーケットに適応させていくのであると語り、ブランドを最上に位置づけ、オペレーション力とビジネスモデルがそれを支える図を描く（松井 2013b）。

さらに無印良品は、途上国でもその商品開発が行われている（増田明子 2012）。二〇一一年、無印良品はジャイカ（JICA：国際協力機構）と共同でキルギス協和国ならびにケニア共和国において商品開発を行った。きっかけは良品企画のクリスマス・ギフト商品開発であった。クリスマスシーズンは欧州での大きな市場機会である。クリスマスシーズンがチャリティーシーズンでもあることと、二〇一一年の良品企画の開発テーマが「エシカル＆FUN」であること、国際支援を行うジャイカの社会貢献のブランドイメージと無印良品のブランドイメージの親和性もあり、ブランドアライアンスの面でプラスと考えられた。ギフト商品としてキルギスのフェルト小物とケニアのソープストーンの置物の二種が選定された。ジャイカ側では、良品計画との共同開発が一村一品プロジェクトに適合するかどうかの検討もなされたという。増田は共同開発について、補完、適合性、コミットメントの三つの留意点から検討する。良品企画とジャイカが、情報伝達や意思疎通が難しい途上国で、商品化という目標に向けて機能を補完しながらプロジェクトを進行した。ジャイカの公共性と無印良品の環境や資源に配慮したブランドは、親和性が高く、また、途上国支援という目標を共有していたので、コスト上の問題があるものの、二〇一一年時点では成功したと評する。

三浦展は、近年の消費傾向として、個性化、多様化志向の第三の消費社会から、ノンブランド、シンプル、カジュアル、日本志向、つながり重視の第四の消費社会への移行を論じている（三浦 2012）。三浦によれば、無印良品がエコロジカルなイメージをもった商品であり、かつ、わび、さびの日本文化と通底するように感じられることから、無印良品は第四の消費社会にふさわしい商品として認知されている。彼はまた、二〇〇三年から「ファウンド・ムジ」という世界各地にあるもののなかから「ムジ」を発見する活動が行われていることを指摘する。この活動は、無印良品としての存在理由を否定するように見えるが、この物を超えた思想の広がりこそ無印良品の目標になるというのである（三浦 2012：207–211）。彼は無印良品というブランドに、物を超えた思想を広げるという新しい価値を見出している。

無印良品ブランドの思想について、深澤は有名ブランドへのアンチ・テーゼであり、ブランドのからくりへの疑問を形にしたことを指摘する（深澤 2011：103–93）。無印ブランドは、用途と関係のない加工や装飾、流通なども含めてさまざまな固定観念へのアンチ精神で「無」を記しつけることで、他と識別するブランドなのである。また「私」と「知」を重視して、デザイン性や素材感など個人のテイストを重視するブランドであるという。無印良品の商品は、かごや泥除けなどのパーツが自由に組み合わせられる自転車にみられるように、卓越した編集性を備えていることが指摘されている。無印良品にはそのシンプルさゆえに「わけ」を核とした文脈が幾層にも折たたまれているという。深澤はまた、生活の原点や無印良品の起源を問い続けることこそが、既存のブランドに対するアンチ・ブランド性、反体制としての無印良品の豊かさを生活者とともに具現化する無印良品のアイデンティティを際立たせるという。そして無印良品を選択することは「賢い私」を認証するように要請することであって「文化資本軸上の顕示性が高い」（深澤 2011：171）という。また、欧州で日本以上に日本らしい商品とイメージされていることを前述したが、深澤も無印良品に、無駄を徹底して省いた姿の「引き算の美」を見出す。何もない空間を意味する「間」や「間」を象徴する茶室における「一期一会」[5]をあげ、そこでは、使う側が試されることになるという。そしてこういった点がイケア（IKEA）などのブランドとは一線を画すというのである。

さらに深澤は、無印良品の戦略には「虚無点」という方法がとられ、そこに結ばれるのは仮構された生活者であるという（深澤 2011：197-221）。彼はカントの概念を用いて、虚無点は人間の到達不可能な理想を示すことになるという。そして無印良品は主張しないことを主張するが、相手に合わせて主張を控えることで逆に主張をしていることになるという。彼はこれを両者の緊張関係のなかで互いに影響しながら未来を形作る往還運動の関係と表現し、「両義性」の運動として新たなステージを拓くための契機となるものであるという。

無印良品ブランドは「無」のブランドであり、「わけ」を核として、主張しないことで主張するというブランドである。互いに影響を及ぼし合いながら未来を形作り、相手に合わせていくという主張の仕方は、まさに日本文化の集合的再帰性もしくは解釈学的再帰性の特徴であろう。その意味では、当初の意図以上に欧州で日本らしさを評価されているということは、われわれ日本の企業や消費者にとっては自明である集合的再帰性や解釈学的再帰性が、異なる文化の中では、新たなものとして発見されたと考えられよう。「無印良品」ブランドが、欧州や途上国で、その国の消費者や生産者、他の組織と出会い、互いに影響を及ぼしあうなかで、当初の「わけあってやすい」というブランド・アイデンティを核としながらも、その予想を超えて、大きく変化し、物を超えて、日本の文化や思想を広げるという役割を果たしながら成長していることがわかる。

ブランドが、その核を内部にもちながら、時間を経て、またさまざまな空間での新たな出会いによって、再帰的に変わり続けることを示す事例のひとつということができるであろう。

5　結　び

本章では、ブランドの意味とその現状をとらえたうえで、ブランドが、そのブランド・アイデンティティを核にもちながら、社会の変化に伴う新しい変化を取り入れることで、市場再帰性などさまざまな再帰性を働かせて変化しつつ、情報資本、文化資本を蓄積していることを、無印良品の事例を参照にして論じた。

グローバル化したブランドは、国内ブランドであったときとは異なる文化や社会において、思いがけない変容を遂げ、国内ブランドであったときには想像できなかったような、新たなイメージや価値を発見されたり、創造したりする。

ブランドは、社会的想像をそのブランドネームやブランド・マークなどに圧縮させて人々の内部にさまざまな新しい価値を生み出し続けてその集合性を更新し、同時に市場に変化をもたらす。その市場の変化は、人々の感性や行動、ライフスタイルの変化、社会の変化につながる。ブランドを媒介とした新たな市場再帰性を含めた市場の再帰性が、グローバルな社会の変化を促し、われわれの感性の変化を呼び起こしながら、ブランド自身にも新たな発見や創造といった変化をもたらす。今後、ますますグローバリゼーションの加速する社会において、ブランドは、世界中との新たな出会いによって、自ら絶え間なく再帰的な変化を繰り返すことによって、存在し続けていくことが可能となるのではないか。

注

（1）ディドロ効果とはマクラッケン（McCracken）の紹介によると、フランスのディドロ伯爵がナイト・ガウンをもらったところ、それがディドロ伯爵自身の周囲のものをひとつひとつ変更させることを促し、結局ライフスタイルを全面的に変更するようになったというディドロ伯爵のエッセイを参照した効果である（石井 2004：55）

（2）英国の湖水地方はウインダミア湖、グランミア湖などの湖と田園風景の広がる地域だったが、湖水地方（Lake District）としてブランド化することで一躍、大観光地となっている。

（3）同じ海峡を泳いでいる鯵や鯖でも大分県側の漁船で獲れれば、「関あじ」、「関さば」としてブランド価値がつき、価格が高くなるが、愛媛県側の漁船で獲れれば、その半額ぐらいの価格で売買されることになるという。

（4）クール・ジャパンとは、マンガ、ゲーム、アニメなどのポップカルチャーをはじめとする日本の文化が国際的に評価されている現象で、最近は政府が産業政策や外交キャンペーンに使用している（中村伊知哉 2013：164-165）。

（5）一期一会とは一生に一度だけの機会。生涯に一回しかないと考えて、そのことに専念する意である。もとは茶道の心得を表した語で、どの茶会でも一生に一度のものと心得て、主客ともに誠意を尽くすべきことだという。利休の弟子、山上宗二の『山上宗二記』に「一期に一度の会」とあり、ここから一期一会は茶道のことばとなったという。なお、茶道は自然体のままで季節感を大切にした「もてなし」と「しつらい」の美学だといってもいい。亭主となった人は、まず露地（庭園）をととのえ、茶室の中に、掛物や水指・茶碗・釜などを用意して、演出の準備をしなければならない。これらはすべて日本の風土が育んできた文化的な結晶で、茶道とは「日本的な美の世界」だということができる。そして亭主と客の間に通う人間的なぬくもりが重要な要素となり、それを「和敬清寂」の精神という（http://www.urasenke.or.jp 他）。

第4章　都市の再帰性

1　はじめに

市場は現代社会のいたるところに埋め込まれ、さまざまな場面でわれわれの都市の変化にも大きく影響を及ぼす。正月、七草、成人の日、節分、バレンタインデーとホワイトデー、ひな祭り、お彼岸、イースター、こどもの日、夏至、夏祭り、お盆、敬老の日と孫の日、体育の日、収穫祭、ハロウィン、ボジョレーヌーヴォー、冬至、クリスマスなど、古今、東西を問わず、さまざまな機会に乗じて、都市の催しや市場のイベントが催されて、季節毎の買い物や贈答を推奨する。伝統がよみがえり、季節の到来が思い起こされて、街の雰囲気が醸し出される。それらは第2章で示したようにわれわれの五感や記憶、感情、行動の変化を呼び起こし、その変化がさらに新たな市場を生み出して、新たな都市を形成していくことを繰り返す。

本章では都市に注目して、市場と都市の再帰性をとらえることを試みよう。第一に現代社会における市場と都市の変化をとらえる。第二に、市場と都市の再帰的循環を明らかにしたい。第三に、東京、名古屋、大阪の都市と市場に関する比較調査結果をご紹介しよう。これらから市場と都市の関連性を再帰性の観点から論じることにしよう。

2　市場と都市の変化

初めて訪れた都市を五感で味わいたいと思うならば、露店や市場へ足を向けることであろう。

見田宗介（2006）は異国で一番面白いのは市場であり、会話の長さは賭けられている金額の割に合わないと記す。合理的な価値の交換にも増して身体の感覚や感情の喜びが優先される。ジョン・マクミラン（McMillan 2002=2007）は、難民キャンプでも路上でも、政府の抑圧や警察官の暴力に屈せずに市場が生まれていることを示し、市場取引を特徴づけるのは自律性であるという。インターネット取引も中東のバザールと同じで「今日のグローバルな村のバザールはインターネット上に存在する」（McMillan 2002=2007：6）と表現する。わが国でも最近盛んに行われている百貨店の改装や増床では、商品の売り場を増やすよりも、滞在時間を長くすることを目的として、レストランやカフェ、化粧室、休憩用のベンチなどの設置に力を入れているという。

市場は古代から現代に至るまで、人々の集う情報交換の場、コミュニケーションの場であった。

（1）　市場の変化

市場（market/Markt）は「取引するところ」「価値を交換するところ」という意味で元来場所の概念である。古代ギリシャにおいてこの場は、アゴラ（広場）であった。マクミランによれば、アゴラとは単なる市場を越えたアテネの中心であって、運動競技、政治的集会、演劇、宗教行事の行われる場所でもあったということである

（McMillan 2002=2007）。松尾秀雄（1999）によれば市場はギリシャにおけるオイコトスにその源を発する。アテネに財宝や奴隷が集中し、必要以上に所有するようになって交換活動が始まった。プラトンなど哲学者たちは、共同体と市場のせめぎあいに直面して、批判的思想を展開したという。

キリスト教は、市場経済に友愛や相互扶助の精神を加えることによって、市場の意味を修正したといわれている。松尾はモースの「交換とは贈与と贈与の互酬である」との命題を援用して、交換とは贈与を発展させたものとしてとらえる。

近代に入り、アダム・スミスによって、交換の効用、分業の効用が評価されるようになる。「楽観的市場観」とも表現されるスミスの市場経済の思想は、競争の結果として利益を求める個人が見えざる手によって導かれるように公共の利益を実現するという考え方である。そしていつしか、市場が都市の共同的なものの領域を覆いつくしていく。

近代のマーケティングは十九世紀のアメリカに始まるもので、東部から西部への物資の流通に源を発する。市場は、プロダクト志向、販売指向から、マーケティング指向へと変化を見せる。アメリカマーケティング協会の定義（AMA 1985）は「アイディア、商品、サービスなどの着想、価格設定、プロモーション、流通等を計画、実行する過程であり、それによって個人又は組織の目標を満足させる交換を創造する」とマーケティング活動の全般に言及し、顧客満足の思想が表現されている。これが二〇〇四年には「マーケティングとは、組織とステークホルダー両者にとって有益となるよう、顧客に向けて「価値」を創造・伝達・提供したり、顧客との関係性を構築したりするための組織的な働きと一連の過程」（AMA 2004）(1)と価値の創造や関係性の構築を強調するものへと変化する。

さらにポスト近代に入ると，ソーシャルマーケティングや社会が変わるマーケティング，非営利組織のマーケティングという語が使われるようになって，目的がマーケターの便益のためのみでなく，顧客と社会一般の便益へと広がる（Alan and Kotler 1982=2005）。場所の概念であった市場（market）は進行形（marketing）になり，過程として，社会や文化の方向性やその働きに加担するようになる。

市場が，社会の価値や関係性にかかわり，社会の循環に加わってその領域を拡大していく。また，ポスト近代社会では商品と文化の区別が困難になり，市場と文化との境界は曖昧なものとなる。次節で述べるように，選択や自己関与の度合いが強まった共同体の側からの接近も一因となり，市場は，制度や「場」から共の役割の一端を担う社会や文化にも開かれ，それらとの境界が曖昧なものとなり，さらに「過程」へと変化していく。

（2）都市と共同体

都市化（urbanization）とは一定規模の都心地区に住む人口の比率が高くなることで，都市は常に社会的・政治的・経済的に重要な存在であったが，一九世紀の西欧産業社会の都市化はきわめて急速に進行したといわれる。都市化の時期は産業化の時期と重なっているが，都市化は，経済の成長という点では，健康や教育コストは下げるものの，労働コストは上げるという矛盾をもたらすともいわれる（Abercrombie et al. 1988=1996）。

厚東（1991：116-187）によれば，西欧の知識人にとってはアテナイやローマなどの都市は親しい存在で，現地に赴かなくてもその文物，習慣，地理などが知られている，教育によって作り出された故郷であるという。そして，イメージとしての都市は，「円錐形の小宇宙」（厚東 1991：119）であり，円形の底面に垂直性を形作るのが教会などの宗教施設，そして底面の円形の中心がアゴラ（広場）であるという。アゴラは，囲いのない公有の空き地であり、人々が出会い、コミュニケーションを交わす場所である。厚東は、古代「集まりとしてのアゴラ」は都市の意思決定が行われる政治的中心で、「市場としてのアゴラ」は人々の欲望を満たす財が交易される都市の経済的中心であるが、集会場としてのアゴラと市場としてのアゴラは同じ場所を占めていたという。が、市場原理のみが強調されるようになり、アゴラの経済的機能が前面に押し出されるにつれて、集会場としてのアゴラと市場としてのアゴラは空間的に分離されたという。中世の社会では古い集落の外側に市場集落が形成される。そして商人の集落である「市場広場」に面して「市庁舎」など公共建築物が立てられるリンチの図式を用いて、教会がランドマーク、教会がエッジ、アゴラがノードであるとも表現される。西欧の都市生活はアクロポリス（教会）とアゴラ（市場広場と市庁舎）の二つの焦点が同等の比重で人々の生活を支配していたという。円錐形としての都市は市民に開かれているもので、公共性は円錐形としての都市を母体として初めて成立するというのだ（厚東 1991：122-125）。厚東は近代、アダム・スミスが求めているのは、ポリスとオイコトスを交差し直して、社会全体を新しく作り直すことで、その目的とは、奴隷にふさわしい経済を市民にふさわしいものとする「オイコトスのポリス化」であるという。そして「アゴラから四方に広がる世界としての都市」（厚東 1991：168）が近代経済システムの原イメージであるという。厚東によれば、近代社会において理想的社会のイメージは都市を源泉とするものである。

ポスト近代社会に入ると、都市や共同体のあり方も変化する。ラッシュ（Lash 2002=2006）は、高度な共同体とは公と私との境界を打ち破って境や周辺部において形成されるもので、その基礎は合理的選択や言語行為の妥当性の承認でなくて、感情的な絆で、共同想像していることに根ざすという。共同体に関しては、公共性の選択肢が芽生えたことを重要視して、アンビバレントな「共」の概念に言及する議論（三上剛史 2003）や、情報化に伴って「智」の格差が共の領域においてベキ法則に従って拡大すると予想し、共の領域が格差拡大の領域となるという議論（公文俊平 2004）などが行われる。

ハンナ・アレント（1958=1999：320）によれば、ポリスは正確には、一定の物理的場所を占める都市国家ではなく、共に活動し共に語ることから生まれる人々の組織で、ポリスの真の空間は共に行動し共に語るという目的のために共生する人々の間に生まれるという。共有化された感情的な絆が重視されるようになり、公から共へと重心を移すに従って、共同体は上から与えられるのではなく、下から作り上げられていく過程へと変化する。

友岡邦之（2009：379-395）は、都市発展のための条件として、従来の人口規模や社会的機能に関するハブとは異なり「創造性」という要因を持ち込んで、規模の大きさを志向するものとは異なる都市開発のビジョンを示すことができるという。そして「創造都市」のポイントとして「文化と産業における創造性」の重視、並びに「脱大量生産時代」の社会環境への対応であると主張する。「文化首都」や「音楽の街」などの文化的資源の活用が語られ、「手段としての文化」という視点が明確になってきていることも指摘される。たしかに、たとえば、ウィーン市は、文化予算の八〇％以上が音楽のため（特にウィーン・フィルやオペラ）に集中的に用いられている。これは、文化的、観光的な都市発展にとって、さらに世界中の放映されるニューイヤーコンサートなどオーストリア全体の文化資産として大きく寄与しているということができるであろう。友岡も触れているように、文化と制度の関係には議論すべきものがあるが、新しい都市のあり方として文化創造という側面も見逃せない。

市場と同様に、古代から近代、ポスト近代へと都市共同体の場から過程へ、制度的なものからより文化的なものへ、さらに市場的なものへの変化は、古代から近代、ポスト近代への思考の変化や社会の変化と密接に関連するといってもいいであろう。

3　市場と都市の再帰性

かつてアゴラは交換の場であり、人々の触れ合いの場でもあった。現代社会においても、市場という枠組みは、合理的利益にとどまらない楽しみを享受しつつ、コミュニケーションを深める場所である。市場や情報が新しい価値の創造を通して、アゴラが担っていた社会的な絆を新しい形に作り変えて、われわれにもたらす。本章の最初に述べたように、市場は元来対話や駆け引きなどの共同体の楽しみと共にあったもので、現代社会では都市において、そのことが再びクローズアップされているのではなかろうか。

第1章で提示したように、社会化とは、個人が他人との相互関与によって、社会の価値や規範を内面化するものであるが、この社会化すなわち人々の規範共有の過程に、市場とともに、都市の再帰性が大きく入り込み、変化を促すと同時に市場の変化を反映して都市も変化を促されているのではないだろうか。

市場はわれわれの集合的記憶を更新し、新しい社会的絆をもたらす。市場への出入りを通じて、五感や社会的共感、楽しさが芽生えて、集合的記憶が新しくなる。すべてが集合的なものとなり、コミュニケーションとなる現代社会において、集合的な五感、記憶、感情、行動などは、環境を同じくするわれわれの都市のありようと深く関連するであろう。構造としての都市によって、集合的五感、集合的記憶や、集合的感情、集合的行動などが更新されていくといっていいであろう。

都市を媒介として、市場の再帰性が際限なく働くようになる。市場は都市のありようを反映して際限なく変化し、それは再び都市のありように跳ね返り、都市の変革に結びつくことになる。再帰性自身も、合理的、認知的で制度的なものから、非合理的、イメージ的で制度外のものへと変化しながら、その時代の市場と都市のあり方に適応しようとする。再帰性の変化を伴いながら、市場と都市の再帰的循環は世界中で今も終わることなく続いているといっていいであろう。

4　東京、名古屋、大阪、都市比較調査結果

東京、名古屋、大阪といえば、日本を代表する三大都市である。

新幹線で、名古屋から東京へ二時間弱、大阪へ一時間弱で、リニアモーターカーが開通すればその半分の所要時間に短縮されることも予想されているが、これら三都市の間には依然として大きな違いがある。新大阪駅のホームでエスカレーターに乗るときに左側で立ち止まっていると、後ろからブーイングが聞こえる。東京、名古屋と異なり大阪では右が立ち止まる人で左が歩く人である。ちなみにロンドンも同様である。「東の帝都」「西の民都」といわれてきたように、鉄道のサービスやシステムに関しては、東京や名古屋はJRが中心であるのに対して、関西では阪急、近鉄など私鉄がリードしている。

駅のホームの立ち食いスタンドで取り扱っている麺類も、東京のそば、名古屋のきしめん、大阪のうどんが各都市を代表する。調味料も濃い口醤油中心の東京、八丁味噌中心の名古屋、薄口醤油が中心の大阪であり、「赤いきつね」「どん兵衛きつね」など、東はかつおだし、西は昆布と東西で味を変えていて、その境界は関が原付

近にあるということだ。家庭で調理する卵焼きの味付けも砂糖と塩で甘辛い東京、しょうゆ味の名古屋、薄口の出汁入りの大阪と違いがあり、カレーライスの肉も東京は豚肉、名古屋は鶏肉、大阪は牛肉が多い。コントラストのはっきりとした粋な東京にたいして、晴れの豪華さと日常の地味さで差のある名古屋、ふんわりした柔らかいミックス味で実質を好む大阪といえそうだ。これはまた、気候の違い、樹木の違い、土の色の違い、風景の違いファッションの違いにも通じる。味の違いは、歴史の違い、文化の違いの一側面といってもいいであろう。グローバリゼーションが進み、世界の都市に共通するものが増える一方で、ローカルな価値に関心が集まっている。グローランド・ロバートソンが、グローバルとローカルを結びつけて提唱した「グローカリゼーション」(Robertson 1992=1997)という語も広まっている。世界のアジアの日本の中では同じように見えても、その文化も市場も異なるのが、東京、名古屋、大阪の各都市ではなかろうか。

ここで、二〇〇九年三月に実施した、東京、名古屋、大阪における都市と市場に関する比較調査結果(2)をご紹介しよう。

(1) 各都市のブランド・マーク

第3章で、ブランドの再帰性について論じていた。ここではまず、各都市のブランド・マークを見てみよう(図4-1参照)。

東京の紋章は、明治二二年十二月の東京市会で市のマークとして決定されたものである。昭和一八年の東京都制施行に際し、東京都の紋章として受け継がれてきた紋章の意味は東京の発展を願い、太陽を中心に六方に光が放たれているさまを表し、日本の中心としての東京を象徴している。昭和一八年に告示され、東京都の正式な紋

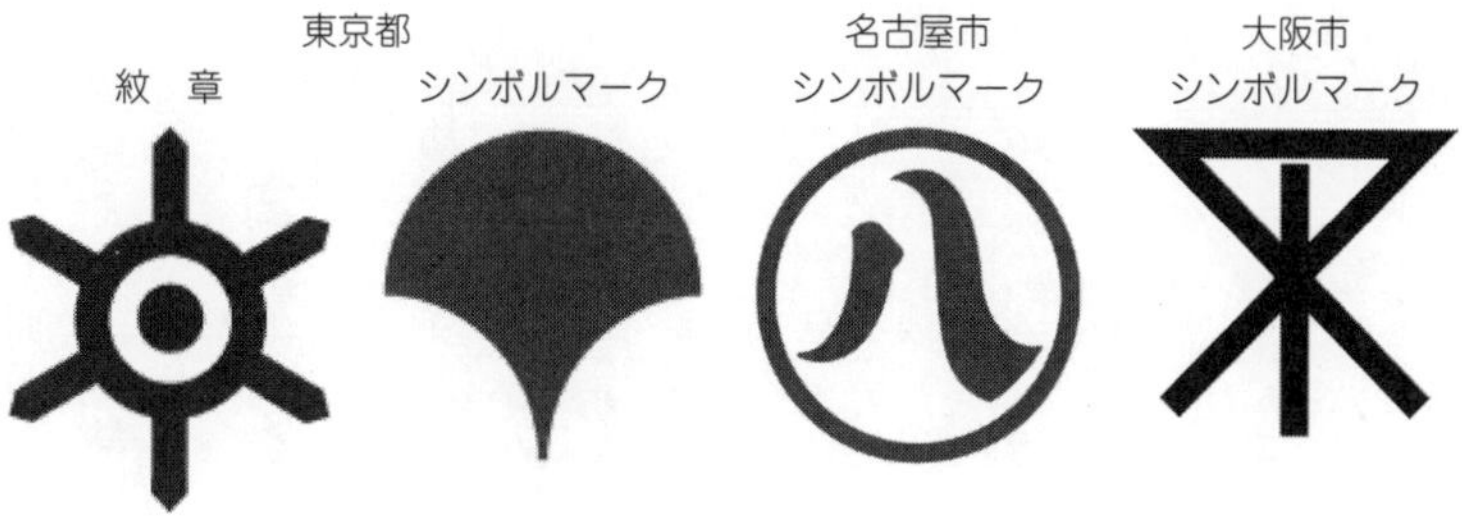

図4－1　各都市のブランド・マーク

章とされる。また東京のシンボルマークは候補作品二〇点の中から一つを選定し、平成元年に、東京都のシンボルマークとして制定した。このシンボルマークは、東京都の頭文字「T」を中央に秘め、三つの同じ円弧で構成したものであり、色彩は鮮やかな緑色を基本とする。これからの東京都の躍動、繁栄、潤い、安らぎを表現している。

名古屋のブランド・マークは○に八の字を書く。都市のシンボルマークとしては一風変わった意匠だが、これが名古屋市の市章である。制定されたのは明治四〇年である。神戸市や横浜市でも市章が定められており、当時は市を表象するマークを制定しようという動きが各地にあったという。名古屋は、名古屋港の開港、市制二十周年を間近に控え、市勢の発展ぶりを内外に示そうという気運が高まっていて、シンボルマークの制定にはうってつけの時期であった。議論百出の末、最終的には尾張徳川家の合印として用いられていたマークを採用することになったといわれる。「丸は無限に広がる力、また八は末広がりで発展を示す」というおめでたいマークであり、名古屋の歴史を大切にしながら、新たな発展を期そうという思いがあったようだ。

大阪のみおつくし（澪標）というブランド・マークは、古歌にもよまれているように、昔、難波江の浅瀬に立てられていた水路の標識である。摂津名所図会にはクイの上部に板をX型に打ちつけたものだけが見られるが、天保年間の絵図には今の市章と同じ形をしたものが描かれている。大阪の繁栄は昔から水運と出船入船に負うところが多く、人々に親しまれ、港にもゆかりの深いみおつくしが、明治二七年に、大阪市の市章となったという。

(2) 各都市のイメージ

次に、各都市のイメージを比較しよう(図4-2、4-3参照)。

各都市のイメージを比較すると、東京は刺激的な(1.7)おしゃれな(1.6)リーダー的な(1.5)洗練された(1.4)など、刺激的でおしゃれなリーダー都市のイメージである。自由回答からは「大都会」「世界一の都市」「国際都市」「メガタウン」「不夜城」という表現や、「夢をかなえる場所」「流行の発信基地」「新しいものが集まっている、すべてが最先端」ともいわれる。一方で、「索漠として無機質」「仕事するには最適だが住むにはきつい」とも評される。

名古屋は、ユニークな(0.7)温かい(0.4)素朴な(0.3)誠実な(0.2)など、暖かく素朴な都市イメージである。自由回答からは「東京でも大阪でもない中途半端な大都市」「田舎と都市の中間」「閉鎖的」「自動車の街」「道路が広い」という表現や、「豪華」「見栄っ張り」「金のしゃちほこ」「名古屋嬢」などがあげられる。また「名古屋コーチン、手羽先、味噌カツ、えびフライ、ひつまぶし、きしめん、味噌煮込み、あんかけスパゲティ、ういろう、」などの食べ物や「モーニングが豪華」という指摘もある。「偉大なる田舎」「商店の閉店時間が異常に早い」「婚礼が派手」「文化がない」とも評される。

大阪は、ユニークな(2.0)力強い(1.5)刺激的な(1.2)温かい(1.2)など、ユニークで刺激的、力強い都市イメージである。自由回答からは「商人の町」「食い倒れ」「独自の文化」「地盤沈下著しい」「無秩序で雑多」

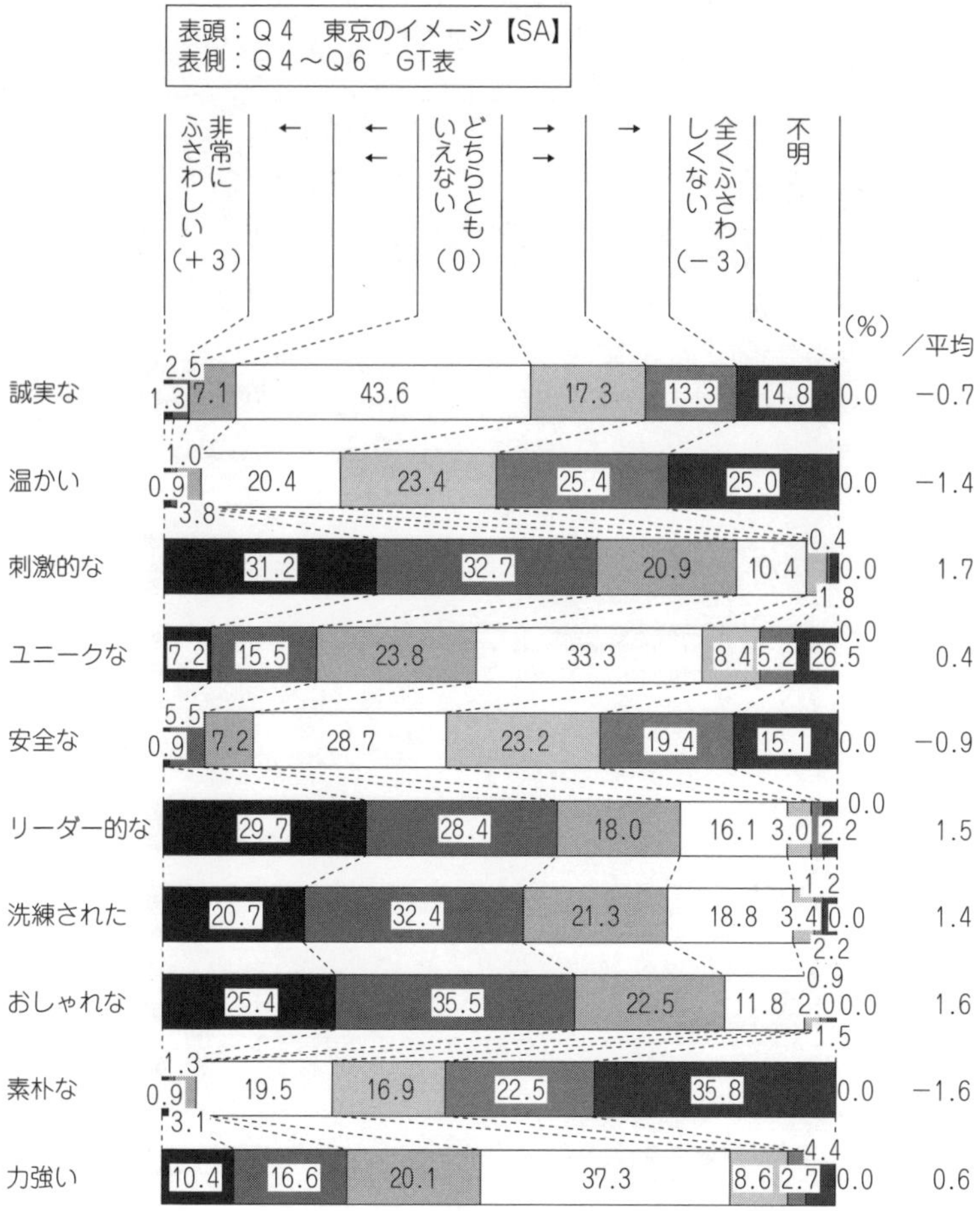
表頭：Q４　東京のイメージ【SA】
表側：Q４～Q６　GT表
非常にふさわしい（＋３）
←
←←
どちらともいえない（０）
→→
→
全くふさわしくない（－３）
不明
(%)
／平均
誠実な 1.3 2.5 7.1 43.6 17.3 13.3 14.8 0.0 −0.7
温かい 0.9 1.0 20.4 23.4 25.4 25.0 0.0 −1.4
刺激的な 31.2 32.7 20.9 10.4 3.8 1.8 0.4 0.0 1.7
ユニークな 7.2 15.5 23.8 33.3 8.4 5.2 26.5 0.0 0.4
安全な 0.9 5.5 7.2 28.7 23.2 19.4 15.1 0.0 −0.9
リーダー的な 29.7 28.4 18.0 16.1 3.0 2.2 0.0 1.5
洗練された 20.7 32.4 21.3 18.8 3.4 1.2 2.2 0.0 1.4
おしゃれな 25.4 35.5 22.5 11.8 2.0 0.9 1.5 0.0 1.6
素朴な 0.9 1.3 19.5 16.9 22.5 35.8 0.0 −1.6
力強い 10.4 16.6 20.1 37.3 8.6 2.7 3.1 4.4 0.0 0.6

図４－２　各都市のイメージ　①東京

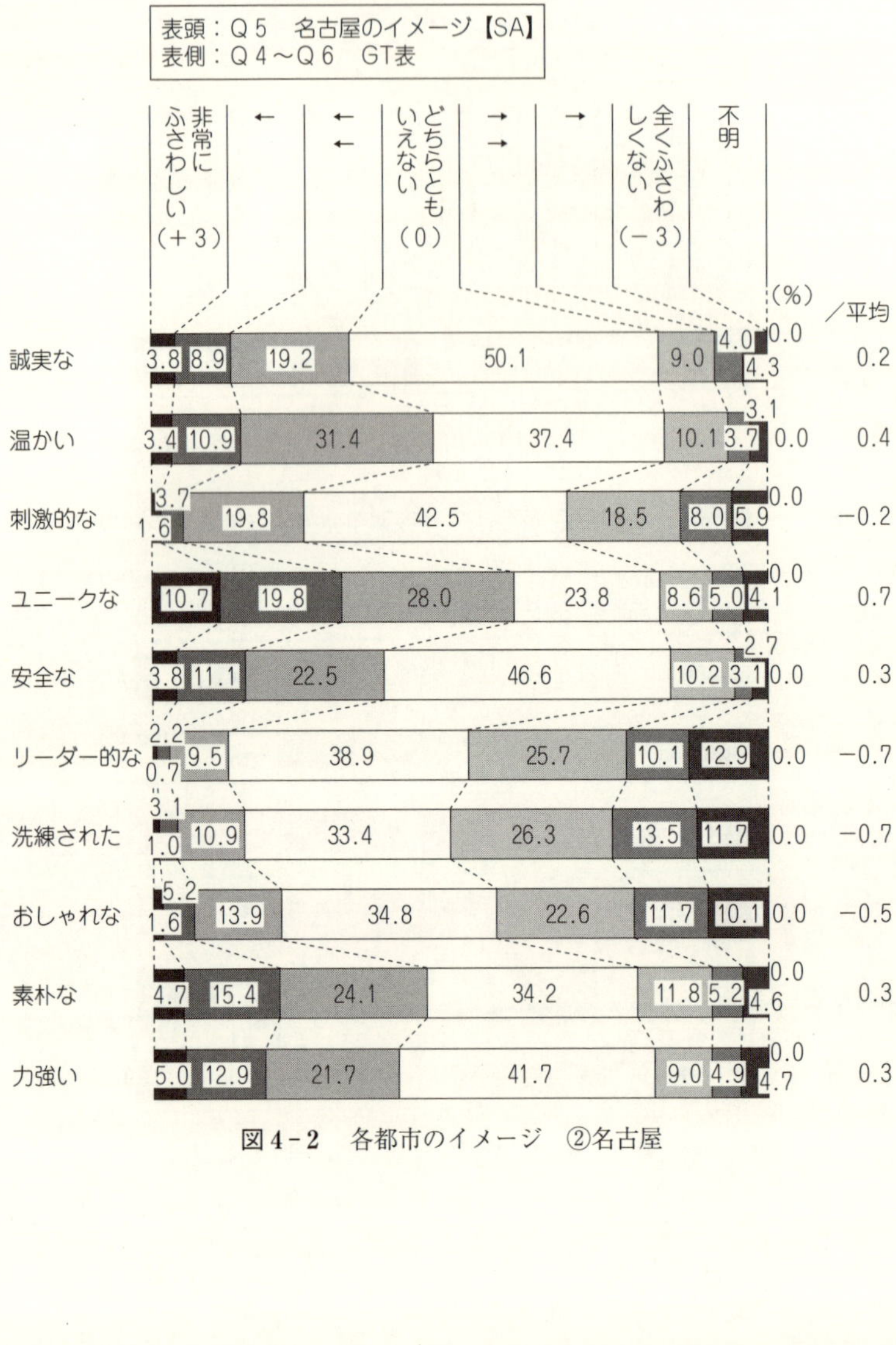
表頭：Ｑ５　名古屋のイメージ【SA】
表側：Ｑ４～Ｑ６　GT表
非常にふさわしい（＋３）
←
←←
どちらともいえない（０）
→→
→
全くふさわしくない（－３）
不明
（%）
／平均
誠実な 3.8 8.9 19.2 50.1 9.0 4.0 4.3 0.0 0.2
温かい 3.4 10.9 31.4 37.4 10.1 3.7 3.1 0.0 0.4
刺激的な 1.6 3.7 19.8 42.5 18.5 8.0 5.9 0.0 −0.2
ユニークな 10.7 19.8 28.0 23.8 8.6 5.0 4.1 0.0 0.7
安全な 3.8 11.1 22.5 46.6 10.2 3.1 2.7 0.0 0.3
リーダー的な 0.7 2.2 9.5 38.9 25.7 10.1 12.9 0.0 −0.7
洗練された 1.0 3.1 10.9 33.4 26.3 13.5 11.7 0.0 −0.7
おしゃれな 1.6 5.2 13.9 34.8 22.6 11.7 10.1 0.0 −0.5
素朴な 4.7 15.4 24.1 34.2 11.8 5.2 4.6 0.0 0.3
力強い 5.0 12.9 21.7 41.7 9.0 4.9 4.7 0.0 0.3

図４－２　各都市のイメージ　②名古屋

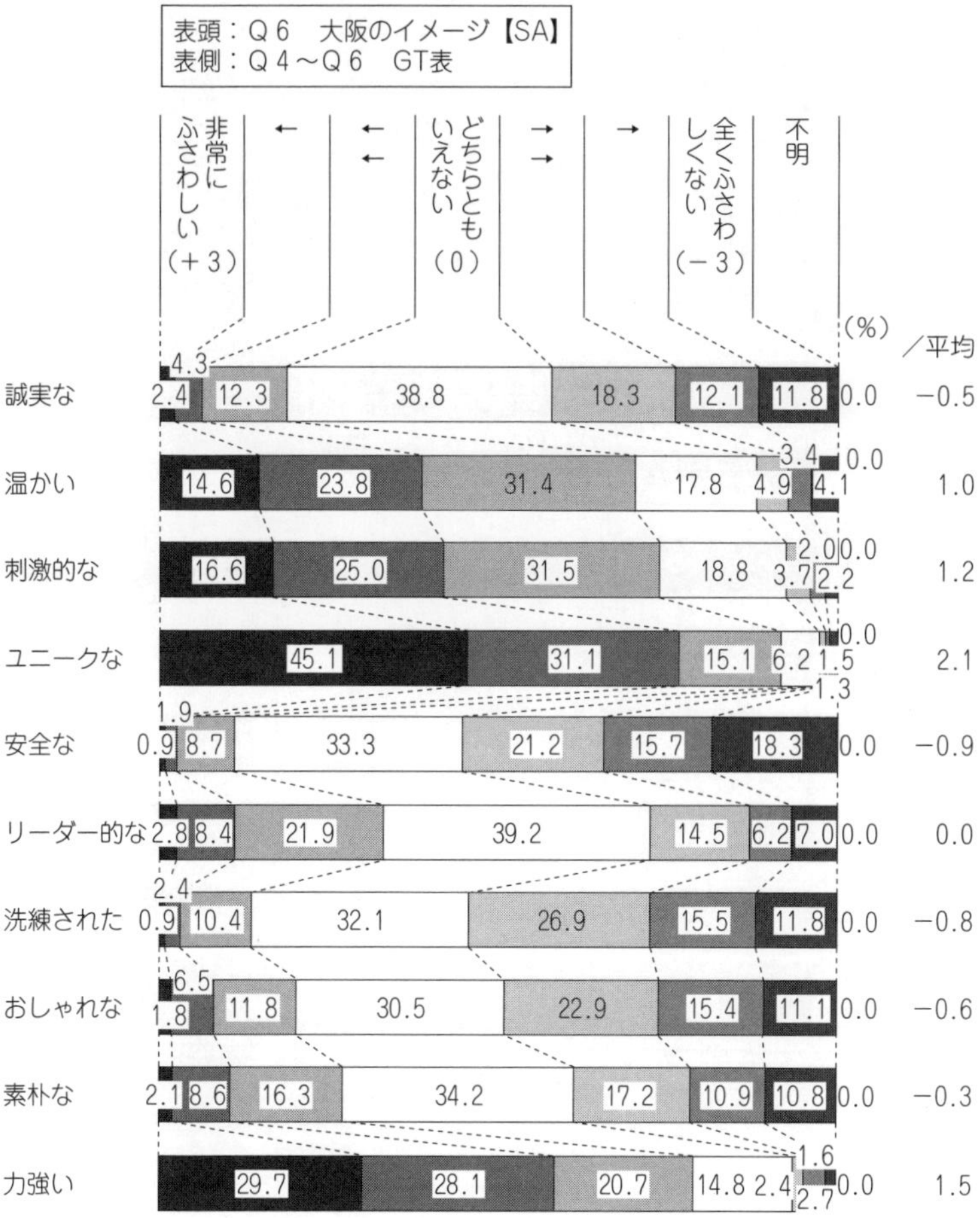
表頭：Q６　大阪のイメージ【SA】
表側：Q４～Q６　GT表
非常にふさわしい（＋３）
←
←←
どちらともいえない（０）
→→
→
全くふさわしくない（－３）
不明
（%）
／平均
誠実な
4.3
2.4
12.3
38.8
18.3
12.1
11.8
0.0
−0.5
温かい
14.6
23.8
31.4
17.8
4.9
3.4
4.1
0.0
1.0
刺激的な
16.6
25.0
31.5
18.8
3.7
2.0
2.2
0.0
1.2
ユニークな
45.1
31.1
15.1
6.2
1.5
1.3
0.0
2.1
安全な
1.9
0.9
8.7
33.3
21.2
15.7
18.3
0.0
−0.9
リーダー的な
2.8
8.4
21.9
39.2
14.5
6.2
7.0
0.0
0.0
洗練された
2.4
0.9
10.4
32.1
26.9
15.5
11.8
0.0
−0.8
おしゃれな
6.5
1.8
11.8
30.5
22.9
15.4
11.1
0.0
−0.6
素朴な
2.1
8.6
16.3
34.2
17.2
10.9
10.8
0.0
−0.3
力強い
29.7
28.1
20.7
14.8
2.4
1.6
2.7
0.0
1.5

図４－２　各都市のイメージ　③大阪

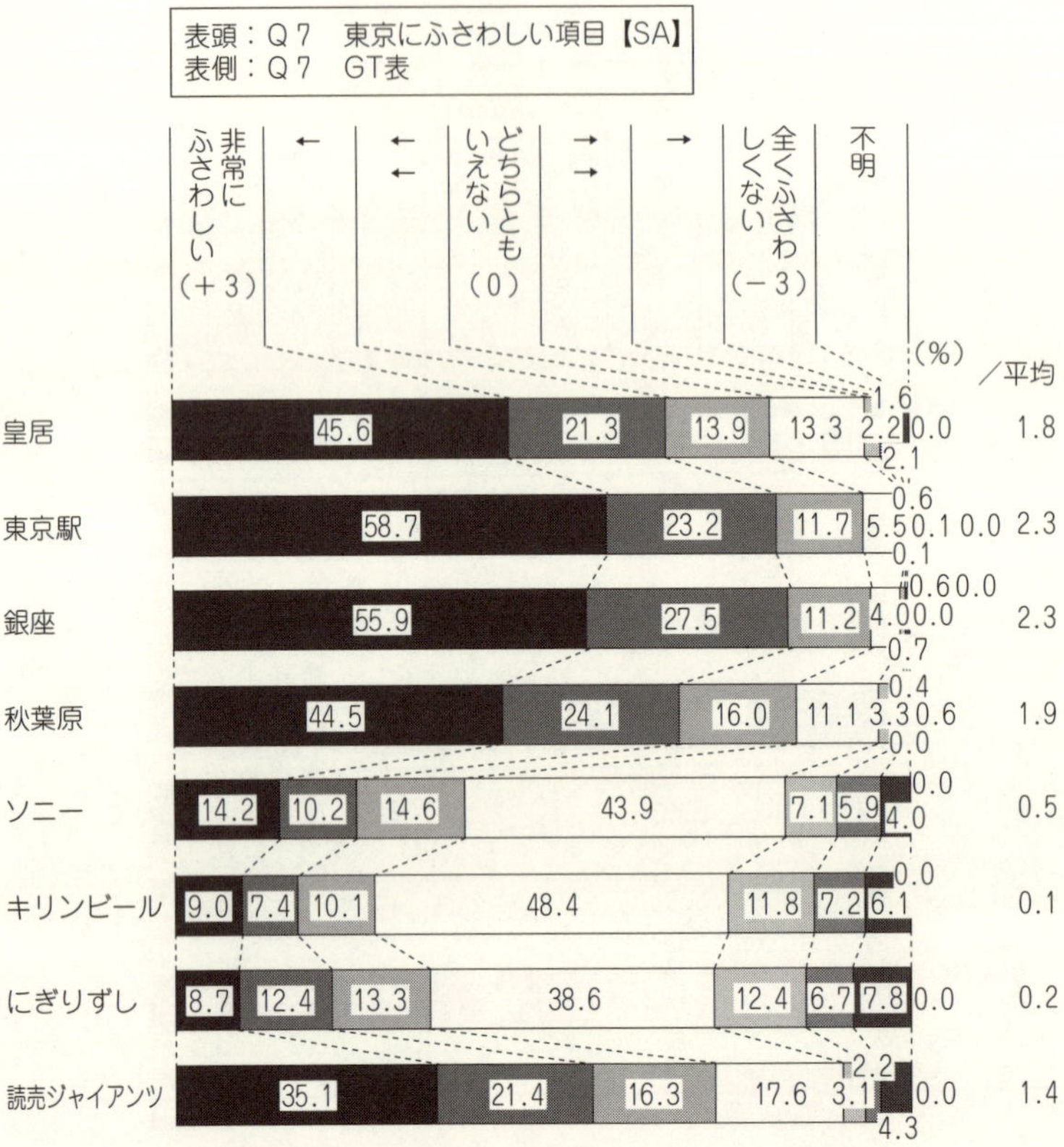
表頭：Q７　東京にふさわしい項目【SA】
表側：Q７　GT表
非常にふさわしい（＋3）
←
←←
どちらともいえない（0）
→→
→
全くふさわしくない（−3）
不明
(%)
／平均
皇居
45.6
21.3
13.9
13.3
2.2
0.0
1.6
2.1
1.8
東京駅
58.7
23.2
11.7
5.5
0.1
0.0
0.6
0.1
2.3
銀座
55.9
27.5
11.2
4.0
0.0
0.6
0.0
0.7
2.3
秋葉原
44.5
24.1
16.0
11.1
3.3
0.6
0.4
0.0
1.9
ソニー
14.2
10.2
14.6
43.9
7.1
5.9
4.0
0.0
0.5
キリンビール
9.0
7.4
10.1
48.4
11.8
7.2
6.1
0.0
0.1
にぎりずし
8.7
12.4
13.3
38.6
12.4
6.7
7.8
0.0
0.2
読売ジャイアンツ
35.1
21.4
16.3
17.6
3.1
0.0
2.2
4.3
1.4

図４−３　各都市にふさわしい項目　①東京

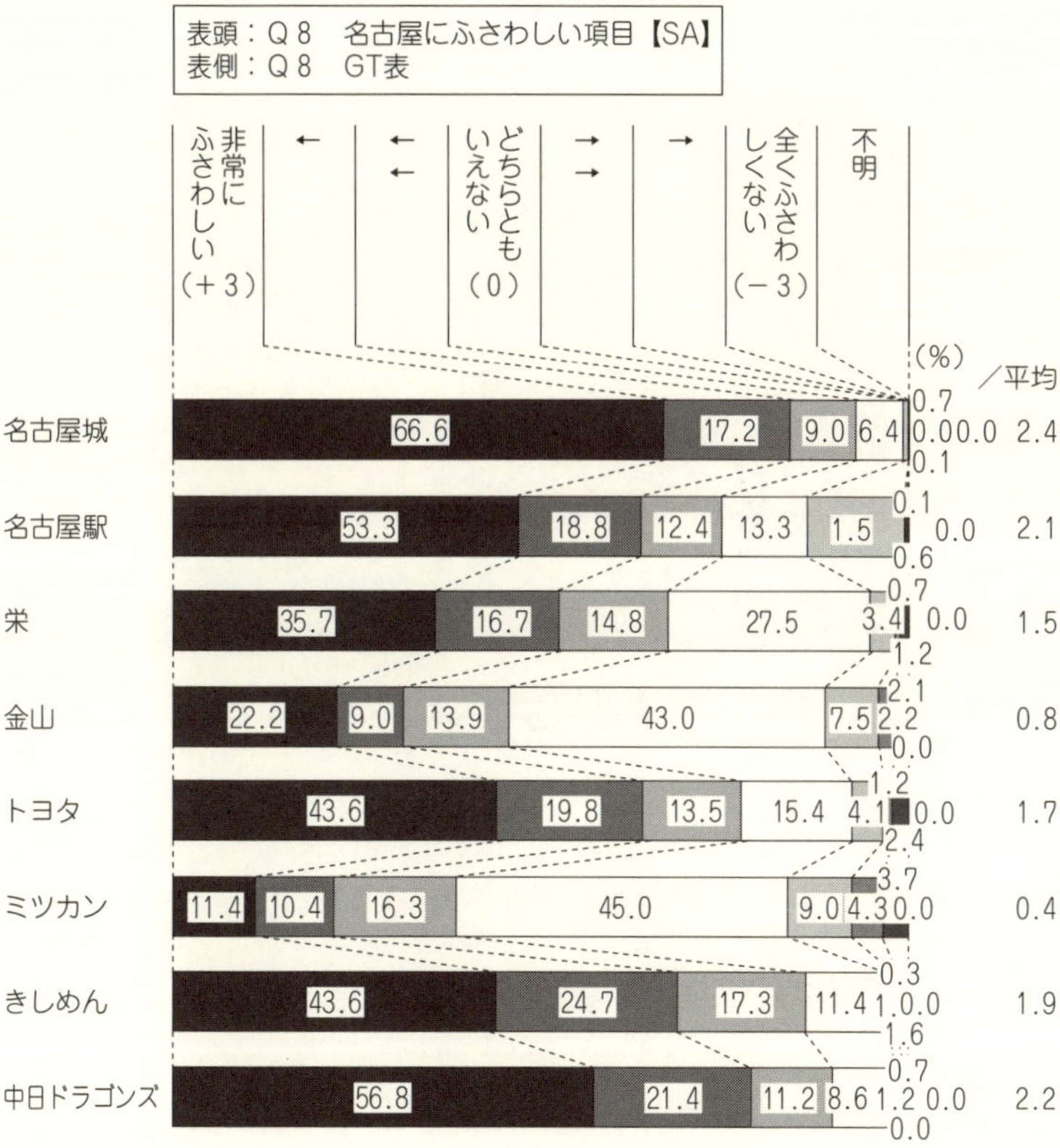
表頭：Q8　名古屋にふさわしい項目【SA】
表側：Q8　GT表
非常にふさわしい（＋3）
←
←←
どちらともいえない（0）
→→
→
全くふさわしくない（－3）
不明
（%）
／平均
名古屋城　66.6　17.2　9.0　6.4　0.7　0.0　0.0　0.1　2.4
名古屋駅　53.3　18.8　12.4　13.3　1.5　0.1　0.0　0.6　2.1
栄　35.7　16.7　14.8　27.5　3.4　0.7　0.0　1.2　1.5
金山　22.2　9.0　13.9　43.0　7.5　2.1　2.2　0.0　0.8
トヨタ　43.6　19.8　13.5　15.4　4.1　1.2　0.0　2.4　1.7
ミツカン　11.4　10.4　16.3　45.0　9.0　4.3　3.7　0.0　0.4
きしめん　43.6　24.7　17.3　11.4　0.3　1.0　0.0　1.6　1.9
中日ドラゴンズ　56.8　21.4　11.2　8.6　0.7　1.2　0.0　0.0　2.2

図4－3　各都市にふさわしい項目　②名古屋

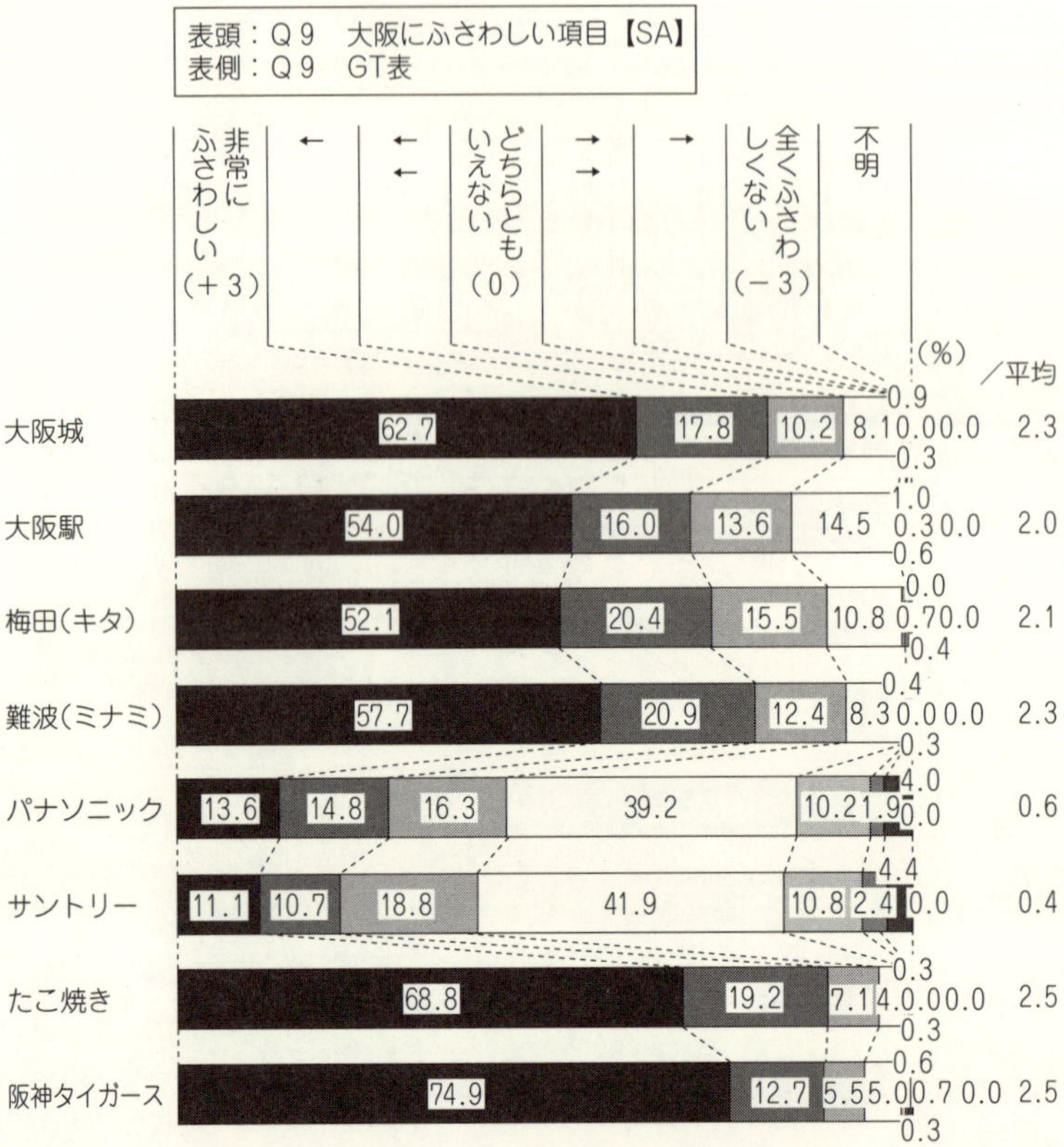

|表頭：Q9　大阪にふさわしい項目【SA】|
|表側：Q9　GT表|

	非常にふさわしい (+3)	←	←	どちらともいえない (0)	→	→	全くふさわしくない (−3)	不明	(%)	平均
大阪城	62.7		17.8	10.2	8.1	0.0	0.0	0.9 0.3		2.3
大阪駅	54.0		16.0	13.6	14.5	0.3	0.0	1.0 0.6		2.0
梅田(キタ)	52.1		20.4	15.5	10.8	0.7	0.0	0.0 0.4		2.1
難波(ミナミ)	57.7		20.9	12.4	8.3	0.0	0.0	0.4 0.3		2.3
パナソニック	13.6	14.8	16.3	39.2	10.2	1.9	4.0	0.0		0.6
サントリー	11.1	10.7	18.8	41.9	10.8	2.4	4.4	0.0		0.4
たこ焼き	68.8		19.2	7.1	4.0	0.0	0.0	0.3 0.3		2.5
阪神タイガース	74.9		12.7	5.5	5.0	0.7	0.0	0.6 0.3		2.5

図４－３　各都市にふさわしい項目　③大阪

「派手」「にぎやか」「オープン」などの表現がある。また「ガラ悪い」「せこい」「ねぎり」「大阪のおばちゃん」「本音」「グリコの看板」「お笑い」「吉本興業」などもあげられる。食べ物は「たこ焼き、お好み焼きなどの粉もの、うどん、串かつ、どて焼き、ミックスジュース」などがあげられる。「めちゃくちゃな都市」「ちょっとあほやけどパワーを感じる」とも評されている。

各都市にふさわしい項目として、東京にふさわしいのは、東京駅（2.3）、銀座（2.3）、秋葉原（1.9）、皇居（1.8）の順である。企業ではソニー（0.5）、キリンビール（0.1）である。名古屋にふさわしいのは名古屋城（2.4）、中日ドラゴンズ（2.2）、名古屋駅（2.1）、きしめん（1.9）の順である。企業ではトヨタ（1.7）、ミツカン（0.4）と東京や大阪の他企業と比較するとトヨタの比率が際立っている。大阪にふさわしいのは阪神タイガース（2.5）、たこ焼き（2.5）、大阪城（2.3）、難波（ミナミ）（2.3）の順である。企業ではパナソニック（0.6）、サントリー（0.4）である。

アーカーによるブランドパーソナリティーの五因子（アーカー 1994；陶山 2000）に当てはめるならば、東京は刺激、洗練、能力、名古屋は誠実、素朴、大阪は刺激、能力のパーソナリティーが強いということができるであろう。

ここで、各都市のブランド・マークと都市特性の関連について考えてみよう。

明治二二年から太陽を中心に六方に光が放たれている紋章をもち、平城元年にT字型の躍動、繁栄、潤い、安らぎを意味するトレード・マークに変わった東京の都市イメージは、刺激があって、洗練されている日本のリーダーである。世界一の都市、国際都市、メガタウンであり、夢をかなえる場所、新しいものが集まった流行の発信地、おしゃれとイメージされている。読売ジャイアンツや握りずしにも増して、東京駅、銀座、皇居が東京を象徴する。

丸は無限に広がる力、八は末広がりで発展を示すシンボルマークをもつ名古屋は、ユニークで温かく素朴で誠実なイメージである。豪華、見栄っ張り、金のしゃちほこ、大いなる田舎、自動車の街などのイメージがあげられる。名古屋城や中日ドラゴンズが名古屋を象徴する。ものづくりを重視するトヨタは名古屋を象徴する。

繁栄を昔から水運と出船入船に負うところが多いので、その「水の都」をシンボルとする大阪は、刺激的でユニークな無秩序で雑多でめちゃくちゃな派手な商人の町である。独自の文化をもつが、地盤沈下が著しい。にぎやかでオープンである。大阪城や大阪駅よりも阪神タイガースやたこ焼きが大阪を象徴する。

これらから、ブランド・マークは各都市の歴史的風土的な背景を伝えつつ、今後の新たな方向性を示唆するものであることがわかる。これら三都市のイメージは、各都市の歴史や文化をさまざまな形で再解釈されて、現在あるものや日ごろ接するものを通じて、新しいイメージとして更新されつつ日々変化している。ブランド・マークと都市のイメージは再帰的に循環しつつ、変化を続けて、その都市の情報資本、文化資本を蓄積している。

(3) 各都市の評価

次に、各都市の満足度や評価をたずねた（表4-1、4-2参照）。住んでいる都市の満足度は、東京（1.4）、名古屋（1.4）はほぼ同じでまあ満足しているが、大阪（1.1）はこれら二都市と比較して、やや居住者満足度が低くなっている。

各都市の好意度は東京（-0.3）、名古屋（-0.6）大阪（-0.1）といずれも低くとどまっている。

住みたい、観光に行きたい、買い物に行きたい、食事・喫茶・飲酒に行きたい、コンサート・観劇・美術鑑賞に行

表4－1　各都市の満足度

Q 10　現在住んでいる都市の満足度【ＳＡ】

REPORT. NO : 0061		1	2	3	4	5	6	7	8	
1段目　度数　平均 2段目　横％　積上値	TOTAL	非常に満足（＋3）	←	←←	どちらともいえない(0)	→→	→	非常に不満（－3）	不明	平均
0001 : F11　住居都市										
0)TOTAL	676 100.0	112 16.6	250 37.0	185 27.4	62 9.2	31 4.6	16 2.4	20 3.0	0 0.0	1.3 898
1)東　京	229 100.0	44 19.2	82 35.8	62 27.1	22 9.6	10 4.4	2 0.9	7 3.1	0 0.0	1.4 323
2)名古屋	237 100.0	38 16.0	93 39.2	68 28.7	22 9.3	6 2.5	6 2.5	4 1.7	0 0.0	1.4 338
3)大　阪	210 100.0	30 14.3	75 35.7	55 26.2	18 8.6	15 7.1	8 3.8	9 4.3	0 0.00	1.1 237

きたいなどの度合いについても東京、名古屋、大阪のいずれの都市も低くとどまっている。そのなかで、住みたい、買い物に行きたい、コンサート・観劇・美術鑑賞に行きたいなどの度合いが比較的高いのが名古屋である。

さらに各都市の好意度を目的変数として、住みたい、観光したい、買い物に行きたい、食事、喫茶、飲酒に行きたい、コンサート、観劇、美術鑑賞に行きたいなどを説明変数として重回帰分析（変数減少法）を行った（表4-3参照）。この結果、東京は「住みたい」の重回帰係数が最も高く、「買い物に行きたい」「食事、喫茶、飲酒に行きたい」「観光したい」などがこれに続いて高く寄与している。名古屋も「住みたい」の重回帰係数が最も高く、「食事、喫茶、飲酒に行きたい」、「観光したい」「買い物に行きたい」などがこれに続いて高く寄与している。大阪も「住みたい」の重回帰係数が最も高く、「観光したい」「食事、喫茶、飲酒に行きたい」がこれに続いて高く寄与している。各都市の好意度には居住の意向が最も高く寄与している点は三都市とも共通している。東京は買い物や食事、観光、名古屋は食事、観光、買い物、大阪は観光、食事がこれらに次いで、街の魅力を上げる要因となっているようだ。居住希望に次いで、買い物、食事、観光などの

表４-２　各都市の評価と意向

Q 11　各都市への好意度【ＳＡ】

REPORT. NO : 0062 １段目　　度数　平均 ２段目　　横％　積上値	TOTAL	1 非常に好き（+3）	2 ←	3 ←←	4 どちらともいえない(0)	5 →→	6 →	7 全く好きでない(−3)	8 不明	平均
0049 : Q11〜Q16　GT 表										
F 11　住居都市										
1)東　京	676 100.0	36 5.3	37 5.5	48 7.1	135 20.0	173 25.6	154 22.8	93 13.8	0 0.0	-0.8 -530
2)名古屋	676 100.0	34 5.0	28 4.1	58 8.6	220 32.5	144 21.3	H9 17.6	73 10.8	0 0.0	-0.6 -385
3)大　阪	676 100.0	44 6.5	35 5.2	48 7.1	146 21.6	157 23.2	145 21.4	101 14.9	0 0.0	-0.7 -500

Q 12　住みたい／住み続けたい度合い【ＳＡ】

REPORT. NO : 0066 １段目　　度数　平均 ２段目　　横％　積上値	TOTAL	1 非常に住みたい(+3)	2 ←	3 ←←	4 どちらともいえない(0)	5 →→	6 →	7 全く住みたくない(−3)	8 不明	平均
0049 : Q11〜Q16　GT 表										
F 11　住居都市										
1)東　京	676 100.0	134 19.8	51 7.5	49 7.2	96 14.2	H9 17.6	H3 16.7	H4 16.9	0 0.0	-0.2 -134
2)名古屋	676 100.0	123 18.2	44 6.5	83 12.3	164 24.3	104 15.4	79 H.7	79 11.7	0 0.0	0.1 41
3)大　阪	676 100.0	126 18.6	48 7.1	65 9.6	147 21.7	H5 17.0	100 14.8	75 H. 1	0 0.0	0.0 -1

Q 13　観光に行きたい度合い【ＳＡ】

REPORT. NO : 0070 １段目　　度数　平均 ２段目　　横％　積上値	TOTAL	1 非常に行きたい(+3)	2 ←	3 ←←	4 どちらともいえない(0)	5 →→	6 →	7 全く行きたくない（−3）	8 不明	平均
0049 : Q11〜Q16　GT 表										
F 11　住居都市										
1)東　京	676 100.0	44 6.5	22 3.3	23 3.4	128 18.9	160 23.7	123 18.2	176 26.0	0 0.0	-1.1 -735
2)名古屋	676 100.0	64 9.5	47 7.0	55 8.1	199 29.4	145 21.4	86 12.7	80 11.8	0 0.0	-0.3 -216
3)大　阪	676 100.0	45 6.7	20 3.0	35 5.2	146 21.6	160 23.7	127 18.8	143 21.2	0 0.0	-0.9 -633

Q 14　買い物に行きたい度合い【S A】

REPORT. NO : 0074		1	2	3	4	5	6	7	8	
1段目　度数　平均 2段目　横%　積上値	TOTAL	非常に住みたい(+3)	←	←←	どちらともいえない(0)	→→	→	全く住みたくない(−3)	不明	平均
0049 : Q11～Q16　GT 表										
F 11　住居都市										
1)東　京	676	38	15	26	107	124	148	218	0	-1.3
	100.0	5.6	2.2	3.8	15.8	18.3	21.9	32.2	0.0	-904
2)名古屋	676	98	41	73	237	118	65	44	0	0.1
	100.0	14.5	6.1	10.8	35.1	17.5	9.6	6.5	0.0	69
3)大　阪	676	60	23	37	177	173	101	105	0	-0.6
	100.0	8.9	3.4	5.5	26.2	25.6	14.9	15.5	0.0	-427

Q 15　食事・喫茶・飲食に行きたい度合い【S A】

REPORT. NO : 0078		1	2	3	4	5	6	7	8	
1段目　度数　平均 2段目　横%　積上値	TOTAL	非常に行きたい(+3)	←	←←	どちらともいえない(0)	→→	→	全く行きたくない(−3)	不明	平均
0049 : Q11～Q16　GT 表										
F 11　住居都市										
1)東　京	676	45	32	44	143	130	125	157	0	-0.9
	100.0	6.7	4.7	6.5	21.2	19.2	18.5	23.2	0.0	-608
2)名古屋	676	38	28	34	157	164	116	139	0	-0.9
	100.0	5.6	4.1	5.0	23.2	24.3	17.2	20.6	0.0	-609
3)大　阪	676	29	12	15	99	151	159	211	0	-1.4
	100.0	4.3	1.8	2.2	14.6	22.3	23.5	31.2	0.0	-976

Q 16　コンサート・観劇・美術鑑賞に行きたい度合い【S A】

REPORT. NO : 0082		1	2	3	4	5	6	7	8	
1段目　度数　平均 2段目　横%　積上値	TOTAL	非常に行きたい(+3)	←	←←	どちらともいえない(0)	→→	→	全く行きたくない(−3)	不明	平均
0049 : Q11～Q16　GT 表										
F 11　住居都市										
1)東　京	676	40	15	6	136	117	136	226	0	-912.3
	100.0	5.9	2.2	0.9	20.1	17.3	20.1	33.4	0.0	
2)名古屋	676	95	31	54	281	114	53	48	0	0.1
	100.0	14.1	4.6	8.0	41.6	16.9	7.8	7.1	0.0	37
3)大　阪	676	66	31	46	256	125	80	72	0	-0.3
	100.0	9.8	4.6	6.8	37.9	18.5	11.8	10.7	0.0	-195

表4-3　各都市の好意度を目的とした重回帰分析

東京　重回帰係数(a)

モデル		非標準化係数 B	非標準化係数 標準誤差	標準化係数 ベータ	t	有意確率
	(定数)	1.108	.142		7.796	.000
	住みたい東京	.472	.021	.625	22.421	.000
	観光東京	.084	.026	.089	3.172	.002
	買い物東京	.106	.032	.111	3.355	.001
	食事東京	.093	.029	.102	3.2	.001
	コンサート東京	.045	.027	.047	1.688	.092

a　従属変数：好意東京

東京　決定係数

モデル	R	R2 乗	調整済み R2 乗	推定値の標準誤差
1	.816(a)	.666	.663	.929

a　予測値：(定数)，コンサート東京，観光東京，住みたい東京，食事東京，買い物東京。

名古屋　重回帰係数(a)

モデル		非標準化係数 B	非標準化係数 標準誤差	標準化係数 ベータ	t	有意確率
1	(定数)	1.348	.128		10.537	.000
	住みたい名古屋	.520	.023	.663	22.798	.000
	観光名古屋	.067	.026	.076	2.562	.011
	買い物名古屋	.060	.031	.067	1.972	.049
	食事名古屋	.132	.028	.143	4.753	.000
	コンサート名古屋	.002	.028	.002	0.057	.954
2	(定数)	1.349	.125		10.758	.000
	住みたい名古屋	.52	.022	.663	23.458	.000
	観光名古屋	.067	.026	.076	2.575	.010
	買い物名古屋	.061	.029	.067	2.112	.035
	食事名古屋	.132	.027	.144	4.808	.000

a　従属変数：好意名古屋

名古屋　決定係数

モデル	R	R2 乗	調整済み R2 乗	推定値の標準誤差
1	.791(a)	.626	.623	.925
2	.791(b)	.626	.624	.924

a　予測値：(定数)，コンサート名古屋，観光名古屋，住みたい名古屋，食事名古屋，買い物名古屋。
b　予測値：(定数)，観光名古屋，住みたい名古屋，食事名古屋，買い物名古屋。

大阪　重回帰係数(a)

モデル		非標準化係数 B	非標準化係数 標準誤差	標準化係数 ベータ	t	有意確率
1	(定数)	.685	.148		4.631	.000
	住みたい大阪	.542	.023	.638	23.171	.000
	観光大阪	.206	.028	.207	7.458	.000
	買い物大阪	.014	.031	.014	0.442	.659
	食事大阪	.127	.034	.118	3.767	.000
	コンサート大阪	.027	.028	.026	0.964	.335
3	(定数)	.719	.145		4.973	.000
	住みたい大阪	.552	.021	.651	26.234	.000
	観光大阪	.212	.027	.213	7.964	.000
	食事大阪	.140	.031	.130	4.559	.000

a　従属変数：好意大阪

大阪　決定係数

モデル	R	R2 乗	調整済み R2 乗	推定値の標準誤差
1	.816(a)	.666	.663	.963
3	.816(c)	.665	.664	.963

a　予測値：(定数)，コンサート大阪，観光大阪，住みたい大阪，食事大阪，買い物大阪。
c　予測値：(定数)，観光大阪，住みたい大阪，食事大阪。

市場の魅力が街の好感度に大きく影響していることがわかる。

(4) 市場と都市に関する意識

さらに、市場と都市に関する意見や都市振興重視度を見ていこう(表4-4、4-5参照)。

東京、名古屋、大阪、いずれにおいても「街は商店街や飲食店の賑わいが大切だ」という意向が高く、「街は教育や福祉や住みやすさで決まる」がこれに続く。東京に比べて、名古屋や大阪は「街はものづくりで成りたつ」という意見も多く見られる。

また、現在の経済状況を反映しているのか、東京、名古屋、大阪のいずれにおいても「雇用の安定が何よりも大切だ」という意見が多く、逆に「市場に任せておけば経済はうまくいく」とは思われていない。「一人一人のライフスタイルが変わらなければ、地球環境はよくならない」という意見も高く支持されている。

東京、名古屋、大阪のいずれにおいても「街の市場」の楽しさのほうが「ネット上の市場」の楽しさより高く評価されていて、「街は社会の財産なので大切にしたい」と考えられている。が、名古屋においては、「街の市場」の楽しさは、東京、大阪ほど評価されていない。

さらに、各居住都市の満足度を目的変数とし、市場や街に関する意見を説明変数として重回帰分析(変数減数法)を行ったところ、表4-6に示すように、「街は商店街や飲食店の賑わいが大切だ」「街の市場は楽しいコミュニケーションの場だ」「街は社会の財産なので大切にしたい」などが大きく寄与していた。市場の大切さや楽しさ、街の財産としての価値を評価する度合いが高いほど、居住都市の満足度が高まることが明らかになった。

表 4-4　市場や社会についての意見

Q 17　市場や社会についての考え【ＳＡ】

REPORT. NO : 0086	TOTAL	1	2	3	4	5	6	7	8	
1段目　度数　平均 2段目　横%　積上値		非常にそう思う(+3)	←	←←	どちらともいえない(0)	→→	→	全くそう思わない(−3)	不明	平均
0053 : Q17　GT 表										
F 11　住居都市 〈0000〉TOTAL										
1)街はものづくりで成り立つ	676 100.0	97 14.3	111 16.4	198 29.3	211 31.2	37 5.5	8 1.2	14 2.1	0 0.0	0.9 616
2)街は商店街や飲食店の賑わいが大切だ	676 100.0	199 29.4	213 31.5	175 25.9	79 11.7	7 1.0	3 0.4	0 0.0	0 0.0	1.8 1,185
3)街は観光地としての魅力が大切だ	676 100.0	108 1ao	167 2t7	199 29.4	147 21.7	41 6.1	6 0.9	8 1.2	0 0.0	1.2 780
4)街はコンサートや美術館など文化の魅力で価値が決まる	676 100.0	46 6.8	89 13.2	174 25.7	231 3t2	62 9.2	34 5.0	40 5.9	0 0.0	0.4 240
5)街は教育や福祉など住みやすさで決まる	676 100.0	1S 2t9	191 2&3	180 26.6	114 16.9	13 1.9	5 0.7	5 0.7	0 0.0	1.5 1,028
6)所得の増加を何よりも重視する	676 100.0	45 6.7	82 1Z1	160 23.7	267 39.5	80 11.8	14 2.1	28 4.1	0 0.0	0.4 267
7)所得増加よりも労働時間の短縮を重視する	676 100.0	31 4.6	78 11.5	139 20.6	229 44.2	77 11.4	20 3.0	32 4.7	0 0.0	0.3 175
8)所得増加よりも社会保障を重視する	676 100.0	74 10.9	134 19.8	181 2a8	223 33.0	43 6.4	10 1.5	11 1.6	0 0.0	0.9 575
9)雇用の安定が何より大切だ	676 100.0	213 31.5	146 21.6	182 26.8	109 16.1	12 1.8	7 1.0	7 1.0	0 0.0	1.6 1,066
10)市場に任せておけば経済はうまくいく	676 100.0	7 1.0	19 2.8	43 6.4	2S 33.7	163 2t1	78 11.5	138 20.4	0 0.0	-0.9 -631
11)社会にはセーフティーネットが不可欠だ	676 100.0	115 17.0	148 21.9	193 2&6	177 26.2	27 4.0	13 1.9	3 0.4	0 0.0	1.1 772
12)競争するよりも共存したい	676 100.0	92 13.6	94 13.9	171 25.3	2S 33.7	52 7.7	22 3.3	17 2.5	0 0.0	0.7 488
13)途上国の経済発展の方が先進国の経済危機より深刻だ	676 100.0	58 8.6	69 10.2	100 1t8	30.2 44.7	76 11.2	38 5.6	33 4.9	0 0.0	0.2 161
14)将来世代の利益のほうが自分たちの世代の利益よりも大	676 100.0	39 5.8	67 9.9	13 19.1	327 4&4	58 8.6	26 3.8	30 4.4	0 0.0	0.3 180
15)ひとりひとりのライフスタイルが変わらなければ，地球	676 100.0	254 37.6	142 21.0	161 23.8	85 1Z6	21 3.1	6 0.9	7 1.0	0 0.0	1.7 1,153
16)街の商店街やショッピングモールなどの市場（いちば）	676 100.0	113 16.7	152 2Z5	210 31.1	157 23.2	22 3.3	13 1.9	9 1.3	0 0.0	1.2 778
17)ネットショッピングのサイトなどネット上の市場（しじょう）	676 100.0	46 6.8	65 9.6	158 23.4	210 31.1	75 11.1	61 9.0	61 9.0	0 0.0	0.1 46
18)街は社会の大きな財産なので大切にしたい	676 100.0	179 26.5	160 23.7	201 29.7	127 18.8	7 1.0	1 0.1	1 0.1	0 0.0	1.5 1,046

REPORT. NO : 0086 1段目　　度数　平均 2段目　　横%　積上値	TOTAL	1 非常にそう思う(+3)	2 ←	3 ←←	4 どちらともいえない(0)	5 →→	6 →	7 全くそう思わない(−3)	8 不明	平均
0025 : Q17　GT 表										
F 11　住居都市 〈0001 東京〉										
1)街はものづくりで成り立つ	229 100.0	32 14.0	31 13.5	68 29.7	72 31.4	15 6.6	4 1.7	7 3.1	0 0.0	0.8 182
2)街は商店街や飲食店の賑わいが大切だ	229 100.0	66 28.8	77 33.6	53 23.1	29 12.7	3 1.3	1 0.4	0 0.0	0 0.0	1.7 4
3)街は観光地としての魅力が大切だ	229 100.0	36 15.7	49 21.4	66 28.8	58 25.3	15 6.6	1 0.4	4 1.7	0 0.0	1.1 243
4)街はコンサートや美術館など文化の魅力で価値が決まる	229 100.0	16 7.0	35 15.3	62 27.1	76 33.2	19 8.3	13 5.7	8 3.5	0 0.0	0.5 111
5)街は教育や福祉など住みやすさで決まる	229 100.0	62 27.1	62 27.1	68 29.7	28 12.2	6 2.6	2 0.9	1 0.4	0 0.0	1.6 365
6)所得の増加を何よりも重視する	229 100.0	15 6.6	31 13.5	56 24.5	82 35.8	26 11.4	6 2.6	13 5.7	0 0.0	0.4 86
7)所得増加よりも労働時間の短縮を重視する	229 100.0	18 7.9	19 8.3	56 24.5	96 41.9	25 10.9	5 2.2	10 4.4	0 0.0	0.4 83
8)所得増加よりも社会保障を重視する	229 100.0	28 12.2	46 20.1	68 29.7	71 31.0	10 4.4	1 0.4	5 2.2	0 0.0	0.9 217
9)雇用の安定が何より大切だ	229 100.0	69 30.1	45 19.7	70 30.6	35 15.3	5 2.2	3 1.3	2 0.9	0 0.0	1.5 35
10)市場に任せておけば経済はうまくいく	229 100.0	3 1.3	8 3.5	12 5.2	76 33.2	64 27.9	25 10.9	41 17.9	0 0.0	-0.9 -200
11)社会にはセーフティーネットが不可欠だ	229 100.0	42 18.3	57 24.9	62 27.1	53 23.1	10 4.4	3 1.3	2 0.9	0 0.0	1.2 280
12)競争するよりも共存したい	229 100.0	36 15.7	35 15.3	57 24.9	77 33.6	14 6.1	4 1.7	6 2.6	0 0.0	0.9 195
13)途上国の経済発展の方が先進国の経済危機より深刻だ	229 100.0	18 7.9	26 11.4	33 14.4	101 44.1	31 13.5	7 3.1	13 5.7	0 0.0	0.2 55
14)将来世代の利益のほうが自分たちの世代の利益よりも大	229 100.0	11 4.8	23 10.0	47 20.5	111 48.5	19 8.3	6 2.6	12 5.2	0 0.0	0.3 59
15)ひとりひとりのライフスタイルが変わらなければ，地球	229 100.0	91 39.7	44 19.2	58 25.3	28 12.2	6 2.6	0 0.0	2 0.9	0 0.0	1.8 407
16)街の商店街やショッピングモールなどの市場（いちば）	229 100.0	40 17.5	54 23.6	70 30.6	50 21.8	7 3.1	3 1.3	5 2.2	0 0.0	1.2 270
17)ネットショッピングのサイトなどネット上の市場（しじょう）	229 100.0	25 10.9	19 8.3	51 22.3	72 31.4	22 9.6	19 8.3	21 9.2	0 0.0	0.2 41
18)街は社会の大きな財産なので大切にしたい	229 100.0	59 25.8	65 28.4	64 27.9	37 16.2	3 1.3	1 0.4	0 0.0	0 0.0	1.64

REPORT. NO : 0086	TOTAL	1	2	3	4	5	6	7	8	
1段目　度数　平均 2段目　横%　積上値		非常にそう思う(+3)	←	←←	どちらともいえない(0)	→→	→	全くそう思わない(−3)	不明	平均
0025 : Q17　GT 表										
F 11　住居都市 〈0002 名古屋〉										
1)街はものづくりで成り立つ	237	32	47	61	81	11	1	4	0	1.0
	100.0	13.5	19.8	25.7	34.2	4.6	0.4	1.7	0.0	226
2)街は商店街や飲食店の賑わいが大切だ	237	71	69	68	28	1	0	0	0	1.8
	100.0	30.0	29.1	28.7	11.8	0.4	0.0	0.0	0.0	418
3)街は観光地としての魅力が大切だ	237	39	61	71	53	10	0	3	0	1.2
	100.0	16.5	25.7	30.0	22.4	4.2	0.0	1.3	0.0	291
4)街はコンサートや美術館など文化の魅力で価値が決まる	237	19	26	56	91	18	12	15	0	0.3
	100.0	8.0	11.0	23.6	38.4	7.6	5.1	6.3	0.0	78
5)街は教育や福祉など住みやすさで決まる	237	63	77	46	42	6	1	2	0	1.6
	100.0	26.6	32.5	19.4	17.7	2.5	0.4	0.8	0.0	375
6)所得の増加を何よりも重視する	237	14	31	44	101	33	5	9	0	0.3
	100.0	5.9	13.1	18.6	42.6	13.9	2.1	3.8	0.0	78
7)所得増加よりも労働時間の短縮を重視する	237	5	33	43	109	27	8	12	0	0.2
	100.0	2.1	13.9	18.1	46.0	11.4	3.4	5.1	0.0	45
8)所得増加よりも社会保障を重視する	237	30	53	54	74	17	4	5	0	0.9
	100.0	12.7	22.4	22.8	31.2	7.2	1.7	2.1	0.0	210
9)雇用の安定が何より大切だ	237	84	52	50	42	3	2	4	0	1.6
	100.0	35.4	21.9	21.1	17.7	1.3	0.8	1.7	0.0	387
10)市場に任せておけば経済はうまくいく	237	2	11	15	88	49	22	50	0	-0.8
	100.0	0.8	4.6	6.3	37.1	20.7	9.3	21.1	0.0	-200
11)社会にはセーフティーネットが不可欠だ	237	46	54	61	65	6	4	1	0	1.2
	100.0	19.4	22.8	25.7	27.4	2.5	1.7	0.4	0.0	290
12)競争するよりも共存したい	237	32	34	58	81	17	9	6	0	0.7
	100.0	13.5	14.3	24.5	34.2	7.2	3.8	2.5	0.0	169
13)途上国の経済発展の方が先進国の経済危機より深刻だ	237	17	22	41	108	22	14	13	0	0.2
	100.0	7.2	9.3	17.3	45.6	9.3	5.9	5.5	0.0	47
14)将来世代の利益のほうが自分たちの世代の利益よりも大	237	11	23	48	127	16	7	5	0	0.3
	100.0	4.6	9.7	20.3	53.6	6.8	3.0	2.1	0.0	82
15)ひとりひとりのライフスタイルが変わらなければ，地球	237	87	55	55	27	9	2	2	0	1.7
	100.0	36.7	23.2	23.2	11.4	3.8	0.8	0.8	0.0	407
16)街の商店街やショッピングモールなどの市場（いちば）	237	30	60	74	56	10	5	2	0	1.1
	100.0	12.7	25.3	31.2	23.6	4.2	2.1	0.8	0.0	258
17)ネットショッピングのサイトなどネット上の市場（しじょう）	237	9	27	55	72	30	21	23	0	0.0
	100.0	3.8	11.4	23.2	30.4	12.7	8.9	9.7	0.0	-5
18)街は社会の大きな財産なので大切にしたい	237	60	54	67	54	2	0	0	0	1.5
	100.0	25.3	22.8	28.3	22.8	0.8	0.0	0.0	0.0	353

REPORT. NO : 0086 1段目　度数　平均 2段目　横%　積上値	TOTAL	1 非常にそう思う(+3)	2 ←	3 ←←	4 どちらともいえない(0)	5 →→	6 →	7 全くそう思わない(−3)	8 不明	平均
0025 : Q17　GT 表										
F 11　住居都市 〈0003 大阪〉										
1)街はものづくりで成り立つ	210 100.0	33 15.7	33 15.7	69 32.9	58 27.6	11 5.2	3 1.4	3 1.4	0 0.0	1.0 208
2)街は商店街や飲食店の賑わいが大切だ	210 100.0	62 29.5	67 31.9	54 25.7	22 10.5	3 1.4	2 1.0	0 0.0	0 0.0	1.7 367
3)街は観光地としての魅力が大切だ	210 100.0	33 15.7	57 27.1	62 29.5	36 17.1	16 7.6	5 2.4	1 0.5	0 0.0	1.2 246
4)街はコンサートや美術館など文化の魅力で価値が決まる	210 100.0	11 5.2	28 13.3	56 26.7	64 30.5	25 11.9	9 4.3	17 8.1	0 0.0	0.2 51
5)街は教育や福祉など住みやすさで決まる	210 100.0	43 20.5	52 24.8	66 31.4	44 21.0	1 0.5	2 1.0	2 1.0	0 0.0	1.4 288
6)所得の増加を何よりも重視する	210 100.0	16 7.6	20 9.5	60 28.6	84 40.0	21 10.0	3 1.4	6 2.9	0 0.0	0.5 103
7)所得増加よりも労働時間の短縮を重視する	210 100.0	8 3.8	26 12.4	40 19.0	94 44.8	25 11.9	7 3.3	10 4.8	0 0.0	0.2 47
8)所得増加よりも社会保障を重視する	210 100.0	16 7.6	35 16.7	59 28.1	78 37.1	16 7.6	5 2.4	1 0.5	0 0.0	0.7 148
9)雇用の安定が何より大切だ	210 100.0	60 28.6	49 23.3	62 29.5	32 15.2	4 1.9	2 1.0	1 0.5	0 0.0	1.6 329
10)市場に任せておけば経済はうまくいく	210 100.0	2 1.0	0 0.0	16 7.6	64 30.5	50 23.8	31 14.8	47 22.4	0 0.0	-1.1 -231
11)社会にはセーフティーネットが不可欠だ	210 100.0	27 12.9	37 17.6	70 33.3	59 28.1	11 5.2	6 2.9	0 0.0	0 0.0	1.0 202
12)競争するよりも共存したい	210 100.0	24 11.4	25 11.9	56 26.7	70 33.3	21 10.0	9 4.3	5 2.4	0 0.0	0.6 124
13)途上国の経済発展の方が先進国の経済危機より深刻だ	210 100.0	23 11.0	21 10.0	26 12.4	93 44.3	23 11.0	17 8.1	7 3.3	0 0.0	0.3 59
14)将来世代の利益のほうが自分たちの世代の利益よりも大	210 100.0	17 8.1	21 10.0	34 16.2	89 42.4	23 11.0	13 6.2	13 6.2	0 0.0	0.2 39
15)ひとりひとりのライフスタイルが変わらなければ，地球	210 100.0	76 36.2	43 20.5	48 22.9	30 14.3	6 2.9	4 1.9	3 1.4	0 0.0	1.6 339
16)街の商店街やショッピングモールなどの市場（いちば）	210 100.0	43 20.5	38 18.1	66 31.4	51 24.3	5 2.4	5 2.4	2 1.0	0 0.0	1.2 250
17)ネットショッピングのサイトなどネット上の市場（しじょう）	210 100.0	12 5.7	19 9.0	52 24.8	66 31.4	23 11.0	21 10.0	17 8.1	0 0.0	0.0 10
18)街は社会の大きな財産なので大切にしたい	210 100.0	60 28.6	41 19.5	70 33.3	36 17.1	2 1.0	0 0.0	1 0.5	0 0.0	1.6 327

表4-5　振興の重要度

Q 18＿1　振興の重視度〈現在〉

REPORT. NO : 0105 1段目　　度数　平均 2段目　　横%　積上値	TOTAL	平均
0029 : Q18＿1		
F 11　住居都市 〈0001〉東京		
1)製造業の振興	229 100.0	23.2 5,317
2)商店街の振興	229 100.0	19.7 4,514
3)観光振興	229 100.0	16.5 3,783
4)文化施策	229 100.0	16.7 3,825
5)教育や福祉	229 100.0	23.8 5,461

REPORT. NO : 0105 1段目　　度数　平均 2段目　　横%　積上値	TOTAL	平均
0029 : Q18＿1		
F 11　住居都市 〈0002〉名古屋		
1)製造業の振興	237 100.0	27.4 6,503
2)商店街の振興	237 100.0	19.3 4,571
3)観光振興	237 100.0	15.8 3,741
4)文化施策	237 100.0	14.5 3,441
5)教育や福祉	237 100.0	23.0 5,444

REPORT. NO : 0105 1段目　　度数　平均 2段目　　横%　積上値	TOTAL	平均
0029 : Q18＿1		
F 11　住居都市 〈0003〉大阪		
1)製造業の振興	210 100.0	25.6 5,369
2)商店街の振興	210 100.0	17.6 3,706
3)観光振興	210 100.0	18.0 3,789
4)文化施策	210 100.0	15.4 3,229
5)教育や福祉	210 100.0	23.4 4,907

Q 18＿1　振興の重視度〈2020年〉

REPORT. NO：0111 1段目　度数　平均 2段目　横%　積上値	TOTAL	平均
0029：Q18＿1		
F 11　住居都市 〈0001〉東京		
1)製造業の振興	229 100.0	20.9 4,789
2)商店街の振興	229 100.0	18.6 4,253
3)観光振興	229 100.0	15.1 3,449
4)文化施策	229 100.0	17.0 3,904
5)教育や福祉	229 100.0	28.4 6,505

REPORT. NO：0111 1段目　度数　平均 2段目　横%　積上値	TOTAL	平均
0029：Q18＿1		
F 11　住居都市 〈0002〉名古屋		
1)製造業の振興	237 100.0	23.4 5,549
2)商店街の振興	237 100.0	18.1 4,292
3)観光振興	237 100.0	14.9 3,522
4)文化施策	237 100.0	15.8 3,744
5)教育や福祉	237 100.0	27.8 6,593

REPORT. NO：0111 1段目　度数　平均 2段目　横%　積上値	TOTAL	平均
0029：Q18＿1		
F 11　住居都市 〈0003〉大阪		
1)製造業の振興	210 100.0	22.3 4,693
2)商店街の振興	210 100.0	17.3 3,627
3)観光振興	210 100.0	16.7 3,506
4)文化施策	210 100.0	16.4 3,443
5)教育や福祉	210 100.0	27.3 5,731

Q 18＿1　振興の重視度〈2050年〉

REPORT. NO : 0117 １段目　度数　平均 ２段目　横%　積上値	TOTAL	平均
0029 : Q18＿1		
F 11　住居都市 〈0001〉東京		
1)製造業の振興	229 100.0	19.8 4,538
2)商店街の振興	229 100.0	17.6 4,027
3)観光振興	229 100.0	14.7 3,376
4)文化施策	229 100.0	17.6 4,038
5)教育や福祉	229 100.0	30.2 6,921

REPORT. NO : 0117 １段目　度数　平均 ２段目　横%　積上値	TOTAL	平均
0029 : Q18＿1		
F 11　住居都市 〈0002〉名古屋		
1)製造業の振興	237 100.0	21.6 5,123
2)商店街の振興	237 100.0	17.3 4,104
3)観光振興	237 100.0	15.0 3,552
4)文化施策	237 100.0	16.1 3,808
5)教育や福祉	237 100.0	30.0 7,113

REPORT. NO : 0117 １段目　度数　平均 ２段目　横%　積上値	TOTAL	平均
0029 : Q18＿1		
F 11　住居都市 〈0003〉大阪		
1)製造業の振興	210 100.0	20.8 4,368
2)商店街の振興	210 100.0	16.0 3,357
3)観光振興	210 100.0	16.8 3,519
4)文化施策	210 100.0	17.3 3,631
5)教育や福祉	210 100.0	29.2 6,125

表4-6　居住都市満足度重回帰分析

重回帰係数(a)

モデル		非標準化係数		標準化係数	t	有意確率
		B	標準誤差	ベータ		
1	(定数)	3.511	.441		7.968	.000
	ものづくり	.031	.045	.030	.696	.487
	商店街	.177	.061	.136	2.906	.004
	観光地	-.013	.049	-.012	-.267	.790
	文化	-.044	.041	-.046	-1.053	.293
	教育福祉	-.023	.053	-.020	-.425	.671
	所得	-.045	.043	-.043	-1.047	.296
	労働時間	-.026	.047	-.025	-.551	.582
	社会保障	-.038	.055	-.035	-.688	.492
	雇用	9.519E-05	.052	.000	.002	.999
	市場万能	.027	.040	.027	.666	.506
	セーフティネット	.004	.048	.003	.077	.938
	共存	-.044	.044	-.045	-1.015	.311
	途上国	.078	.039	.081	2.005	.045
	将来世代	-.024	.045	-.023	-.534	.593
	ライフスタイル	-.011	.048	-.011	-.234	.815
	街の市場	.130	.052	.121	2.526	.012
	ネット市場	.024	.035	.027	.672	.502
	街は財産	.126	.061	.103	2.089	.037
14	(定数)	3.207	.362		8.860	.000
	商店街	.172	.054	.133	3.180	.002
	社会保障	-.083	.043	-.076	-1.949	.052
	途上国	.063	.036	.066	1.756	.080
	街の市場	.125	.048	.116	2.638	.009
	街は財産	.111	.057	.091	1.942	.053

a　従属変数：満足度

決定係数

モデル	R	R2 乗	調整済み R2 乗	推定値の標準誤差
1	.288(a)	.083	.058	1.334
14	.272(n)	.074	.067	1.328

a　予測値：(定数)，街は財産，所得，途上国，労働時間，ネット市場，市場万能，文化，セーフティネット，将来世代，ものづくり，共存，観光地，ライフスタイル，教育福祉，雇用，商店街，街の市場，社会保障。

n　予測値：(定数)，街は財産，途上国，商店街，街の市場，社会保障。

（5） 各都市の特性と市場と都市に関する知見

今回の調査結果から、以下のように各都市の特性が明らかになる（表4-7参照）。

東京は刺激があって、洗練されている日本のリーダーである。銀座や東京駅が東京を象徴する。街の市場は楽しい。街の振興は教育や福祉、製造業の振興、商店街の振興の順で、住民は街に何よりも教育や福祉を求めている。

名古屋は誠実で素朴。名古屋城や中日ドラゴンズが名古屋を象徴する。住みたい、行きたいが、街の市場は東京や大阪ほど楽しくはない。トヨタが象徴するようにものづくりを重視する。街の振興は、製造業の振興、教育や福祉、商店街の振興の順であり、東京、大阪と比較すると、依然として街の振興を近代的な製造業に依存する度合が高く、ポスト近代的な街の市場の楽しさ評価は東京、大阪には及ばない。

大阪は刺激的でユニークである。阪神タイガースやたこ焼きが大阪を象徴する。ものづくりも観光も重視する。居住満足度は低いが、街の市場は楽しさに満ちている。街の振興は製造業の振興、教育や福祉、観光振興の順となる。

全体として、東京、名古屋、大阪、いずれにおいても街は商店街や飲食店の賑わいが大切だという意向が高い。「街の市場」の楽しさのほうが「ネット上の市場」の楽しさより高く評価されている。またいずれにおいても、「街は社会の財産なので大切にしたい」という意向が高い。各都市の満足度に寄与する要因としても、商店街や飲食店の賑わい、街の市場の楽しさ、街は社会の財産なので大切にしたいなどのウエイトが大きく、市場の賑わいや楽しさ、さらに街を財産として認識することが、その居住都市の満足度の上昇につながっていることが明らかになった。

表4-7　各都市の特性

	東京	名古屋	大阪
イメージ	刺激的で洗練されたおしゃれなリーダーイメージ 新しいものが集まるすべてが最先端 世界一の大都会	暖かく素朴な都市イメージ 中途半端 偉大なる田舎 閉鎖的 自動車の街	ユニークで刺激的，力強い都市イメージ 商人の街 にぎやか 独自の文化 無秩序で雑多
ふさわしい項目	東京駅，銀座，秋葉原，皇居	名古屋城，中日ドラゴンズ，名古屋駅，きしめん	阪神タイガース，たこ焼き，大阪城，難波（ミナミ）
満足度	満足度（1.4）	満足度（1.4）	満足度（1.1）
評価，意向	好意度（-0.8） （住みたい，買い物に行きたい，食事に行きたい，の順に寄与） 住みたい（-0.2） 観光に行きたい（-1.1） 買い物に行きたい（-1.3） 食事・喫茶・飲酒に行きたい（-0.9） コンサート・観劇・美術鑑賞に行きたい（-1.3）	好意度（-0.6） （住みたい，食事に行きたい，買い物に行きたい，の順に寄与） 住みたい（0.1） 観光に行きたい（-0.3） 買い物に行きたい（0.1） 食事・喫茶・飲酒に行きたい（-0.9） コンサート・観劇・美術鑑賞に行きたい（0.1）	好意度（-0.7） （住みたい，観光に行きたい，食事に行きたい，の順に寄与） 住みたい（0.0） 観光に行きたい（-0.9） 買い物に行きたい（-0.6） 食事・喫茶・飲酒に行きたい（-1.4） コンサート・観劇・美術鑑賞に行きたい（-0.3）
市場と都市意識	街は商店街や飲食店の賑わいが大切（1.7） 「街の市場の楽しさ」（1.2）のほうが「ネット上の市場の楽しさ」（0.2）より高い 街は社会の財産なので大切にしたい（1.6）	街は商店街や飲食店の賑わいが大切（1.8） 街はものづくりで成りたつ（1.0） 「街の市場の楽しさ」（1.1）のほうが「ネット上の市場の楽しさ」（0.0）より高い。 街は社会の財産なので大切にしたい（1.5）	街は商店街や飲食店の賑わいが大切（1.7） 街はものづくりで成りたつ（1.0） 「街の市場の楽しさ」（1.2）のほうが「ネット上の市場の楽しさ」（0.0）より高い 街は社会の財産なので大切にしたい（1.6）
振興の重視度	教育や福祉（23.8） 製造業の振興（23.2） 商店街の振興（19.7） 文化施策（16.7） 観光振興（16.5）	製造業の振興（27.4） 教育や福祉（23.0） 商店街の振興（19.3） 観光振興（15.8） 文化施策（14.5）	製造業の振興（25.6） 教育や福祉（23.4） 観光振興（18.0） 商店街の振興（17.6） 文化施策（15.4）

街は商店街や飲食店の賑わいで決まるという意見に次いで、教育や福祉や住みやすさで決まるという意見が多い。東京に比べて、名古屋や大阪では、街はものづくりで成りたつという意見もいまだに多く見られる。同様に、街の振興は、東京が教育や福祉、名古屋、大阪は製造業の振興が最も重視されている。いずれの都市においても、二〇二〇年、二〇五〇年と将来になるほど製造業の重視度が減少し、教育や福祉の重視度が高まる傾向にある。

これらから、都市と市場の切り離すことのできない深い関係性が明らかである。情報社会といわれる今日の社会ではあるが、「街の市場」は「ネット市場」より楽しさという点でははるかに優位に立っている。また、居住希望は都市の好意度に最も高く寄与する要因であり、居住希望に次いで、買い物、観光、食事、喫茶、飲酒などの市場の楽しみが、都市の好意度に大きく影響している。

ところで、近年の話題として、キリンとサントリーの統合の失敗がある。グローバル化時代に世界第五位の食品メーカーを目指すための攻めの戦略としての国内飲料一位と二位の統合計画であったが、失敗に終わった。「やってみなはれ」精神のサントリーと旧財閥系、重厚で手堅いキリンとの異質性と、企業文化の違いがその背景として報じられている(朝日新聞二〇一〇年二月九日、十日)。が、キリンとサントリーの企業文化の違いは、東京(刺激的で洗練されたおしゃれなリーダーイメージ新しいものが集まるすべてが最先端、世界一の大都会)と大阪(ユニークで刺激的、力強い都市イメージ、商人の街、にぎやか、独自の文化、無秩序で雑多)という創業の都市の文化やその底流を流れる思想の違いによって説明できる部分も少なくないであろう。そして企業統合に失敗した後、キリンは「アジア・オセアニアのリーディングカンパニー」を目指し、サントリーは「海外の相手を探す」と切り替えているということである(朝日新聞、二〇一〇年二月十日)。サントリーは、その後二〇一四年一月に「ジムビーム」などのブランドをもつ米国の蒸留酒大手ビーム社を買収することを発表した(朝日新聞、二〇一四年一月一四日)。これによって両社の蒸留酒の売上高は世界第三位となる。東京と大阪という文化や思想の違いは、国を超えてよりふさわしい相手を見つける方向へと方向転換を求めたようだ。わが国におけるグローカルな企業のあり方を示す一例ではないだろうか。

今回の調査から、グローバル化が進み、ネットによる情報提供やネットショッピングの普及が著しいにもかかわらず、市場の楽しさという点では「ネット市場」は「街の市場」にはるかに及ばないことがわかった。グローバルな大都市に暮らし、毎日ネット画面を開いてキーボードをたたき、車中ではスマートフォンを情報源として活用する消費者の、街の賑わいに対する期待や、ローカルなものを背負い続けている都市、企業、消費者の実情が再確認されたといってもいいであろう。

5 結び

本章ではまず、社会における市場と都市や共同体の変化を、古代から近代、ポスト近代へと場から過程へ、制度的なものからより非制度的文化的なものへの変化として追い、市場と共同体との境界の曖昧さが増し、市場も都市も思考や社会の変化と再帰的に関連するものであることを論じた。第二に、市場と都市の再帰的循環や、都市において再帰性自身も変化し続けることで新たな市場と都市のありかたに対応し続けていることを論じた。第三に、東京、名古屋、大阪の都市と市場に関する比較調査結果から、ブランド・マークによって象徴される各都市のイメージや評価の違いを明らかにし、都市と市場の切り離すことのできない深い関係性や、楽しさという点で「街の市場」は「ネット市場」よりはるかに優位に立っていることを明らかにした。また、居住希望は都市の好意度の最大の要因で、買い物、観光、飲食など市場の楽しさが都市の好意度を左右することがわかった。

現代の都市においては、街の市場の楽しさや賑わいと、住むところとしての教育や福祉による安心感、安らぎの両方が求められている。これは、前述したように、市場と都市の場から過程への変化、制度的なものからより非制度的文化的なものへの変化や、さらに市場と共同体との境界が曖昧なものとなり時には逆転する、構造的な変化を敏感に感じ取り、それを具現する都市のあり方が求められていることに通じるものであろう。

市場は都市に影響を及ぼし、同時に市場は都市の影響を受けて、新しい市場を形成するという再帰的循環は、グローバル情報化の影響を受けて、ますます加速するであろう。各々独自の文化や伝統をもった都市において、消費者も企業も市場と都市の影響を受けて無自覚のうちに変化し続ける。そしてその変化が、次の時代の新たな市場と都市を創り出していく。今後も終わることなく変化する市場と都市は、互いに再帰的に影響を及ぼしつつ、新たな再帰性の変化を生み出す源となるものでもあろう。

注

（1）アメリカマーケティング協会（AMA）の定義によれば、一九八五年は、4P（product, price, place, promotion）の最適化によって顧客満足（CS customer satisfaction）を強調するものであったが、二〇〇四年には、価値の創造や関係性の構築を重視するものへと変化している。

（2）東京・名古屋・大阪　都市比較調査

調査の目的、東京圏、名古屋圏、大阪圏の都市の、市場と文化、地域イメージ、今後望まれる方向性などを把握することを目的とする。

調査の設計　インターネット調査
調査の対象　東京二三区、名古屋市、大阪市在住　二〇―六九歳
　　男女個人六七六人。
調査実施　インテージ・インタラクティブ
調査日時　二〇〇九年三月三日―七日

標本構成

年代

REPORT. NO : 0124	TOTAL	1	2	3	4	5	6	
1段目　度数　平均 2段目　横%　積上値		20代	30代	40代	50代	60代	不明	平均
0010 : F 11　住居都市								
0) TOTAL	676 100.0	117 17.3	246 36.4	193 28.6	102 15.1	18 2.7	0 0.0	39.3 26,577
1) 東京	229 100.0	38 16.6	77 33.6	66 28.8	42 18.3	6 2.6	0 0.0	40.1 9,193
2) 名古屋	237 100.0	34 14.3	93 39.2	69 29.1	33 13.9	8 3.4	0 0.0	39.5 9,360
3) 大阪	210 100.0	45 21.4	76 36.2	58 27.6	27 12.9	4 1.9	0 0.0	38.2 8,024

第5章　市場（いちば）の再帰性

1　はじめに

世界最大のバザールであるイスタンブールのグランド・バザールやモスクへの供え物の場所であったという庶民的なエジプシャン・バザール、ベンガルール（バンガロー）のシティ・マーケット、香港の女人街、アムステルダムの花市場、ヘルシンキのオールド・マーケット、ミュンヘンやニュルンベルクのクリスマス・マーケット、ウィーンのナッシュ・マルクト、ロンドンのコベント・ガーデン・マーケット、ボロ・マーケット、カムデン・マーケット、グリニッジ・マーケットなど、東西を問わず世界中の市場は、にぎやかなやり取りと売買される商品であふれている。わが国でも、東京築地、京都錦、大阪黒門などの市場は観光ガイドブックにも登場して、世界各国からの観光客が増加している。おいしそうな香りが嗅覚と味覚を刺激する市場に身を置き、身振り手振りを交えて買い物が成立したとき、買い物にも増して、そこに参加してコミュニケーションができた喜びを感じる。商品だけでなく感情を含めたさまざまな交換がなされ、異国の人々との間で共感が生まれる。そういった市場では、買い物をすることは手段であり、市場の雰囲気を楽しみ、さまざまな国からの遠来の客と地元の店がコミュニケーションを続けて、駆け引きを楽しむことのほうが本来の目的のようである。

市場はギリシャにその源を発する。厚東によれば、古代、「集まりとしてのアゴラ」は都市の意思決定が行われる政治的中心で、「市場としてのアゴラ」は人々の欲望を満たす財が交易される都市の経済的中心であったが、集会場としてのアゴラと市場としてのアゴラは同じ場所を占めていた（厚東 1991：160-168）。古代のアゴラは単なる市場を越えたアテネの中心で、運動競技、政治的集会、演劇、宗教行事の行われる場所でもあったという（McMillan 2002=2007 : 5）。アゴラから四方に広がる世界としての都市が近代経済システムの原イメージであったのに、いつしか市場原理のみが強調されるようになったという。アゴラの経済的機能が前面に押し出されるにつれて、集会場としてのアゴラと市場としてのアゴラは空間的に分離される。古代の市場と共同体とがアゴラで共存し、そこから広がる都市という世界をもっていた時代と、近代の市場と共同体とが分離されて独立なものとして追求され、中心が失われた世界になった時代とで、市場と共同体の性格は、それらの空間や包含する世界のありようと対応して変化している。

また、第二章の市場再帰的記憶のところでも触れたが、アルヴァックスは「空間的枠のなかで展開しないような集合的記憶は存在しない」（Halbwachs 1950=1987 : 182）という。アルヴァックスは、われわれが、個人的持続によって、個人的持続を含むより大きな非人格的な持続を構成することができるのは、それらの個人的記憶自体が、そこからその実質を借用している集合的時間を基礎にするからであると、集合的時間、集合的記憶に注目する（Halbwachs 1950=1987 : 100-162）。アルヴァックスは、個人的意識は時間の流れの通過点、集合的時間の接触点であるという。彼によれば、過去へとさかのぼることのできる限界は集団によって異なるもので、集合的思考への個人的思考の関与の度合いによってどこまでその思い出に到達するかを説明することになるという。浜は、アルヴァックスの集合的記憶について論じ、場所を「過去を集合的に再構成する場所」と表現している（浜 2010）。アルヴァックスによれば、価格は、買い手と売り手の記憶の中で品物についてだけでなく、展示され、提供される場所についても同時に考えないならば、固定することはありえない（Halbwachs 1950=1987 : 198）。経済的手段は長く持続しないならば、そのままの形で、同じ場所に持続しないならば、価格の記憶を長い期間にわたって、遠い過去にまで投影することができないという。市場という持続した場があることで、はじめて価格が成り立つことになる。

アルヴァックスが集合的記憶について示したように、過去を集合的に再構成させる場所のひとつとして、古代ギリシャのアゴラに始まったといわれ、いまでも世界の各地で開かれている市場（いちば）をあげることができるのではないだろうか。われわれの社会化の過程において市場（いちば）の果たす役割が小さくないのではなかろうか。第四章でも示したように、情報社会といわれ、多くの情報がインターネットを通して得られ、インターネット広告やインターネットショピングの比率が高まる今日にあっても、「街の市場」は「ネット市場」と比較して、楽しさという点でははるかに優位に立っている（中西 2010）。

第1章で論じたように再帰性概念は社会の変化に伴って変化している。合理的再帰性である自己再帰性、制度的再帰性、認知的再帰性などの認知的、制度的な再帰性にとどまらず、美的再帰性、解釈学的再帰性、現象学的再帰性など非認知的、非制度的な不合理な再帰性へと広がっていて、さらに、新しい市場再帰性を見出している。本章では、このようなさまざまな再帰性の観点から、市場（いちば）における再帰性について考えていきたい。[1]

なお、市場とは「毎日または一定の日に商人が集まって商品を売買するところ、生産物をもち寄って交換、売買するところ」であるという（松岡絵里・吉田友和 2010：8）。市場にはほとんど毎日立つ常設市場、毎月何日に立つという定期市、朝市や夜市、花市、魚市場などの専門市、おみやげ物中心の民芸品市場などがある。また、一般人向けの小売市場以外に、小売店向けの卸専門で、一般人は売買できない築地場内市場やロンドンのニュー・コベント・ガーデン・マーケットのような卸売市場もある。

日本と英国の市場（いちば）の再帰性について、市場におけるインタビュー結果や文献などから論じていこう。

わが国においては、市場はかつては市庭と表記されていたという。寺社の縁日など、宗教的な行事には盆踊りや獅子舞の文化的な行事とともに、露店が多く立ち並び、催し物の楽しみと市場の楽しみは、密接に結びついていた。また、堺の自治都市にみられるように、市場が政治権力に抗して独自の自治空間を形成していた歴史もある。

2　日本の市場（いちば）

近年は、わが国における、伝統的な市場である築地、錦、黒門などにおいては、昔から代々付き合いのあった常連の顧客が代替わりともに減少する一方で、観光客、特に外国人観光客が増加しているという。

二〇一三年春に、日本の市場について各市場の商店街新興組合や市場内の各店舗の店主を対象としたインタビュー調査[2]を行った。この結果や文献資料に基づいて考えていこう（後掲表5-1参照）。

（1）東京築地場外市場

築地という地名は、築地本願寺の建立のために、佃島門徒宗が海を埋め立て、小さなお寺を築いたことに始まるという（西河哲也・田口佳世子、築地場外市場商店振興会の資料）。築地は、一六五七年に築地本願寺のために埋め立てられた場所である。その後八回も災害にあったが、衰えることなく二百年以上寺町としてたたずまいを保ってきた。そうしてできた門前町に一九二五年、関東大震災で焼かれた日本橋の魚河岸が移転した。これが築地場外市場内市場の始まりである。関東大震災で消失後は寺の維持が困難になり、また都市計画道路で晴海通りが本願寺敷地を二分したため、十の寺を残して他地域に分散した。海軍敷地であったところに築地中央卸売市場が建設されたことにより、都市と市場をつなぐ中間点として魚市場の付属商などが入り込み、寺院街は魚河岸商店街へと変わったという。

一日平均の魚取り扱い高が二三〇〇トンと世界一である。場外は場内よりも広域エリアで、卸売が中心であった。その場外に小売もする場外市場が形成された。せりや仲買中心で愛想のない場内市場と比べて、場外市場は一般人も買い物がしやすい市場として栄えてきた。現在約三百店がある。食に関するものは何でも揃う市場で、生鮮三品に加えて乾物の取り扱いが多いのもその特徴である。

▶築地　場外市場商店街

築地場外市場商店街振興組合のインタビューによれば、現在卸七―八割、小売二―三割で、最近では観光客を中心に飲食店の利用が増えているという。が、これは、古くからある店の目指すところではなく、従来から市場の中心である伝統的な店では、卸売を中心とした食材の販売を望んでいるという。

力を入れていることとしては、顧客の変化やニーズに応えていくこと、場内市場との相乗りなどである。家賃負担が大きく、老朽化して空き家になっている店も少なくないので、後継者難の店もあるという。が、築地のネームバリューがあるので自負心がある。いっぽうで伝統的な店に対して喜代村などの新参店が挑んであるという現状である。

将来、築地場内市場が、豊洲へ移転するという計画がある。が、築地場外市場商店街振興組合としては場内市場が移転しても、場外市場はこの土地でやっていきたいという意向である。駐車場跡地などに独自に賑わいゾーンを計画しているという。中央区の人口は現在増加しているので、中央区全体の飲食情報の発信地にもなりたいという。

比較的長く営業している三宅水産（魚）、石上水産（魚）、丸武（卵焼き）などの話によれば、伝統を守りながら、「ネット販売」「ブログに乗っけたり、クチコミを通じたりしたインターネットの利用も取り入れたい」「魚を焼いたものを少し店先で売っている（やっかみもあって保健所がうるさいが）」など、新しいものを取り入れたいと考えている。しかし、「外国人客が増えているがマナーがよくない」といった伝統店なりの苦情も寄せられる。また神楽（すし）のように「もともと江戸前のすし酢は赤かった」と伝統や職人芸に誇りを持ち、「これ以上大きくしたら味を守れない」と拡大よりも味にこだわる店もある。七日市、半値市等場外市場のイベントには参加していて、場外市場全体をみんなで一致団結して盛りたて、集客力をあげていかなくてはならないだろうという意識が持たれている。

他方、喜代村（魚、すし）や虎杖（魚、飲食）などは、伝統のある築地のブランドを認めて、築地のブランドがあるのでそれを生かしていきたいという意向はもちつつ、新しい市場を創っていこうとしている。喜代村は、「すしエンターテイナーを目指す、外から人を入れていかないと街は活性化していかない、すし職人を育成していて、海外からの寿司職人の育成も今後増えていく」など、これまでの伝統的な築地場外市場にはないものを求め、「築地から日本へ、日本から世界へ」と拡大を目指す。観光客にも日本にきたら日本の寿司を食べてもらいたいと観光客を歓迎している。二四時間営業のすし屋は日本にひとつしかないと自負する。虎杖は顧客のオーダーに応えた「参加型の市場づくり」を目ざしている。集中出店によって「和食からジャパニーズ・バルへ」と発展をはかる。アヒュージョやピルピルなどのスペイン料理までそろえたメニュー展開を考えている。社長自ら「自店の市場づくりが市場全体の繁栄につながり、イオン・モールなどとは異なるコミュニティをつくることができれば」と独自の市場論を語る。午前中で閉店という旧態然とした市場には見られなかった「二時からマーケット」「虎杖アウトレット」などの新しい試みをつぎつぎに実現に結びつけようとしている。これらの店は観光客を歓迎しているものの、「観光客向けの焼き牡蠣の立ち食い」と「礼儀正しい店の中の飲食」とはきちんと区別しているという。また、築地市場場外振興会のイベントには参加するなど、新興の店ながら、「ご挨拶は忘れないようにしているつもり」という気遣いも見られる。

そのほか、鳩屋海苔店（海苔）は、昭和一〇年ぐらいから海苔店をしている。寿司屋向けの海苔屋であったが、最近は一般客も増えているといい、殻つきアーモンドの試食販売も行っている。買ってよし、店やってよし、働いてよしを目指したいと、志高く、海苔の佃煮などの自社ブランドも開発している。イベントや祭にも積極的に参加しているという。食文化を発信していきたい、築地は本来、食文化の発信の地であった、築地場内市場とうまく相乗効果をあげることができる場所であるという。

また、ボンマルシェ（カフェ）のように、築地場内市場や場外市場で働いている人が食べに来てくれるので築地場内市場が移転すると顧客が減るので困るという声も聞かれる。

築地場外市場は、場内市場との相乗効果や、伝統店が多く誇りにしているように築地の伝統ブランド力によるところが大きい。同時に新興店を中心に、築地から日本へ、そして世界へ日本の食文化を発信するグローバルな場所であるという意識もある。東京の中心にある市場で、新と旧、グローバルとローカルが再帰的に影響を及ぼしあって、市場でありながら、観光地であり、食文化の発信地であるという新しい築地場外市場が形成されていっているようである。

(2)　京都錦市場

錦小路という名前は古くは、宇治拾遺物語に登場する。一〇五四年に清涼な水が流れていた具足小路という呼び名から錦小路に改められたという。一六一五年には、幕府により魚問屋の称号を与えられる。独占的な魚問屋を店（たな）と呼び、「上の店」（西洞院）「下の店（五条）」とともに「錦の店」として三店魚問屋と称した。一七七〇ごろ錦小路高倉に青物立売市場が認められた。魚市場のそばに生鮮野菜市場が加わり、やがて生鮮三品が揃う市場となったという。

京都錦市場商店街振興組合インタビューによれば、一九六三年に京都錦市場商店街振興組合を設立した。一九六六年にはＮＨＫテレビで「京の錦歳末風景錦市場」が京の台所として全国に実況中継された。一九九三年に本格的なアーケードが完成して天候に左右されない市場となった。

錦市場には京の台所と呼ばれた誇りがあるという。大阪（黒門）の量に対して京（錦）の質であり、職人の町であるという自負がある。店舗数一二六、卸（奥の間）一〇億円、小売り五〇億円程度の売り上げである。商店街の全長約三九〇メートル、道路幅三・二メートルである。

京都の伝統野菜を売る店などは錦のブランドを利用している。かつては京都中の魚が集まっていたという。旅館がはたごと呼ばれて分業し、仕出し屋が食事を運んでいたころは、受注販売をしていたそうだ。茶道や華道の家元や踊りの師匠などにもひいきにしてもらっていて、新幹線のホームまで漬物のみやげ物を運んだこともある

▶京都　錦市場

という。このように、五〇代、六〇代のリピーターが多いものの、最近は観光客など若い人や外国人が増えているそうだ。

この地域では、八坂神社のみこしを六十五年間担いできたという。京都市といっしょににぎわいプロジェクトをしていて、二〇〇一年、二〇〇三年には錦小路でファッションショーも行ったという。「乾杯は日本酒で」という京都市の条例に合わせて、二〇一三年三月二日には、日本酒の振る舞い酒を実施するという。街づくりは錦市場の責務だと考えているということだ。先駆けて伊勢丹の地下の食品売り場に出店したり、全国の物産展や道の駅にも参加している。また地産地消にも力を入れている。

京都は不易流行で古いと同時に常に革新して新しい時代にマッチングしていく町であり、市場は時代に即して客を飽きさせないことが大切であるという。観光客向けにイートインも可能にした食べ歩きもいいが、着物姿の客から汚されたと苦情が来たこともあるので、座って食べられるほうがいいだろうという。

日本食が世界遺産に登録されようという流れのなかで「錦にきたら京都の食文化が味わえる」という京都の食文化のブランドを築いていきたいという。観光客五千万人を誘致することが目標だ。何でも一番をめざし、「はしり」を大切にするのが錦の特色であるという。二〇〇六年にスローフード発祥の地イタリアのフィレンツェのサンローレンツ市場とも友好関係を結んでいる。二〇一三年六月にもイタリアを訪問する予定であるという。商店街振興組合五十周年のテーマに、若冲の絵のモニュメントを計画している。

このように錦市場の壮大な夢が語られる一方で、相続税を払えないで店を不動産屋に売りに出され、錦らしくない伝統のない店を始められることがあるので困るという苦言も呈されている。

湯葉吉（湯葉）は、一七七〇年から湯葉屋として製造販売している。先祖は四国の越智郡の出身である。京都の知恩院の近くで店をはじめた。その後、今の場所に移ったという。商品のアイテムはそのころと変わらない。流通はかなり変わってきているという。湯葉が全国津々浦々までいきわたるようになったので、全国から買いに来てくれる。乾燥湯葉以外に、生湯葉もクール宅急便のおかげで全国に配達できるようになったという。また、最近は中国人観光客も増えているので、イートインのスペースを設けたいという。最近は息子が帰ってきたので、物産展など新しいことに取り組みたいと希望しているという。今後の夢は、湯葉の味をもっと知っていただきたい、同じ湯葉でも味が異なることを知っていただきたいということである。品質のいい京都の湯葉は、九〇％料理屋向けに販売しているが、もっと一般向けにも惣菜としての召し上がり方、レシピなどを充実させたいという。たとえば、イタリア風にラザニア風やコンソメスープの中に入れるといった調理法も考えられよう。味をわかってもらえるかどうかは疑問だが、としつつも、湯葉の国際化に向けた夢が語られる。

渡半（魚）は一八九六年から魚屋をしているという。ふぐを主に取り扱ってきていて、昔は錦にいい魚屋が集まっていたという。かつては卸：小売が七：三であったが、今は卸：小売が三：七と逆転したということだ。かつては一尾三万円のふぐを料亭などに販売していたが、今は一舟三百円の魚しか売れないという。四、五年前からイートインということもいわれ始めたようだ。最近は観光客ばかりが目立つので、午前中は営業せずに一三時—一七時半の営業にしているという。地元では青年部時代には交通整理などもしてきたという。明日（三月二日）は振る舞い酒があるので参加するということだ。今後の観光客のイートインなどを意識して、オクトパス（合格祈願）たこ玉子などを考案したという。外国人観光客をターゲットとするなら、加工しないで、ちょっと食いできるものがいいだろうという。観光客の笑顔の出る商品をと考えているという。その辺にテーブルを出すのもいいかもしれないという。しかし、子どもや、最近誕生した孫がいるが、大変な時代なので将来魚屋を継がせたいとは思わないという。少し寂しげにテナントにするかもしれないと述べる。

有次（刃物）は一五六〇年から日本刀を取り扱ってきた店である。三十年前に、錦に移ってきたが、今は刃物類全般を取り扱っているという。堺などで作っているものもあるという。商品のデザインなどは昔と変わらないそうである。最近では外国人観光客が増えてきたという。錦市場の中では出店してから短い方なので、まわりのみんなに喜んでもらえるようにしたいと、商店街振興組合の仕事はボランティアで労力を提供しているという。今後については個人的な夢はあるがまだいえないという。物産展などよりも、この京都でどんどんやれることがあるのではないかと思うという。有次では、いまだに鋼だけの素材を守っているそうで、手入れが大変だが、観光客にもそのように話しているという。

京都錦市場は、錦小路という名前が、古くは、宇治拾遺物語に登場するという伝統のブランド力を生かし、魚にも豆腐にも不可欠な清涼な水が流れていたという好条件を生かした生鮮三品がそろう市場である。黒門の量に対して錦の質という職人の誇りが、湯葉などの食品の店でも、鋼を材料とする刃物の店でも感じられる。伝統を重んじる五〇―六〇代のリピーターが多いが、最近は観光客など若い人や外国人が増えているので、たこ玉子や鱧を串にさして揚げて立ち食いができるようにするなど、イートインへの工夫があちらこちらで見られる。「不易流行」とのことばどおり、新しいものを取り入れようという気風も盛んである。

日本食が世界遺産に登録されることになったという流れのなかで「錦にきたら京都の食文化が味わえる」という京都の食文化ブランドを世界へ向けて発信し、観光客五千万人を誘致することを目標としている。観光客相手の市場に変わりつつあるなかでも、「日本酒で乾杯」という京都市条例と合わせて、日本食という文化を担っているという錦の自負が、ことばや振る舞いの端々に垣間見られる市場である。

（3） 大阪黒門市場

黒門市場は、日本橋二丁目の圓明寺に由来する説と、自安寺に由来する説があり、天領との間に黒い山門があったため、黒門市場と呼ばれたという。一六六一年ごろ近隣農家が青物を売り始めたのに始まり、魚の売買が始まる。天領からの圧力があってなかなか市場として認められなかった。明治期に、堺港からの魚市も立った。一八八二年にも魚類青物市場の開設を大阪府に出願したが否決される。が、一九〇二年の内外博覧会を期に正式に認められるようになる。一九一二年の大火災、一九四五年の空襲などのため消失もあったが、元の商人たちが復興した。

黒門市場商店街振興会のインタビューによれば、生鮮三品が中心で、現在約一五〇店、三〇〇億円の市場規模（小売は一〇五億円）である。総延長が五五〇メートルである。生鮮品を持ち帰るための市場で、従来食べ歩きはなかったが、最近は外国人観光客が増えて和菓子やてんぷらなどを食べながら歩く人が増えたという。客層は八割以上が五〇代以上である。年末には若い人も訪れるという。外国人観光客も増えているそうで、週二回は英語、仏語、中国語のコンシェルジェが市場内を案内するという。

地域とのかかわりとしては高津宮の夏祭りには商店街として参加している。高津美容学校の学生に担ぎ手を依頼しているという。また、七月第一土曜日には地域の住民のための夜店を行っている。文楽劇場の新春舞台には雄雌の立派な鯛を奉納している。

▶大阪　黒門市場

昨年、今年は集客するために観光地化を行っているそうだ。年末の振舞いてっちり、NHKのインタビューなど、メディアを意識したイベントも重視している。吉本興業やNHKからの問い合わせや取材もしょっちゅうあるそうだ。また、商店と顧客両方のアンケートを実施している。スクラッチカードやスタンプ集めによるイベント（バス旅行）も実施しているという。

対面販売のよさを生かして、本来の顧客を守ると同時に、歩くだけでわくわくするような市場にしたいという。観光客を取り込むことにのみ注力したくはないということである。また振興会のブランドとして「なにわのぽんず」を発売していて、次は、お土産にもなる商品開発をしたいと、黒門ブランド品の開発に余念がない。

黒門市場の問題点としては、組合員の高齢化や組合に入らない店の増加などの問題があることがあげられる。また、組合のなかでも、古くからの格式を守り本来の顧客を重視したい店と外国人観光客などに合わせて変えていきたい店に分かれることが指摘されている。

丸栄商店（魚）は一九四五年から黒門市場で店をしているという。かつては卸が多かったが、今は小売が主になっている。平日は地元の人、土曜日、日曜日は電車に乗ってくる人が多く、年末は遠くから来る客が多いという。また、中国人観光客も多くなっている。彼らはおつくりを買ってその場で食べるそうだ。店主は地元の普通の顧客を大切にしているという。商店街の一番端なので、生き延びるためには、顧客が使いやすい形で売るように変化させてきたということである。たとえば、一人前ずつ一種類の魚だけ、おつくりにしたり、切り身にしてすぐに焼けるようにした。お魚を億劫と思う人にも買いやすいようにしてふつうの顧客を大切にしたいという。いっぽうでスーパーよりも美味しい魚を提供しているという自負をもつ。また、今後は子どもが店を継いでくれることになっているので、店の中でも食べられるようにしていきたいという。

(株)みな美（ふぐ）は一八七五年から、ふぐ専門店をはじめたという。この店は三十年前に黒門に転居した。冬はふぐ、夏ははもの専門店である。顧客は、かつては年配の方が大半であったが、最近若返っているという。ふぐといえば、やはり大阪の名物なので、観光客も多い。外国人観光客も増えてきている。刺身だけなら店先で食べてもらってもいいと考えている。鍋が食べたいという顧客には、近所のしゃぶしゃぶやなどを紹介している。今後はていねいな仕事に力を入れて、いい物を提供したいという。とらふぐの宅配も行っている。ふぐは高価なものだからきちんとしたものを召し上がっていただきたいという。テレビなどのメディアにもふぐの食べ方を説明してもらうようにしているそうだ。同時にふぐをインターナショナルなものにしたいということで、ふぐ刺身の前には中国語の説明文も呈示されている。

これら伝統的な魚店と比べて、いち早く国際化を図ろうとしているのが(株)三平（魚）である。三平は、二〇〇二年に開店したが、二〇一二年に大幅に改装したという。冷蔵庫や冷凍庫のあったところにテーブルといすを置き、店内で飲食できるスペースを設けて、寿司、刺身、焼き魚などを提供している。一日約三百人が来店するという。改装してから、平日は観光客が多く、週末は日本人が多くなったそうである。日本人はミナミの料亭、割烹や主婦の人が中心である。外国人：日本人は一：九の割合になったという。中国、特に香港からの客が多い。ホテルの朝食をキャンセルして店に来てくれるので朝から満員であるそうだ。中国の春節が終わったので、三月はタイからの観光客を期待しているという。木曜日、金曜日はコンシェルジェが来てくれるという。地元とのかかわりでは夏は高津宮のみこしを担いでいるという。あまり外国人観光客が増えると、地元の日本人が入りにくくなることを懸念している。観光客を飲食も含めて取り込んでいきたい、日本人も呼び込みながら観光客にも積極的に接客していきたいという意向である。この店が黒門内で最も国際化し、店内での飲食が進んでいる魚店であると自負しているという。

(株)芳月堂（和菓子）は、父が戦後、大連から引き上げて一九四五年和菓子屋を始めた。石臼と杵で餅をつき、法要、お祝いごとなどの和菓子を作ってきた。今はそれらがなくなりつつあるという。今の機械は二代目であるという。当時は南座や角座があって、道頓堀といったら芝居小屋や相撲茶屋にも餅を配達していた。舞台に映える立派な鏡餅もこしらえていたという。かつては小僧さんが里帰りするときも分胴秤で計って餅を持たせたものだという。商品は父の代から変わらない。日持ちさせるためのものは使っていない。菓子を入れる木箱はもう作れないので大事に使っていかないといけない。顧客は六〇代、七〇代と高齢化。子どもの代になると全く注文がこなくなるという。一日と十五日には餅をお供えしていた事業所も多いが、代替わりとともに法要などの伝統でお菓子を用いることが減ってきているという。お茶屋さんが多かったので、お茶のお師匠さんの事始などにはお菓子をつかっていただいていた。手の込んだ菓子は値段が高いのであまり売れないという。地域とのかかわりとしては、高津宮の夏祭りには参加しているが、子どもの塾通いが増えて子どもの数も減ったので、子どもみこしの参加者が減っているという。今は高津美容学校の生徒にも出てもらっているそうだ。最近ではアメリカ系のホテルから結婚式の引き出物用に、赤飯と上用饅頭の注文があった。かえって外国の人のほうが日本の伝統を珍重することもあるようだと語る。観光客のために座ってお菓子を食べる席を設けたこともあるが、礼儀知らずの長話のためにそれを撤退したという。観光客が無断でお菓子の写真を撮影したり、その場で歩きながら和菓子を食べたりすることも増えていると苦言も呈する。行事やお祝いごと、記念日に和菓子を使っていた時代にあった、お菓子がつくる人と買う人、贈る人と贈られる人などの人と人とのつながりが戻ってきてほしいという。一升餅（子どもの一歳のお祝いに米一升で作る餅）の代わりにインターネットで合成した写真を親に送ったりする人も増えて残念だという。伝統的なお菓子を作っていた誇りがあるだけに、お菓子と人のつながりという伝統的な習慣が薄れていくことへの無念さがあふれている。

（株）高橋食品（豆腐）は父方が石川県出身で、祖父が農科の次男であったので、修行しながら豆腐屋を始めたという。店自体は九〇年以上の歴史がある。スーパーなどのなかったころは、各町ごとに豆腐屋があったそうだ。当時、豆腐屋はてっとり早くはじめられる業種のひとつだった。一九七三年までは生野で店をしていたという。すべての豆腐を手作りするため、夜中の一時から働いているという。かつては豆腐が大半で、当時は十種類しかなかった。ほとんどで国産の大豆で作っていた。今は豆腐の中でも値段が高いものは国産大豆、安い物はカナダ産の大豆を使っている。値段が高いか安いかの両極端である。こんにゃくは減少している。商品は二割位変化しているという。今は飲食店への卸売比率が七、八割から二、三割に減少した。日本の客は年末に集中しているという。平日は地元の四〇代以上の女性の顧客が多く、休日は観光客が多い。先日まで春節で中国からの観光客が多かった。中国のショッピングモールのように食べ歩きをするので、豆乳の機械を紙カップに注ぐ機械を導入したそうだ。日本の地元以外の顧客は年末が多い。地元とのかかわりとしては、高津宮の夏祭りには参加して、みこしも担いでいる。夏の夜店にも参加している。最近は南の料亭や割烹への卸が多くなっているという。いち早く豆乳の機械を設置したように、時代の移り変わりに柔らかに対応して情報発信をしていきたいそうだ。いい豆腐を作って豆腐屋で人生を終わりたいということである。豆腐の手作りにこだわりながらも、中国の観光客が食べ歩きをするので、豆乳の機械を紙カップに注ぐ機械を導入するなど、観光客が増加するという市場の変化へも対応しようとしている。

黒門市場でも、丸栄商店、みな美、芳月堂のように伝統に誇りをもち、それを守りたい店と、三平や高橋食品のように、外国人観光客などの新しい流れに適応して先取りしようとする店の両方がある。が、これらが二極分化することなく、商店街振興会を中心にしてこれらを融合して「なにわのぽんず」ブランドを作成したり、ゆるキャラの採用を決めたりしている（読売新聞、二〇一三年四月一九日）。また、週二回の英語、仏語、中国語のコンシエルジェによる案内など、積極的に黒門市場として観光客を歓迎し、世界に発信していこうという意向を見て取ることができる。

日本の市場においては、東京築地場外市場、京都錦市場、大阪黒門市場の各市場とも、伝統的な商習慣を守って、卸中心で行きたいという店と、外国人も含めて観光客を積極的に取り込んでいきたいという店に分かれるようだ。歴史の古い京都錦市場、大阪黒門市場の振興会は、店頭における飲食、振る舞い酒、イタリアの市場との交流、コンシェルジェサービス、振興会ブランド製品の開発など、市場の変化に適応し、革新していこうという意気込みが感じられる。それに対して東京築地場外市場は、場内市場移転という事情もあるのであろうか、振興会が、伝統的な店のほうにより共感を示していて、新興店が伝統店に対して挑んでいると考えられているようである。他方、新興店は、さまざまな工夫をして、新しい市場づくりのアイディアを生み出していて、それがコミュニティづくりにまでつながることを望んでいる。

伝統的な店と新潮流をいち早くとりいれる店とが互いの葛藤もあるなかで互いに影響を及ぼしあう。なじみの地元客と外国人を含めた観光客は混じり合って交流し、商いと地域づくりが、祭りや催しなどを通じて互いに相

表5－1　日本の市場　インタビューサマリー

	築地場外市場商店街振興組合 事務局長　芳賀氏
歴史，市場規模，特色	築地という地名は，築地本願寺の建立のために佃島門徒宗が海を埋め立て小さなお寺を築いたことに始まる。そうしてできた門前町に1925年，関東大震災で焼かれた日本橋の魚河岸が移転。1935年にオープンした。これが場内市場の始まりである。1日平均の魚取り扱いだから2300tと世界一。場外は場内よりも広域エリアで卸売りが中心。 その場外に小売りもする場外市場が形成された。せりや仲買中心で愛想のない場内市場と比べて場外市場は一般人も買い物がしやすい。現在約300店。 食に関するものは何でも揃う。 乾物の取り扱いが多いのも特徴。
商品，客層の推移	飲食店が増えたが，これは古くからある店が目指すところではない。伝統的な店は卸売りを中心とした食材の販売を望んでいる。 現在は卸7-8割，小売2-3割。 外国人観光客にも人気がある。
地域や地元とのかかわり	振興会，共栄会，海幸会の3つの会を合わせＮＰＯ法人築地まちづくり協議会を発足させた。 年4回のイベントやプレゼント，食育祭りを実施している。
力を入れていること	顧客の変化やニーズに応えていく。 場内とも相乗りしたい。 なかには，後継者難の店もあるが，ネームバリューがあり自負心がある。古くからの店に対して喜代村などの新参店が挑んでいる。
今後の展望，夢	場内市場が豊洲へと移転するという計画があるが，場内市場が移転しても場外市場はこの土地でやって行きたい。駐車場の跡地などに賑わいゾーンを計画している。 中央区の人口が増加しているので，中央区全体の飲食情報の発信地となりたい。
その他	ほとんどが賃貸店舗であるので家賃の負担は大きい。老朽化して空き家になっている店も少なくない。

	築地場外市場商店街 （有）石上水産　石村氏
歴史，市場規模，特色	ここにに来たのは10年ぐらい前だが，二十数年前から，この商売をしている。
商品，客層の推移	最近景気が悪いので観光客が減少している。 ここだけではやっていけないので，デパートの地下催事場などにも出店している。
地域や地元とのかかわり	七日市，半値市等イベントには参加している。 焼いたものをすこし，店先で売っているが，やっかみによる垂れ込みもあって保健所がうるさいこともある。
力を入れていること	魚を売ることマグロを売ることで安定した経営をしていきたい。 いまはすこし焼いたものも販売しているが。
今後の展望，夢	ブログに乗っけたりクチコミを通じたりしたインターネットの利用も取り入れたい。 洋食志向の今の人の味覚もとり入れないといけないであろう。
その他	

	築地場外市場商店街 （株）三宅水産　三宅氏
歴史，市場規模，特色	昭和13年に登録。
商品，客層の推移	以前は卸のほうが多かったが，今は小売が7-8割を占める。 埼玉や千葉からきてくれる顧客もいる。
地域や地元とのかかわり	場内との関係で毎日来てくれる顧客がいる。 場外市場全体がみんなで一致団結して盛り立てて，集客力をあげていく。
力を入れていること	みんなで一致団結して盛りたてて，集客力をあげていかなくてはならないだろう。
今後の展望，夢	魚屋の伝統を守りつつ，新しいことを考えたい。ネット販売なども考えている。
その他	自分の店なので家賃が発生しない分は助かっている。

	丸武　社長　伊藤氏
歴史，市場規模，特色	大正7，8年ごろから玉子焼き店をしている。 関東大震災後に日本橋から移転した。
商品，客層の推移	客は増えている。卸（寿司屋），小売り半々。 外国人客が増えているがマナーがよくないのであまり相手にしたくない。

地域や地元とのかかわり	七日市，半値市，納涼会などのイベントに参加している。
力を入れていること	
今後の展望，夢	場内市場の移転計画が確定しないので動きが取れない。
その他	

	築地場外市場 （株）喜代村　広報・販売促進室（株）喜代村　広報・販売促進室　U氏，K氏， （マグロ２号店）　T氏，S氏
歴史，市場規模，特色	1979 年喜代村を立ち上げる。1999 年に築地に 24 時間営業，年中無休の「すしざんまい」チェーンを立ち上げる。 美味しいマグロを提供。 2012 年に青森県大間三億とマグロを 5649 万円で競り落とす。 現在約 300 億円（すし 90 億円）の売り上げ。 東京築地を中心に北海道から福岡まで約 50 店舗。 喜代村マグロ２号店は 2011 年 11 月から営業。
商品，客層の推移	うちの商品は寿司。一般の人たちを顧客として相手にしている。 場外市場は場外市場として築地のブランドがあるのでそれを生かしていきたい。 客単価は 1500 円ぐらい。 観光客は２割から３割。
地域や地元とのかかわり	本願寺の催しなどに参加。 地元とは共存共栄を目指している。 街の雰囲気，賑わいを大切にしていきたい。
力を入れていること	すしエンターテイナーを目指す。 外から人を入れていかないと町は活性化していかない。 喜代村塾ですし職人を育成している。 海外からの寿司職人の育成も今後増えていくであろう。
今後の展望，夢	「すしざんまいの味と心は築地から日本へ，日本から世界へ」 できたての寿司文化で日本を元気に。観光客にも日本にきたら日本の寿司を食べてもらいたい。 寿司文化を残していかなくてはいけない。 24 時間営業のすし屋は日本にひとつしかない。
その他	

	築地場外市場商店街 （有）虎杖（いたどり）（ハレの日食堂） 黒瀬氏，沢田氏，長谷川氏
歴史，市場規模，特色	1999 年京都虎杖，錦にオープン。 2002 年築地表店，2004 年築地裏店オープン。 ハレの日食堂 2012 年オープン。 築地のなかで，裏店，東店など７店舗ある。 そのほか軽井沢，黒瀬三郎鮮魚店などがある。 虎杖（いたどり）はタデ科多年草の山菜。虎杖のような強く広いネットワークを作っていきたいという思いから名づけた。虎杖というネットワークを中心にして人，物，情報が集まる存在でありたい。 ハレの日食堂の「ハレ」は特別な日。日常から離れておいしいものを食べにいこうよという意味を表す。 年商約 15 億。 スープの冷めない距離に何店舗かを経営するという集中出店による材料のコスト削減などのメリットを追及している。最初は刺身や寿司などに使う生食のうにを，時間がたてばパスタにまわすことができる。
商品，客層の推移	市場なので飲食と観光の客が多い。特に週末は観光客が多く，観光客と地元客が９：１ぐらいの比率である。 裏店はカレーうどんが有名で夜は予約客でいっぱいだ。 和食から徐々にジャパニーズ・バル風に展開をはかっている。
地域や地元とのかかわり	場外市場が築地を作ったと思う。 自分たちで，街を作っていくという参加型のコミュニティー作りを目指している。 振興会のイベントには参加している。 ご挨拶は忘れないようにしているつもりだ。 観先客の焼き牡蠣の立ち食いと店の中の飲食はきちんと区別している

力を入れていること	参加型の市場にしたいという自らの市場論を持っている。 誕生パーティーを自宅で開く代わりに築地でして欲しい。 my 弁当や my 漬物も築地で調達してもらいたい。
今後の展望，夢	築地で 20 億，他で 10 億の売り上げを目指す。 「２時からマーケット」で５キロ以内の飲食店の店長に配達や「虎杖アウトレット」なども計画している。 生ビールのオリジナルの樽も発売している。
その他	文化人がうちにこもらないで街へ出てきて欲しい。食は場所を盛り上げるので，食でコミュニティーを作りたい。 もっと気軽に表で夕食を。

	築地場外市場商店街　つきぢ神楽　袴田氏
歴史，市場規模，特色	歴史，市場規模，特色この店は今年 11 年目である。 自分自身は 30 年以上寿司職人だった。
商品，客層の推移	従来，江戸の寿司は酒粕が自然に赤く色づく赤酢であった（寿司飯が赤い）。 商品は従来からあまり変わらない。 昼間は一般客も増えている。外国人観光客も来店する。 夜はリピーターが多い（１人 1.5 万円以上）。
地域や地元とのかかわり	ランチには地元の人によく来てもらっている。
力を入れていること	まともな寿司を提供したい。これ以上大きくすると寿司の味を守ることができないと思う。
今後の展望，夢	場外市場は今後も残る。 ずっとまともな職人でありたい。
その他	食品の産地偽装は客をなめている。

	鳩屋海苔店　鵜飼氏
歴史，市場規模，特色	昭和 10 年ぐらいから海苔店をしている。 神田から場外市場に移転してきた。
商品，客層の推移	従来は寿司海苔屋であったが，最近は一般客も増えている。 表は年間 3.5 億円ぐらいの売り上げ。 法人としては一度倒産している。 今は殻つきアーモンドなど，一般の来店客相手の商品も売り出している。
地域や地元とのかかわり	納涼会などのイベントや祭りに参加している。 神田の生まれであるし「私にできることありませんか」という気持ちで企画部の活動をしている。
力を入れていること	買ってよし，店やってよし，働いてよしを目指したい。 海苔の佃煮などの自社ブランドも開発している。
今後の展望，夢	食文化を発信していきたい。築地は本来，食文化の発信の地であった。築地場内市場とうまく相乗効果をあげることができる場所である。
その他	かつてはリクルートに勤務していたので，営業のノウハウはある。客に一度試食してもらうことが大切だと思う。 脱サラして親の代から引き継いで店をしているが，やりがいがある。

	ボンマルシェ　N氏
歴史，市場規模，特色	二階のレストランボンマルシェは４年前から営業している。 １階のこの店は 2013 年４月から営業している。
商品，客層の推移	昼はサンドイッチのテークアウトが多い。 昼間は若いひと，夜は，２階は比較的裕福な年配の人が多い。商品もいいものを提供したい。１階は若い人が一杯飲んで軽くつまんでいく。（11 時から 21 時まで営業）
地域や地元とのかかわり	築地市場や場外市場で働いている人が食べに来てくれる。
力を入れていること	何が売れるのかをよく研究してヒット商品を出したい。今はフォカーチャ・サンドイッチが有望。
今後の展望，夢	単価の高い夜の客をもっと集めたい。
その他	築地場内市場が移転すると顧客が減るので困る。

	錦市場商店街振興組合理事長, （株）枡伍　宇津氏
歴史，市場規模，特色	錦小路という名前は宇治拾遺物語に登場する。 1054年に具足小路（清涼な水が流れていたため，魚屋が朝から晩まで魚をさばけた，豆腐も湯葉も清涼な水が不可欠である）から錦小路に改められたという。 1615年幕府により魚問屋の称号をを与えられる。独占的な魚問屋を店（たな）と呼び，「上の店」（西洞院）「下の店（五条）」とともに「錦の店」三店魚問屋と称した。 1770ごろ錦小路高倉に青物立売市場が認められた。魚市場のそばに生鮮野菜市場が加わり，やがて生鮮三品が揃う市場となった。 1963年に京都錦市場商店街振興組合を設立した。 1966年にはNHK TVで京の錦歳末風景錦市場が京の台所として全国に実況中継された。 1993年本国的なアーケードが完成して天候に左右されない市場となった。 錦市場には京の台所と呼ばれた誇りがある。 大阪（黒門）の量に対して京（錦）の質（職人の町）という誇りがある。 店舗数126，卸（奥の間）10億円，小売り50億円程度？ 商店街の全長約390m，道路幅3.2m。
商品，客層の推移	生鮮三品が中心である。 京都の伝統野菜を売る店など錦のブランドを利用している。 かつては京都中の魚が集まった。 旅館がはたごと呼ばれて分業していて仕出し屋が食事を運んでいたころは受注販売をしていた。 茶道や華道の家元や踊りの師匠などにもひいきにしてもらっていた。新幹線のホームまで漬物のみやげ物を運んだこともある。 50-60代のリピーターが多いが，最近は観光客など若い人や外国人が増えている
地域や地元とのかかわり	八坂神社のみこしは65年間担いできた。 京都市と一緒ににぎわいプロジェクトをしている。 2001年2003年に錦小路でファッションショーも行った。 あす（3月2日）日本酒の振る舞い酒を実施する。 街づくりは錦市場の責務だと考えている。 先駆けて伊勢丹の地下の食品売り場に出店したり，物産展や道の駅にも参加している。今は全国の百貨店の物産展に出展している。 地産地消にも力を入れている。
力を入れていること	京都は不易流行で古いと同時に常に革新して新しい時代にマッチングしていく。 市場は時代に即して客を飽きさせないことが大切。 観光客向けにイートインも可能にしたい。 振興会50周年のテーマに若沖の絵のモニュメントを計画している。
今後の展望，夢	日本食が世界遺産に登録されようという流れの中で「錦にきたら京都の食文化が味わえる」という京都の食文化のブランドを築いていきたい。 観光客5000万人を誘致することが目標だ。 何でも一番をめざし，「はしり」を大切にするのが錦の特色。 2006年にスローフード発祥の地イタリアのフィレンツェのサンローレンツ市場とも友好関係を結んだ。今年も6月に訪問する予定。
その他	相続税を払えないで店を不動産屋に売りに出され，錦らしくない伝統のない店を始められることがある。 食べ歩きもいいが，着物姿の客から汚されたと苦情が来たこともある。むしろ座って食べられるほうがいいだろう。

	錦市場 湯葉吉　越智氏
歴史，市場規模，特色	1770年から湯葉屋として製造販売している。先祖は四国の越智郡の出身である。京都のと知恩院の近くで店をはじめた。その後，今の場所に移った。
商品，客層の推移	商品のアイテムは変わらない。 流通はかなり変わってきている。湯葉が全国津々浦々までいきわたるようになった。全国から買いに来てくれる。 最近は中国人観光客も増えている。
地域や地元とのかかわり	錦では最近つのきさんという酒屋が湯葉の製造販売をしている。商店街振興組合の活動は宇津さんたちといっしょにいろいろと行っている。
力を入れていること	息子が帰ってきたので，物産展など新しいことに取り組みたい。 今月は所沢にも行く予定である。

今後の展望，夢	湯葉の味をもっとしていただきたい。同じ湯葉でも味が異なることを知っていただきたたい。 品質のいい京都の湯葉は，90％料理屋向けに販売している。もっと一般向けにも惣菜としての召し上がり方，レシピなどを充実させたい。たとえば，イタリア風にラザニア風やコンソメスープの中に入れるといった調理法も考えられよう。味をわかってもらえるかどうかは疑問だが。 イートインのスペースも設けたい。
その他	乾燥湯葉以外に，生湯葉もクール宅急便のおかげで全国に配達できるようになった。

	錦市場 渡半　渡辺氏
歴史，市場規模，特色	1896年から魚屋をしている。 ふぐを主に取り扱ってきた。 昔は錦にいい魚屋が集まっていた。
商品，客層の推移	かつては卸：小売が7：3であったが，今は卸：小売が3：7と逆転した。 かつては1尾3万円のふぐを料亭などに販売していたが，今は1舟300円の魚しか売れない。 4,5年前からイートインといわれ始めた。 最近は最近は観光客ばかりが目だつので，13時-17時半の営業にしている
地域や地元とのかかわり	青年部時代には交通整理などもしてきた。 明日は振る舞い酒があるので参加する。
力を入れていること	観光客のイートインなどを意識してオクトパス（合格祈願）たこ玉子などを考案した。 外国人観光客をターゲットとするなら加工しないで，ちょっと食いできるものだろう。
今後の展望，夢	笑顔の出る商品をと考えている。 その辺にテーブルを出すのもいいかもしれない。
その他	子供や孫（最近誕生）がいるが，大変な時代なので魚屋を継がせたいとは思わない。テナントにするかもしれない。

	錦市場 有次　寺久保吉雄氏
歴史，市場規模，特色	1560年から日本刀を取り扱ってきた。 30年前に，錦に移ってきた。 今は刃物類全般を取り扱っている 堺などで作っているものもある。
商品，客層の推移	デザインなどは昔と変わらない。 外国人観光客が増えてきた。
地域や地元とのかかわり	商店街振興組合の仕事はボランティアで労力を提供している
力を入れていること	錦市場の中では短い方なので，まわりのみんなに喜んででもらえるようにしたい。
今後の展望，夢	個人的な夢はあるがまだいえない。 物産展などよりこの京都でどんどんやれることがあると思う。
その他	いまだに鋼だけの素材を守っている。 手入れが大変だが観光客にもそのように話す。

	黒門市場商店街振興会， 副理事長，（株）伊勢屋山本氏， 常務理事，ニューダルニー吉田氏 （株）北庄，北口氏
歴史，市場規模，特色	日本橋二丁目の圓明寺に由来する説，自安寺に由来する説がある。天領との間に黒い山門があったため，黒門市場と呼ばれた。1661年ごろ近隣農家が青物を売り始めたのに始まり，魚の売買が始まる。天領からの圧力があって認められなかった。明治期に，堺港からの魚市も立った。1882年にも魚類青物市場の開設を大阪府に出願したが否決される。1902年の内外博覧会を期に正式に認められるようになる。1912年の大火災，1945年の空襲などで消失もあったが，元の商人たちが復興した。 生鮮三品が中心。 現在約150店300億円の市場規模（小売は105億円）。総延長550m。 従来は格式高い市場であった。
商品，客層の推移	以前は生鮮品を持ち帰るための市場で食べ歩きはなかったが，最近は外国人観光客が増えて和菓子やてんぷらなどを食べながら歩く人が増えた。 客層は8割以上が50代以上。年末には若い人も訪れる。外国人観光客も増えている。週2回は英語，仏語，中国語のコンシェルジェが市場内を案内する。

地域や地元とのかかわり	高津宮の夏祭りには商店街として参加している。高津美容学校の学生に担ぎ手を依頼している。 ７月第１土曜日には地域の住民のための夜店を行っている。 文楽劇場の新春舞台には雄雌の立派な鯛を奉納している。
力を入れていること	昨年，今年は集客するために観光地化を行っている。 年末の振舞いてっちり，NHK のインタビューなどなどメデイァを意識したイベントも重視している。吉本や NHK からの問い合わせや取材もしょっちゅうある。メディアを意識してやろうと思っている。 また，商店，顧客両方のアンケートも実施している。 照明を LED に変えたり，エコ活動にも取り組んでいる。
今後の展望，夢	対面販売のよさを生かして，本来の顧客を守ると同時に，歩くだけでわくわくするような市場にしたい。観光客を取り込むことにのみ注力したくはない。 振興会のブランドとして「なにわのぼんず」を発売。次にはお土産にもなる商品開発をしたい。
その他	高齢化や組合に入らない店の増加などの問題がある。 古くからの格式を守り本来の顧客を重視したい店と外国人観光客などに合わせて変えていきたい店に分かれる。

	黒門市場 丸栄商店，沖居氏
歴史，市場規模，特色	昭和 20 年から店をしている。 かつては卸が多かったが，今は小売が主になっている。
商品，客層の推移	商店街の一番端なので，生き延びるためには，顧客が使いやすい形で売るように変化させてきた。 １人前ずつ１種類の魚だけおつくり，切り身にしてすぐに焼けるようにした。 平日は地元の人，土曜日曜日は電車に乗ってくる人が多い。年末は遠くから来る客が多い。 中国人観光客も多い。おつくりを買ってその場で食べる
地域や地元とのかかわり	地元の普通の顧客をを大切にしている。
力を入れていること	お魚を億劫と思う人にも買いやすいようにしてふつうの顧客を大切にしたい。
今後の展望，夢	スーパーよりも美味しい魚を提供したい。 店の中でも食べられるようにしたい。
その他	子供が店を継いでくれることになっている。

	黒門市場 （株）みな美，秦氏
歴史，市場規模，特色	1875 年から，ふぐ専門店をはじめる。30 年前に黒門に転居した。冬は，ふぐ，夏は，はもの専門店である。
商品，客層の推移	顧客はかつては年配の方が大半であったが，最近若返っている。 ふぐといえば，やは張り大阪の名物なので，観光客も多い。 外国人観光客も増えてきている。
地域や地元とのかかわり	刺身だけなら店先で食べてもらってもいい。鍋が食べたいという顧客には近所のしゃぶしゃぶやなどを紹介している。
力を入れていること	丁寧な仕事に力を入れていい物を提供する。ふぐは高価なものだからきちんとしたものを召し上がっていただきたい。 テレビなどのメディアもふぐの食べ方を説明してもらうようにしている。
今後の展望，夢	ふぐをインターナショナルなものにしたい。
その他	ふぐ刺身の前には中国語の説明文も呈示されている。 とらふぐの宅配も行っている（パンフレットあり）。

	黒門市場 （株）三平，嶋氏
歴史，市場規模，特色	2002 年に開店。2012 年に大幅に改装した。冷蔵庫，冷凍庫のあったところににテーブルと風呂といすを置き，店内で飲食できるスペースを設けた。
商品，客層の推移	寿司，刺身，焼き魚などを提供している。 １日約 300 人が来店する。改装してから，平日は観光客が多く，週末は日本人が多くなった。日本人は南の料亭，割烹や主婦の人が中心。 外国人：日本人は３：９の割合になった。中国特に香港が多い。ホテルの朝食をキャンセルして当店に来てくれるので朝から満員である。 中国の春節が終わったので，３月はタイからの観光客を期待している。木曜日，金曜日はコンシェルジェが来てくれる。
地域や地元とのかかわり	夏は高津宮のみこしを担いでいる。あまり外国人観光客が増えると地元の日本人が入りにくくなることを懸念している。

力を入れていること	観光客を飲食も含めて取り込んでいく。 新鮮な魚であることを水槽で泳いでいる魚を見せるという演出で示している。
今後の展望，夢	日本人も呼び込みながら観光客にも積極的に接客していく。
その他	この店が黒門内で最も国際化，店内での飲食が進んでいる魚店であるという。

	黒門市場 （株）芳月堂，中本氏
歴史，市場規模，特色	父が戦後，大連から引き上げて1945年和菓子屋を始めた。 石臼と杵で餅をつき，法要，お祝いごとなどの和菓子を作ってきた。今はそれらがなくなりつつある。 今の機械は２代目。 南座や角座があって，道頓堀といったら芝居小屋や相撲茶屋にも餅を配達していた。舞台に生える立派な鏡餅もこしらえていた。 かつては小僧さんが里帰りするときも分胴秤で計って餅を持たせたものだ。
商品，客層の推移	商品は父の代から変わらない。日持ちさせるためのものは使っていない。 菓子を入れる木箱はもう作れないので大事に使っていかないといけない。 顧客は60代，70代と高齢化。子供の代になると全く注文がこなくなる。 １日と15日には餅をお供えしていた事業所も多い。が，代替わりとともに法要などの伝統でお菓子を用いることが減ってきている。 観光客が無断でお菓子の写真を撮影したり，その場で歩きながら和菓子を食べたりすることも増えている。 手の込んだ菓子は値段が高いのであまり売れない。
地域や地元とのかかわり	高津宮の夏祭りには参加しているが，子供の塾通いが増えて子供の数も減ったので，子供みこしの参加者が減っている。今は高津美容学校の生徒にも出てもらっている。 お茶屋さんが多かったので，お茶のお師匠さんの事始などにはお菓子をつかっていただいていた。
力を入れていること	アメリカ系のホテルから結婚式の引き出物用に赤飯と上用饅頭の注文があった。かえって外国の人のほうが日本の伝統を珍重することもあるようだ。 観光客のために座ってお菓子を食べる席を設けたこともあるが，余りに礼儀知らずの長話に，撤退した。
今後の展望，夢	行事やお祝いごと，記念日に和菓子を使っていた時代にあった。お菓子がつくる人と買う人，贈る人と贈られる人などの人と人とのつながりが戻ってきてほしい。
その他	一升餅（子どもの１歳のお祝いに米１升で作る餅）の代わりにインターネットで合成した写真を親に送ったりする人も増えて残念だ。

	黒門市場 （株）高橋食品，高橋氏
歴史，市場規模，特色	父方が石川県出身で，祖父が農科の次男であったので，修行しながら豆腐屋を始めた。店自体は90年以上の歴史がある。スーパーなどのなかったころは，各町ごとに豆腐屋があった。当時，豆腐屋はてっとり早くはじめられる業種のひとつだった。 昭和48年までは生野で店をしていた。
商品，客層の推移	かつては豆腐が大半で，当時は10種類しかなかった。ほとんどで国産の大豆で作っていた。今は豆腐の中でも値段が高いものは国産大豆，安い物はカナダ産の大豆を使っている。値段が高いか安いかの両極端である。 こんにゃくは減少している。商品は２割位変化。いまは飲食店への卸売比率が７，８割から２，３割に減少した。日本人の客は年末に集中している。 平日は地元の40代以上の女性の顧客が多い。休日は観光客が多い。先日まで春節で中国からの観光客が多く，中国のショッピングモールのように食べ歩きをするので，豆乳の機械を紙カップに注ぐ機械を導入した。日本の地元以外の顧客は年末が多い。
地域や地元とのかかわり	高津宮の夏祭りには参加している。みこしも担いでいる。 夏の夜店にも参加している。
力を入れていること	最近は南の料亭や割烹への卸が多くなっている。 豆乳の機械を設置したように，時代の移り変わりに柔らかに対応して情報発信をしていきたい。
今後の展望，夢	いい豆腐を作って豆腐屋で人生を終わりたい。
その他	すべての豆腐を手作りするため，夜中の１時から働いている。

乗効果をもたらす。

新と旧、売買とコミュニティが市場で互いに再帰的な循環を繰り返す中で、日本の伝統的な市場も伝統を受け継ぎつつ、地域にも国際的にも開かれて日々変化を続けているようである。

3　英国の市場（いちば）

英国の首都ロンドンでは、これまで歴史上多くの市場が開かれてきた。修道院の庭園であったコベント・ガーデン・マーケットや中世の肉の専門の市場で、牛、鶏、アヒルなどが飼育されていた平らな草原（smooth field）にちなむスミス・フィールド・マーケットなどがある（森正人 2012：102–136）。またレドンホール・マーケットは、一世紀にローマ人によって建てられたバジリカ式教会跡に広がっているもので、家屋（hall）が、鉛（lead）の屋根だったことに由来する。イースト・エンドのペティコートレーン・マーケットでは一六六六年のロンドン大火災後にやってきたユグノー教徒の移民がペティコートを製造する専門技術を有していたことから、この名がついたという。これらが示すように、市場は英国ロンドンの歴史と深くかかわって発達した。

二〇一三年夏に、コベント・ガーデン・アップル・マーケット、ボロ・マーケット、ポートベロ・マーケット、カムデン・マーケット、グリニッジ・マーケット、ピカデリー・マーケットでインタビュー調査[3]を行った。この結果と文献資料に基づいて、英国の市場を考えていこう（後掲表5-2参照）。

（1）コベント・ガーデン・アップル・マーケット（Covent Garden Apple Market）

コベント・ガーデンは一六三〇年にシティ城壁の西側に作られた街区である（森 2012：88-100，102-36）。周辺には一七三二年にオープンしたロイヤル・オペラハウス、最初はバロンに作られた英国教会セント・ポールズ・コベント・ガーデンなどがある。コベント・ガーデンとはその名が示すように、修道院の庭であった。しかし、ヘンリー八世の英国国教会設立で土地が没収されたことにより、ベッドフォード伯爵フランシス・ラッセルの手に渡る。彼の依頼によって、インディゴ・ジョーンズが、イタリアの建築様式の影響を受けて、広い庭を壮麗な建物で囲む設計をしたという。一六六六年のロンドン大火でシティ東部の市場が被害を受けた後、コベント・ガーデンがロンドン最大のマーケットに成長していった。

その後、一九七四年にこのマーケットは、テムズ川南岸、ヴォクソール駅西に移設され、花、野菜、果物などを扱う業者専門のマーケットとなった。現在のコベント・ガーデン・マーケットは生活用品の市場というよりも、芸人が多く活躍する観光客向けのものとなっている。この建物の中にあるコベント・ガーデン・アップル・マーケットでインタビューを行った。

手作りノートの店では、アップル・マーケットは手作りのマーケットであるという。商品はすべてが手作りのノートの店である、十年営業している、手作りを大切にしている、と店主は誇らしげに語る。この市場のロケーションはいいし、互いに助け合っているという。とにかく商売第一でやっていかないといけないから、と将来については多くを語らない。

香水の店トム・カスマラでは、すべてが手作りで有機栽培の原料を用いた英国製であるという。手作りであることを大切にしている。二年間営業しているそうだ。観光客が多いが、地元の人も来てくれて商売は良好であるそうだ。コベント・ガーデンはすべてが愛らしいという。が、将来はデパートでも香水を売りたいと考えている。

絵画の店では絵画を十年ぐらい取り扱っている。自分たちは五日のうち週一日だけ働いているという。観光客のおみやげが九〇%である。最近は米国人やオーストラリア人観光客が多いそうだ。クリスマス前は地元の人も来るという。近隣とも友好的だ、関係はとても良好であるという。クラシックなアートを大切にしているそうである。今後も経験を積んでビジネスとしてやっていくだけだという。

▶コベント・ガーデン・アップル・マーケット

コベント・ガーデン・アップル・マーケットは修道院の庭であったという歴史が示すように、文化的な遺産を継承して、クラシックで愛らしく美しく、手作りをモットーにして、世界中から観光客を呼び寄せる。それとともに、手作り品が贈り物用としては地元の人にも利用されている。ロケーションのよさが、この市場にとって、より豊かな市場となるためによい循環を生み出している。

(2) ボロ・マーケット (Borough Market)

ボロ・マーケットはロンドンブリッジのテムズ川南岸、ボロ・ハイストリート沿いにある。生鮮食料品店、軽食店、レストランなどから構成され、主として土曜日に開催される。ボロ・マーケットの周辺は、シティの外ではあるが、中世から重要な場所であった(森 2012：102-136)。英国南部や欧州からの商人や旅人は、城壁がしまっていた場合、ここで宿泊して翌日の開門を待たなければならなかったからである。また、サザークで船から商品が降ろされて、フェアが開かれ、商品が売買された。東部のケント州の農民は野菜を船に載せて川を下り、ここで販売していたという。今でもテムズ河畔にボロ・マーケットの飲み物やサンドイッチをテークアウェイして楽しんでいる人が見られる。

多くのマーケットの開かれている土曜日にボロ・マーケットでインタビューを行った。チーズ、油などのオーガニック食品をとり扱っている食料品店では、チーズを試食させてくれ、ボロ・マーケットでは各店が互いにとてもいい関係であるという。いいオーガニック食品を広めたいのでこれからも同じ仕事を続けていくという意向である。

▶ボロ・マーケット

魚屋サセックス・フィッシュは世界でも有数の漁場の一つである英国サセックス地方で、自分で漁をして売買しているという。二十五年間魚屋を営業していて、ここに来て四年であるという。顧客は観光客よりもずっと地元の人のほうが多いという。ボロ・マーケットの各店とはいい関係だという。何か特徴のある店にすることが目標で、店を三つ持ちたい、もっと魚を売りたいと夢があるが、健康で漁を続けられればいいという。

その隣の肉屋は肉製品全般を取り扱っている。顧客は地元の人と観光客と両方だが、最近は観光客が増えたという。もっとたくさん注文を受けたいという。英国だけではなく、ヨーロッパにも売りたいそうだ。この経営者はパブなどを経営していて、マーケットは週末の仕事であるという。

ボロ・マーケットは、オーガニックなど品質の優れた生鮮品が多く売買されている、壊れチョコレートなども試食販売していたがとても美味であった。営業日が土曜日中心と限られていることもあって、漁師と兼業したり、パブを経営したりしている店も少なくないようだ。

(3) ポートベロ・マーケット (Portbello Market)

ポーロベロマーケットは世界でもっとも有名な骨董市が開かれる市場である。一八五〇年代から骨董市が催されている。土曜日になると、スツールが立ち並ぶ。この土地は、映画『ノッティングヒルの恋人』の書店があることで有名なノッティングヒルと呼ばれるが、これはこの土地に住んでいたノッティングヒル氏に由来するという。市場の中心であるポートベロ・ロードは、メキシコのポートベロでつかまった人物が帰国後に開いたポートベロ農場へ続く道であったためであるという。一八五〇年代当時は豚小屋が立ち並び、北ケンジントンの最貧地区であったという。今でも毎年八月下旬には大きなカーニバルが開かれている。

ポートベロ・マーケットの開催は土曜日で、約一五〇〇の出店が並ぶ(松岡・吉田 2010: 50-1)。骨董市という名目であるが、生鮮食品、自然食品、アクセサリー、手作り雑貨品、アジア雑貨などさまざまな商品を取り扱っている。

レッド・ライオンはアンティクーショップを二十六年間続けているという。最近の顧客は地元の人が四〇%、観光客が六〇%であるという。ポートベロ・マーケットをとてもすばらしいアンティークマーケットだという。アンティークマーケットを広めたい。ここはアンティークにとって最も重要な場所だからという。

手作り宝石店は手作りの宝石類を取り扱っている。ここでは二年間営業しているという。顧客は地元の人が三

▶ポートベロ・マーケット

〇％、観光客が七〇％である。ポートベロ・マーケット内はよい関係であるという。異なる文化を広めたい、もっと創造的で自然なものを増やしていきたい、大量生産品は扱いたくないという。が、店を維持し、より大きくしたいとは考えているそうだ。

チャイナ アンドウールは陶器とウールを一九八〇年代からとり扱っているという。店主ホルトさん（中国の出身）がこのマーケットに店を三つもっているそうだ。家族経営で株式会社ではないという。観光客が多い。全体にこのマーケットは価格が高すぎるので、すこしでも安くしたいという。また、もっと営業日数を多くしたい。せめて週四日か五日は営業したいという。

ネガチオ・クラシカは、イタリアから来てワインバーを十年前からしているという。顧客は昔から変わらない（夕方六時ごろすでに満席）。ポートベロ・マーケットはとてもすばらしい、みんなていねいだという。たくさんのお客が来てくれていつも忙しくしている。いい音楽をかけるようにしているそうだ。メニューのないすなわち、いつもその場でオーダーメードで調理するレストランを新しく開きたいというのが夢であるという。

プロの収集家も訪れることがあるという世界でも有数のアンティークマーケットだけに、ポートベロ・マーケットはすばらしい市場であると店主からも評価される。そのいっぽうで価格も高めで、店主の気位も高くて、インタビューもいくつか拒絶された。他方で、夕方の閉店時になると一気に価格が安くなったり、新興の店ではもっと安く価格設定をという意見もあり、土曜日だけでなく、営業日を増やしてもらいたいという希望もある。

(4) カムデン・ロック・マーケット (Camden Lock Market)

カムデン・ロック・マーケットは、歴史的にはスターブルズ・マーケットという馬の売買市場に始まる。英国最大のマーケットであるといわれる。アンティーク、日用雑貨、衣類などを取り扱っている若者に人気のあるマーケットである。食べもののスツールも多く出ていて、平日も多くのスツールが開店している。

▶カムデン・ロック・マーケット

バリー・ディザイアーズは、これまでずっとろうそくを取り扱ってきたそうである。その後、ろうそくの本やお香など品揃えを増やしてきたという。だいたい地元客が七〇%、観光客が三〇%の割合を続けているという。店主は、カムデン・マーケットが欧州で最大のマーケットであると誇らしげに語る。友好的で楽しくすばらしいところだという。夢はたくさんの客に来てもらうことである。そして便利に利用していただきたいそうである。もっとも、経営者はもう六五歳なので、リタイアしたい、老後を楽しみたいという。

さまざまな雑貨を取り扱っているギフトショップでは、最近は外国人観光客、特にマレーシアなどアジアやブラジルなど南米からの客が増えたという。軽いのでスカーフをよく買っていかれるそうだ。まとめていくらというセール品が多く陳列されていた。カムデン・マーケットの中での関係性はとてもいいという。そしてこれからも、よりよくしていくことだ、いい物を売りたいと望んでいるという。

トルコのイーヴィルアイ（*evil eye*）、邪眼よけの護符、ナザールを取り扱っている店では、観光客が九〇％を占めるという。売り上げは最近良化しているらしい。カムデン・マーケットとの関係はいい、ここはとてもすばらしい場所だという。今後はビジネスをもっと大きくしていきたいという。

ＴＧＳはすべての種類の衣類を扱っているという衣料店で、十年間衣類を取り扱っている。最近では地元客五％、観光客九五％でほとんど観光客が顧客になっている。カムデン・マーケットとの関係は特に何もないという。これからも観光客にもっと浸透していきたいそうだ。

ファニー・フォトはビンテージ・スタイルの写真やおもしろい写真を取り扱っている。顧客は地元客四〇％、観光客六〇％の割合である。店としては誰でも歓迎している。顧客にはカムデンで最高の買い物をうんと楽しんでもらいたいと考えている。夢は、もっといい写真を、もっと作品を向上していきたいということである。

欧州最大といわれ、毎日観光客があふれているカムデン・ロック・マーケットであるが、馬の市場としての伝統をもつだけに、店主が商品やサービスの独自性を追求してこだわりをもった店も少なくない。いっぽうで、各店は独自に観光客向けのサービスにも注力しているようだ。

（5）グリニッジ・マーケット（Greenwich Market）

グリニッジという名称は、古英詩の緑の村（green village）、あるいは、九世紀にデーン人がテムズ川をまっすぐ見渡せる（reach）部分だといったことに由来するという（森 2012：114-118）。クリストファー・レンは、テムズの対岸から見るグリニッジの眺めを愛して、旧王立海軍学校の左右対称の宮廷の建築を行ったということだ。

グリニッジ・マーケットは、伝統的にアートとクラフトのマーケットとして有名である。本や古着、宝石なども取り扱っている。週末と週日ではスツールの場所代も五倍ぐらい異なるという。週末は各国の食べ物のスツールがたくさん出ていて、グリニッジ公園、グリニッジ天文台、旧王立海軍学校、カティサーク号などを回った観光客が、その場で立ったまま食べている姿が多く見られる。今回は会えなかったが、オーナーは王立病院も経営しているその地域の名士であるらしい。

マンダラジョーは、三年前から曼荼羅を取り扱っている。客層も商品もあまり変わらないそうだ。グリニッジ・マーケットはアートとクラフトのマーケットで、とてもいいという。今後はもっと多く、販売したいということである。ここでは、マンダラ紹介のパンフレットとマンダラをいただいた。

日本人の店一〇奏（いちえんそう）は、三週間前から皮と真鍮を取り扱っている。すべて手作りであるという。顧客は一〇代、あるいは年配の人が多い。グリニッジ・マーケットの雰囲気はよいという。スツールを出すために市場に払う代金は月曜から金曜が一〇ポンドで、土曜、日曜は五〇ポンドであるということだ。自分でしか創れないものを創りたい、少しずつでも進歩したいという。東京や所沢でも店をしているので四日後に帰国するそうだが、ここは楽しかったそうだ。

▶グリニッジ・マーケット

レザーボンドでは革の本製品を取り扱っている。グリニッジ・マーケットは、すべてが以前と変わらないアートとクラフトのマーケットであるのでいいという。夢はハードブックを作ることである。もっとアンティークものを取り扱いたいとの希望である。そして退職することになるだろうという。

セイント・シュガー・オブ・ロンドンはお菓子を扱っている。店主自身はソロバキアの出身である。ここは古いファッションのマーケットであまり変わらないという。現在顧客は観光客八〇％、地元客二〇％である。ここは有名なマーケットであるからとてもいいという。今後も同じようにビジネスをしていくだけだ、まだ明確なプランはないが、いずれ子どもが継いでくれるだろうという。

テリヤキミラーは鶏肉の照り焼きやてんぷらを販売している。最近は中国人客が増えているらしい。ふだんは高級な日本食を食べない人も、ここの惣菜や弁当ならば食べられる、なまものがないので大丈夫ということもあるという。グリニッジ・マーケットはいいという。このマーケットのオーナーは王立病院なども手広くしていると、誇らし気に語る。商売のほうは何回か閉店もしている。が、日本の食事やサービスをできるだけ広げたいという希望を抱き、夢はレストランをもちたいということである。

モルガンコーヒーは、四年前から珈琲ショップをしている。商品はそのときどきで違ったスタイルにしているという。最近は観光客が増えているそうだ。ここはアートとクラフトのマーケットである、雰囲気のいい、すてきなマーケットであるという。近所の店もいい人がいる、ここが好きだ、競争が激しくないのでいいという。また、屋根があって（雨の日も大丈夫）、安全である点も強調していた。

グリニッジ・マーケットは、ロンドン市外から少し郊外に位置するが、有名なグリニッジ天文台やグリニッジ公園、旧王立海軍学校など観光地に隣接していて、大きな屋根に覆われた安全な市場である。オーナーもしっかりとした地方の有力者である。週末を中心にしたアートとクラフトのマーケットとしての雰囲気を大切にして、落ち着いた独自の位置を確立している。

(6) ピカデリー・マーケット (Piccadilly Market)

ピカデリー・マーケットは、ピカデリー通りに面したセント・ジェームズ・ピカデリー教会の庭にある小さなマーケットである。ここではランチタイムの教会のチャリティーコンサートなどもしばしば開かれる。

三十年間布製品を取り扱っているコリンは最近マーケットが国際的になっているという、現在は地元客五〇%、観光客五〇%である。一九七〇年代からの市場なので、そのメリットがあるという。小さくてもいいという。しかし今はもうここから逃げ出したい、もう少し小さなコミュニティのほうがいいという。

ゴールデングロス社は、宝石を扱っている。すべてオーガニックであるという。あまり客が多いわけではない。「市場は市場だ」といいながらも、ヒューマン・フェア・トレードであることだという理念をもっている。最高のものを提供したいという。

▶ピカデリー・マーケット

ピカデリー・マーケットはセント・ジェームズ・ピカデリー教会の庭にある市場で、教会のバザールに始まったという、市場の原型に近いといっていいであろう。小さいながらもロンドンの中心ピカデリー・サーカスからも近いので、この市場をのぞいてみる通行客は多い。長くここでスツールを開く店は、各店が自分の考え方に沿って、各々の理念をもって運営されているようだ。

ロンドンの市場は、いずれも英国の歴史と深く関連をもちながら発展してきている。どの市場も地域に根付いて、共通の歴史を背景にもつという伝統的な特色を生かしながら、地元の客はもちろん世界中からの観光客をターゲットとすべく、変化を受け入れている。英国らしく伝統と進取の精神が入り混じって、毎日なにかが変わって、新しい楽しみを提供し続けているようである。

4 結び

日本の東京、京都、大阪ならびに英国ロンドンの市場におけるインタビュー調査から、市場が伝統を受け継ぎながら、今をいきいきと発信している様子を見てきた。

市場はクイックひとつでマイバスケットに商品を入れることのできるインターネット市場とは楽しさがちがう。また、若林幹夫が「閉じている」と表現するように、どのショッピングセンターにもショッピングモールには同じような店があって、同じような商品があるという状況（若林 2010）とも大きくちがう。市場の店は各々店の歴史とショッピングセンターにはない独自性をもち、それぞれの店主の市場観と誇りをもって運営されている。また、そうでありながら、一つの市場という場の雰囲気を共有している。

さらに、どの市場でも店の人や地元の人、他の客と話しながら食べる場所がある。現代日本の「ひとりで食べる人たちの場所」としてのファーストフードの固い椅子やファミレスの奇妙に深いボックス席（宇城輝人 2010）とは異なって、ひとりで訪れても、店主や地元の人など他の顧客との会話など、コミュニケーションを楽しんで飲食することができる。無料の休憩スペースも設けられている。

各店は市場に属することで安全性や安定感に加えて、その市場のブランドやいい雰囲気というメリットを得ている。いっぽうで、市場の振興会など市場の運営側も、その市場のブランド対策として市場を盛りたてるように、振る舞い酒やゆるキャラまで含めたイベントの実施、市場のブランド品づくりなど、さまざまな工夫を凝らしている。

市場という集合的記憶を共有する場で、伝統と新しい潮流、地元のなじみ客と世界中の観光客が混じり合って相互に影響を与える。そこで交換されるのは商品やサービスだけではない。音楽が流れ、芸人が活躍して、うわさばなし、政治や経済の話、芸術、ファッション、流行などさまざまなクチコミ情報が交換される。さらにそこでは、共感や感動なども互いに交わされることになろう。新しい市場再帰性をはじめとして、さまざまな再帰性が盛んに働いて新たな活動を促す場ともなるであろう。

もう一度市場の原点である市場（いちば）に帰ってみよう。古代アゴラの持っていた豊かなコミュニケーションの場である市場を共有し、その雰囲気を五感で味わってコミュニケートしよう。そうすれば、これまでとは異なる新たな市場再帰性が出現して、従来の市場社会とは異なる方向へと螺旋の方向を変化させて働くことになろう。そうなることで、われわれは今までの延長線上の市場社会とは異なって、新たな市場社会へと向き合い、そのなかで活動することが可能になるのではなかろうか。

表5-2　英国市場　インタビューサマリー

	コベント・ガーデン・アップル・マーケット（Covent Garden Apple Market）Tristan 氏
歴史，市場規模，特色	アップルマーケットは手作りのマーケットである。当店はすべてが手作りのノートの店である。10 年営業している。
商品，客層の推移	観光客が多いが，地元の人も来てくれる。
地域や地元とのかかわり	ロケーションはいい。互いに助け合っている。
力を入れていること	手作りを大切にしている。
今後の展望，夢	とにかく商売第一でやっていかないといけないから。
その他	

	コベント・ガーデン・アップル・マーケット（Covent Garden Apple Market）Tom Kosmala Amada 氏
歴史，市場規模，特色	香水の店である。すべてが手作りで有機栽培の原料を用いて英国製である。2 年間営業している。
商品，客層の推移	観光客が多いが地元の人も来てくれる。
地域や地元とのかかわり	良好である。コベント・ガーデンはすべてが愛らしい。
力を入れていること	手作りを大切にしている。
今後の展望，夢	デパートでも売りたいと考えている。
その他	

	コベント・ガーデン・アップル・マーケット（Covent Garden Apple Market）Sammy 氏，Terry 氏
歴史，市場規模，特色	絵画を 10 年ぐらい取り扱っている。自分たちは 5 日のうち週 1 日だけ働いている。
商品，客層の推移	観光客のおみやげが 90％である。最近は米国人やオーストラリア人が多い。クリスマス前は地元の人も来る。
地域や地元とのかかわり	友好的だ。関係はとても良好である。
力を入れていること	クラシックなアートを大切にしている。
今後の展望，夢	経験をつんでビジネスとしてやっていくだけだ。
その他	

	ボロ・マーケット（Borough Market）De Cacaprta Pia
歴史，市場規模，特色	チーズ，油などの食品をとり扱っている。
商品，客層の推移	
地域や地元とのかかわり	互いにとてもいい。
力を入れていること	いいオーガニック食品を広めたい。
今後の展望，夢	同じ仕事を続けていく。
その他	

	ボロ・マーケット（Borough Market） Sussex Fish Pauh Day 氏
歴史，市場規模，特色	すべての魚介類を取り扱っている。25 年間営業している。ここに来て 4 年である。
商品，客層の推移	ずっと地元の人が多い。
地域や地元とのかかわり	いい関係だ。
力を入れていること	何か特徴のある店にする。
今後の展望，夢	店を 3 つ持ちたい。もっと売りたい。健康で漁を続けられればいい。
その他	

	ボロ・マーケット（Borough Market） Cunbra Richard 氏
歴史，市場規模，特色	肉製品を扱っている。
商品，客層の推移	地元の人と観光客と両方だが最近は観光客が増えた。
地域や地元とのかかわり	よく助けてくれる。有名なマーケットなのでそれがいい。
力を入れていること	もっとたくさん注文を受けたい。
今後の展望，夢	ヨーロッパにも売りたい。
その他	パブなどを経営している。マーケットは週末の仕事である。

	ポートベロ・マーケット（Portbello Market） Red Lion Emrah 氏
歴史，市場規模，特色	アンティクーショップを 26 年間している。
商品，客層の推移	顧客は地元の人が 40％，観光客が 60％である。
地域や地元とのかかわり	とてもすばらしい。
力を入れていること	アンティークマーケット。
今後の展望，夢	アンティークマーケットを広めたい。ここはアンティークにとって最も重要な場所だ。
その他	

	ポートベロ・マーケット（Portbello Market） Wendy Fong 氏
歴史，市場規模，特色	手作りの宝石類を取り扱っている。ここでは 2 年間営業している。
商品，客層の推移	顧客は地元の人が 30％，観光客が 70％である。
地域や地元とのかかわり	よい関係である。
力を入れていること	異なる文化を広めたい。
今後の展望，夢	もっと創造的で自然なものを増やしていきたい。大量生産品は扱いたくない。店を維持し，より大きくしたい。
その他	

	ポートベロ・マーケット（Portbello Market） Chaina andWool Allison 氏
歴史，市場規模，特色	陶器とウールを 1980 年代から扱っている。
	Holt さんがこのマーケットに店を 3 つもってる。家族経営で株式会社ではない。
商品，客層の推移	観光客が多い。
地域や地元とのかかわり	よい。全体のこのマーケットは価格が高すぎる。
力を入れていること	すこしでも安くしたい。
今後の展望，夢	もっと営業日数を多くしたい。せめて週 4 日か 5 日は営業したい。
その他	

	ポートベロ・マーケット（Portbello Market） Negozio Classica Vinceezo Pacihico 氏，NarcoGenna 氏
歴史，市場規模，特色	イタリアから来てワインバーを 10 年前からしている。
商品，客層の推移	顧客は昔から変わらない（夕方 6 時ごろ満席）。
地域や地元とのかかわり	とてもすばらしい。みんなていねいだ。
力を入れていること	たくさんのお客が来てくれていつも忙しくしている。いい音楽をかけるようにしている。
今後の展望，夢	メニューのない（いつもその場でオーダーメードで調理する）レストランを新しく開きたい。
その他	

	カムデン・マーケット（Camden Market）Burry Desires Fazil 氏
歴史，市場規模，特色	ずっとろうそくを取り扱ってきた。その後，ろうそくの本や香など品揃えを増やしてきた。
商品，客層の推移	ずっとだいたい地元客が 70％観光客が 30％である。
地域や地元とのかかわり	カムデンマーケットは欧州で最大のマーケットである。友好的で楽しくすばらしい。
力を入れていること	たくさんの客に来てもらうことである。そして便利に利用していただきたい。
今後の展望，夢	もう 65 歳なのでリタイアしたい。老後を楽しみたい。
その他	

	カムデン・マーケット（Camden Market）Esia Turhan Allesury 氏
歴史，市場規模，特色	トルコのイーヴィルアイ（evil eye），邪眼よけの護符，ナザールを取り扱っている。
商品，客層の推移	観光客が 90％。最近良化している。
地域や地元とのかかわり	よい。
力を入れていること	ビジネス。
今後の展望，夢	ビジネスをもっと大きくしていきたい。
その他	ここはとてもすばらしい場所だ。

	カムデン・マーケット（Camden Market）TGS K. Tyscn 氏
歴史，市場規模，特色	10年間衣類を取り扱っている。すべての種類の衣類である。
商品，客層の推移	地元客5％，観光客95％。
地域や地元とのかかわり	何もない。
力を入れていること	
今後の展望，夢	観光客にもっと浸透したい。
その他	

	カムデン・マーケット（Camden Market）Funny Photoes X氏
歴史，市場規模，特色	ビンテージスタイルの写真やおもしろい写真を取り扱っている。
商品，客層の推移	地元客40％，観光客60％。
	誰でも歓迎している。
地域や地元とのかかわり	カムデンで最高の買い物をうんと楽しんでもらいたい。
力を入れていること	もっといい写真を取り扱いたい。
今後の展望，夢	もっと作品を向上していきたい。
その他	

	グリニッジ・マーケット（Greenwich Market）Mandala Jo 勝野けんじ氏，Joanna 氏
歴史，市場規模，特色	アートとクラフトのマーケットである。
	3年前から曼荼羅を取り扱っている。
商品，客層の推移	あまり変わらない。
地域や地元とのかかわり	よい。
力を入れていること	友情を大切にしている。
今後の展望，夢	もっと多く，販売したい
その他	

	グリニッジ・マーケット（Greenwich Market）一〇奏　高橋まさと氏，
歴史，市場規模，特色	3週間前から皮と真鍮を取り扱っている。すべて手作りである。
商品，客層の推移	10代あるいは年配の人が多い。
地域や地元とのかかわり	よい。スツールを出すために市場に払う代金は月曜から金曜が10ポンドで，土曜，日曜は50ポンドである。
力を入れていること	自分でした創れないものを創りたい。少しずつ進歩したい。
今後の展望，夢	4日後に帰国するが，ここは楽しかった。
その他	東京や所沢でも店をしている。

	グリニッジ・マーケット（Greenwich Market）Leather Boond Symon 氏，
歴史，市場規模，特色	アートとクラフトのマーケットである。 革の本製品を取り扱っている。
商品，客層の推移	すべて変わらない。
地域や地元とのかかわり	よい。
力を入れていること	ハードブックを作ることである。
今後の展望，夢	もっとアンティークものを取り扱いたい。そして退職する。
その他	

	グリニッジ・マーケット（Greenwich Market）St Sugar of London Sonia 氏
歴史，市場規模，特色	お菓子を扱っている。ここはオールドファッションのマーケットである。自身はソロバキアの出身である。
商品，客層の推移	あまり変わらない。観光客80％，地元客20％。
地域や地元とのかかわり	とてもよい。ここは有名なマーケットであるから。
力を入れていること	同じようにビジネスをしていくだけだ。
今後の展望，夢	まだ明確なプランはない。いずれ子どもが継いでくれるだろう。
その他	

	グリニッジ・マーケット（Greenwich Market）Teriyakiya Mirror あこ氏,
歴史，市場規模，特色	鶏肉の照り焼きやてんぷらを販売している。
商品，客層の推移	中国人客が増えている。普段は高級な日本食を食べない人も個々の惣菜や弁当ならば食べられる。なまものがないので大丈夫ということもある。
地域や地元とのかかわり	よい。このマーケットのオーナーは王立病院などを広く経営している。商売のほうは？である。何回か閉店もしている。
力を入れていること	日本の食事やサービスををできるだけ広げたい。
今後の展望，夢	レストランを持ちたい。
その他	

	グリニッジ・マーケット（Greenwich Market）Morgan’s Coffee　X氏,
歴史，市場規模，特色	ここはアートとクラフトのマーケットである。 ４年前から珈琲ショップをしている。
商品，客層の推移	商品は時期によって違ったスタイルにしている。 観光客が増えている。
地域や地元とのかかわり	いい。近所の店もいい人がいる。ここは雰囲気のいいすてきなマーケットである。
力を入れていること	雰囲気がいい。ここが好き。競争が激しくないのでいい。
今後の展望，夢	特にない。
その他	屋根があって（雨の日も大丈夫），安全である。

	ピカデリー・マーケット（Piccadilly Market）Colin 氏
歴史，市場規模，特色	30年間布製品を取り扱っている。
商品，客層の推移	国際的になっている。地元客50％観光客50％。
地域や地元とのかかわり	1970年代からなので，そのメリットがある。
力を入れていること	小さくてもいい。
今後の展望，夢	もう逃げ出したい。もっと小さなコミュニティーがいい。
その他	

	ピカデリー・マーケット（Piccadilly Market）The Golden Gross Company Simone 氏
歴史，市場規模，特色	宝石を扱っている。オーガニックである。
商品，客層の推移	あまり客が多いわけではない。
地域や地元とのかかわり	市場は市場だ。
力を入れていること	ヒューマン・フェア・トレードであることだ。
今後の展望，夢	最高のものを提供したい。
その他	

注

（1）社会化　社会は、仲間（socio）に由来し、人と人との間の関係、共同過程をさし、市場もまたそこに組み込まれている。社会化とは、個人が他人との相互関与によって、社会の価値や規範を内面化する習得過程を意味する（Abercrombie et al. 1988=1995, Scott, Marshall 1994）。

（2）国内インタビュー調査

調査の目的　市場の成り立ちや現状を調べ、社会や人々にどのような影響を及ぼしているのか、また、それらから影響を受けているのか、市場の再帰性を明らか目的とする。

調査の方法　ディプスインタビュー　二〇一三年三—六月並びに二〇一四年一月実施。

調査の対象　日本の各市場における商店街振興組合や各商店の店主、またはそれに代わる人。東京築地市場、京都錦市場、大阪黒門市場。

調査項目　市場の成り立ちと歴史、市場規模、市場の特色、商品の推移、客層の推移、地域や地元の人々とのかかわり、店で力を入れていること、今後の店の展望、市場の展望、店主の夢など。

（3）英国インタビュー調査

調査の目的　市場の成り立ちや現状を調べ、社会や人々にどのような影響を及ぼしているのか、また、それらから影響を受けているのか、市場の再帰性を明らかにすることを目的とする。

調査の方法　ディプスインタビュー　二〇一三年八—九月実施。

調査の対象　英国ロンドンの市場における各商店の店主。またはそれに代わる人。コベント・ガーデン・アップル・マーケット、ボロ・マーケット、ポートベロ・マーケット、カムデン・ロック・マーケット、グリニッジ・マーケット、ピカデリー・マーケット。

調査項目　市場の成り立ちと歴史、市場規模、市場の特色、商品の推移、客層の推移、地域や地元の人々とのかかわり、店で力を入れていること、今後の店の展望、市場の展望、店主の夢　など。

第6章　グローバルな資本主義社会と新しい市場再帰性

1　グローバリゼーションの進む現代社会

現代社会において、グローバリゼーションはいたるところに及ぶ。グローバリゼーションによって資本主義もまたグローバルな資本主義へと変化する。ラッシュとアーリが「脱組織化した資本主義」（Lash and Urry 1984）とも表現した時代を経て、より情報化や市場化が進み、急速にグローバル化が進展する現代のグローバル資本主義社会とはどのようなものか。そして、そこでは新しい市場再帰性が、どこで、どのように働くことになるのだろうか。

ギデンズによれば、近代化とは「十七世紀以降の西欧に出現しその後世界中に影響が及んでいった社会生活や社会組織の様式」（Giddens 1990=1993：13）である。ギデンズは、再帰的近代化の源は大きな社会変化であり、特筆すべきであるのが、グローバリゼーションのインパクトであるという（Giddens 1999=2001）。彼によれば、これは、西欧的近代化から影響を受けているものの、今や全世界に影響を及ぼし、ひるがえっては近代化そのものに新局面を開く。彼は、グローバリゼーションを真剣に受け取れば、民主主義が国家のレベルに限定できないことを意味することになるといい、グローバルコスモポリタン社会というものを想定して、日々の生活のありようをグローバリゼーションに適応させなければならないと主張している。ギデンズは、西欧の衰退を西欧の文化や啓蒙思想を背景とする西欧の制度が地球全体に広まったため、すなわちグローバリゼーションの帰結として論じている（Giddens 1990：174–177=1993：215–218）。

また、アーリによれば、グローバル化とは、領域としてのメタファーがネットワークや流動体として把握されるグローバルなもののメタファーに置き換えられたことを意味する（Urry 2000=2006：37-86）。彼は、ローカルな関係性が地に埋め込まれ、五感のすべてを伴うものであることとは対照的に、グローバリゼーションとは、地球という視覚に依存しているもので、地球が人間の働きかけを向こう側で待っているという。西欧の視覚優意性がグローバリゼーションという概念の特性にも深く浸透していることを明らかにする。

ジョン・トムリンソンは、最初に西欧で発生した近代の制度が、世界中に広まるにつれて衰退が生じてきたことを認め、グローバリゼーションには、不平等なプロセスで勝者と敗者が存在するという。が、これを一方向的な西欧の進出という物語では把握できないほど、複雑なプロセスであるという（Tomlinson 1999=2000：87）。彼は、グローバル化自体が、無秩序で非組織的で「非方向的」なもので、グローバリゼーションには本質的な、必然的な終点というものがないことを指摘している。

いっぽうで、ロバートソンは、ギデンズがグローバリゼーションを近代化のひとつの条件としたことを批判し、グローバル性は、近代化の条件でない以上に原因ではないと主張して、世界化するとともに地方化する「グローカリゼーション」を唱えている（Robertson 1992=1997）。バウマンはこのロバートソンの考え方を支持して、市場と情報のグローバル化が促し、不可欠なものであるとみなす、擬似的な主権、領域の分割、アイデンティティの剥離といったものが、平等なパートナーの多様性を反映しているわけではないという（Bauman 1998=2010：96-144）。彼は、グローバリゼーションの一方通行的な概念のなかに隠された他者が増加していることを指摘する。第一の世界の住人である旅行者は、時間のなかに生きているが、第二の世界の住人である放浪者は空間のなかに生きているという。旅行者、放浪者ともに消費者であり、ポスト近代の消費者として感動を追い求める人々で、彼らの関係性は審美的なものであるという。バウマンは、ハイブリッド化しグローバル化する世界の、ポスト近代への賛辞や本質主義の敗北を、世界の複雑性や矛盾を伝えてはいないと批判している。

グローバルとローカルの二項対立図式を前提としたローカリゼーションに対しては、このような単純化が現実を適切に表現するものではなく、グローバル、ナショナル、ローカルなど重層的に存在するという論もある（遠藤薫 2009a : 7）。彼女は文化を問い直し、グローバル、ローカル、ローカライズドのそれぞれのレベルの文化が相互依存的に再帰的変容を行うというモデルを示している（遠藤 2009a : 235–244 ; 遠藤 2009b : 117–50）。ローカライズド文化とは支配的なローカル文化に対抗するために、グローバル文化圏を仮想し、ひそかにローカル文化を継承しつつ自己定立して支配的なローカル文化へと自己変容していくものであり、グローバリズムとは、各ローカル文化を介して作動するものであると概念化される。

マイケル・ハートとアントニオ・ネグリはグローバル化がもたらす主要な結果のひとつとして「共」的な世界の創出をあげていて、人々はみな、外部のない世界を共有していることになるという（Hardt and Negri 2009=2012 : 上 13–104, 119–195）。彼らはギデンズやベックの提唱する社会民主主義が、ユルゲン・ハバーマスやジョン・ロールズの主張とは異なり、外部ではなく内部から出発していることを認め、特にベックを、現実社会を構成するものに対処しているという点から評価する。が、彼らが近代の主要な構造をそのまま引き継いでいると批判する。そしてハートとネグリは、反グローバリゼーションではなく、オルターグローバリゼーション、すなわち別のグローバリゼーションを提唱している。この名称の変化が、グローバル化対反グローバル化という出口のない二項対立を回避し、強調点を抵抗からオルタナティブへと移すという対角線的なスタンスを示唆するという。そして反近代という立場ではなく、別の近代という立場をとり、別の近代は近代性の階級秩序と衝突する概念であるが、抵抗の力をより自律的領域へとさし向けようとするものであるという。彼らは「共」との直接的な関係を打ち出すことで、別の近代性への道が拓かれなければならないと主張する。「共」が脱出の概念であることを示し、さらに自然と文化と社会に対して同時に作用を及ぼすような「共」の変貌が求められるという（Hardt and Negri 2009=2012：上 215–83）。彼らは脱出と自由への生成のプロジェクトを組織するための概念としてマルチチュード[1]を提示する。このマルチチュードも絶えず変化し構成される。主体性の生産過程を通じて、マルチチュード自身が絶え間なく生成変化し自己変容を遂げる。マルチチュードは「共」に基づく絶え間ない変貌のプロセスであるというのである。彼らは生産的な「共」的な富の増大を促進して、誰もがその富にアクセスできるようになれば、「共」的利益につながるという（Hardt and Negri 2009=2012：下 277–89）。そして彼らは共に笑うことを勧める。

厚東によればグローバリゼーションとは、「人々の結びつきが次第に拡大し、全世界規模に到達する歴史的趨勢」のことである（厚東 2006：102–115）。彼は、グローバリゼーション（globalization）とは地球（globe）から作り出されたことばで、人間の活動の舞台が「地球」全体へと向かう傾向をさすという。厚東はグローバリゼーションと近代との関連について、以下の三つの立場を紹介する。第一にグローバリゼーションと近代との非連続性を強調する立場である。現時点はグローバル時代が近代にとって変わった変局点であるという見方である。第二にグローバリゼーションを、部分的特性の誇張によって生み出された神話としてとらえる立場で、ハーストとトンプソンによれば、グローバリゼーションということばは、国民国家の支配が依然として圧倒的で現代の国際経済が三ブロックに分節化されつつあるという現実を隠蔽するに過ぎないという。第三にグローバリゼーションを近代の変容ととらえる立場である。彼はギデンズやトムリンソンをこの立場に位置づけ、現代のグローバリゼーションは前例のないものであるが、これを近代化の高度化の帰結とみなすことによって初めて理解可能になるという。

そしてグローバリゼーションとは、近代の伝播によってグローバルな近代性が漸次生成する過程であると表現し、グローバリゼーションを引き起こす原因が、近代の持つ高度な移転可能能力であるという。

ロバートソンやバウマンが指摘するように、グローバリゼーションが大きな不平等をもたらすことは事実であろう。ラッシュも第1章で触れたように、グローバル社会でブランドがデザインは米国、欧州、日本、反復的労働は南といった不平等をもたらすことを問題視している（Lash 2002：149-150=2006：269-270）。こういったグローバルとローカルの対立関係、ならびにこれらの重層的関係を考慮しておくことが必要であろう。また、ハートとネグリの提唱する別のグローバリゼーション、別の近代化による共的な世界の創出、「共」に基づく絶え間ない変貌であるマルチチュードからも示唆するところが大きい。

これらを念頭に置きながら、ここでは、厚東の第三の立場に近く、グローバリゼーションを近代の変容としてとらえよう。グローバリゼーションを、近代の変容のひとつとして、近代化が全世界に広がることで近代化そのものが変わっていく再帰的近代化の過程のひとつと考えたい。バウマンが旅行者、放浪者ともに消費者であり、ポスト近代の消費者として感動を求めると表現したように、グローバルな市場が広めるのは消費だけにとどまるものではない。資本主義市場のグローバル化とは、五感や記憶や行動や思考やそして感動や笑いをも、あらゆるものを地球化して広めていくことによって、資本主義市場自身も変革を続けていくことを予感させるものではないだろうか。

2　内包的なものとなる文化

ラッシュによれば、ポスト近代主義は、高度なポスト産業主義的な資本主義と相補的な関係の文化的パラダイムである（Lash 1990 : 4-52=1997 : 6-83）。近代化が分化過程であったとするならば、ポスト近代化とは、脱分化過程にほかならない。彼は、文化領域の自立化が、近代について非合理主義的見解、合理主義的見解のいずれをも生み出す余地をもつことを指摘する。

たとえば、二元論では、感覚作用の世界と客体に対して、再帰的に操作することができる。合理的な文化世界のなかでは、表象が、客体に対するのと同じようにさまざまな感覚作用を知覚の領域のなかでとらえていたが、ポスト近代主義の非合理的な文化世界では、これが逆転して、非再帰的な感覚作用のほうがその客体としてさまざまな表象をとらえることになるという。ここでラッシュは、感覚作用について非再帰的と表現しているが、一九九〇年の時点でのラッシュが用いた再帰性とは認知的再帰性であったためであると考えられる。第一章で論じたように、ラッシュは、一九九四年に『記号と空間の経済』（Lash and Urry 1994）や『再帰的近代化』（Beck et al. 1994=1997）においては模倣的象徴やイメージに媒介される美的再帰性、共有された意味や慣習に媒介される解釈学的再帰性を提唱している。さらに二〇〇二年にラッシュは『情報批判論』（Lash 2002=2006）で、知が他者との相互反映性において行動に結びつく現象学的再帰性を提唱している。これらをラッシュが主張しているように、再帰性の変化ととらえるならば、ポスト近代主義の非合理的な文化世界における感覚作用についても、何らかの再帰性が働いているという見方をしたことになったであろうと考えられる。

ラッシュによれば、ポスト近代社会において、美的、理論的、倫理的な領域が各領域の自立性を失うことになり、文化の領域が社会の領域から系統的に分離されなくなる。さらに「文化の経済」が脱分化されて、生産サイドでは、作者の解体が現実となり、消費サイドでは、劇場が観客を文化的生産物の一部として包み込むことになる。どこまでが商業広告の世界で、どこからが文化的生産であるかの境界線を引くことが難しくなる。彼は、近代主義が、さまざまな表象を問題があるものとしてとらえるのに対して、ポスト近代主義は、現実そのものを問題化するものであると、その違いを際立たせている。ポスト近代は高級文化と通俗文化の両方に浸透し、文化的パラダイムに内在する安定装置にかかわるもので、近代に比べて、より大きな力をもって、社会的文化的な秩序への脅威として現れる。

ラッシュによれば、近代化はブルジョアのハビタスに対する挑戦を意味していたが、ポスト近代主義はそうではない、近代化は商品に対して批判的であったが、ポスト近代主義はそうではないという。そして彼は、イメージと見世物のポスト近代文化が商品化の異なる秩序で、商品化とはポスト近代の脱分化過程のひとつで、ポスト近代化の中にも進歩的なものと反動的なものがあるという但し書つきで、ポスト近代化と商品化を同一視することもできるという。

このように、ラッシュによれば、脱文化の進むポスト近代社会においては、感覚作用によって表象がとらえられるようになり、文化の領域と社会の領域、文化的生産の領域と商業広告の領域といった境界などがすべて曖昧なものとなる。文化が自立化してその力が増大する。ポスト近代化と商品化を同じものであるとさえ表明される。

第1章でも触れたが、このように文化の自立化を唱えるラッシュは、差異性があり不平等なものとなる内包的文化（intensive culture）[2]を、同一で平等である外延的文化（extensive culture）と対照させて論じている（Lash 2010）。本節ではこれに沿って考えていこう。

彼は外延と内包の対照の一例として、商品が外延性をもつのに対して、ブランドは内包性をもつことを示すプロセスである（Lash 2010：1-20）。彼によれば、内包には圧縮が、外延には減圧が伴う。外延は固定的であるのに対して内包はシステムでも、個人でも、コミュニティでも再帰的になることである。そして自己組織化とは、彼は、かつては内包が精神的な感覚で、外延が商品という物質的なものであったが、いまや内包的物質と呼ばれるものに変わったことを明らかにする。物質的なものであった商品が内的な奔出を引き受けるようになるという。従来、物質的であると考えられていた商品が価値を生み出す内的な奔出に変わる。

ラッシュは、ジンメルのバイタリズムを援用して、内包的社会学について論じ、情報の時代においてはジンメルの社会化がメディアにとって代わられるという（Lash 2010：21-40）。ラッシュによれば、今日の情報メディア社会は、多少なりとも非線形のバイタリズムを前提としている。バイタリズムとは、非線形の自己産出、あるいは自己組織化のシステムである。情報は流れであって、過程ではない。その流れを導くのがメディアである。ラッシュによれば、今日の新バイタリズムは奔出を流れに戻そうとする試みである。流れに奔出を加えることは、奔出とはいつも再帰的なものであるから、グローバリゼーションに再帰性を加えることになるという。彼は、ジンメルの間主観的な奔出の生の社会学を源として論じ、今日のポリティカルな秩序とは、流れに対抗してグローバルな奔出のポリティクスを発展させていくことであるという。いつも再帰的である奔出を加えることで、発展していくグローバルな奔出の行方が注目される。

さらにラッシュは、ゴットフリート・ライプニッツに依拠して内包的哲学について語る（Lash 2010：43-70）。ラッシュによれば、アリストテレスの実質とは内包的で、かつ外延的でもある。彼によれば、述語によって存在を知るということは認識論的に知ることで、内包として物を知ることは存在論的に知ることであるが、厳密なポスト・アリストテレス主義の感覚では、存在論は内包的であり、かつ外延的でもあるという。私が思うことの内包的な考えは、思うという動詞に帰結するのではなく、思うことの本質に帰結し、発するのは外的なエネルギーではなく、自らに源を発する内的な力であるという。ラッシュによれば、グローバルな情報文化において、内包と外延は徐々に互いに溶け合うことになる。そしていまや、システムそれ自体が内包的なものとなる。このような内包的システムは同じものの交換を通して働くのではなく、差異の交換を通して働くことになる。今日のグローバル情報文化において、内包と外延が互いに溶け合って、システム自体が内包的なものと変わり、差異の交換を通して働く。

ラッシュは、また、ヴァルター・ベンヤミンを援用して内包的言語について語る（Lash 2010：71-96）。彼によれば、人は、物質に名前を与えることによって、神と非物質的にコミュニケートする。イメージは宗教的なものであるが、名前を通してそれを翻訳することになる。創造者が問題にするのは物質を人にコミュニケートすることで、これはベンヤミンいわく、「イメージと記号」である。そういったなかで人は言語をより高いレベルの内包とする。ラッシュは、宗教的に記された正義と文化批判とは、内包的文化の次元で、ときには対立し、創造的緊張関係にありながらも、存在論の側にあると主張する。

ラッシュは、マルクスの存在論から内包的資本主義について論じる（Lash 2010：99-130）。資本主義は表面的には統合的で外延的であるように見えるであろうが、現代の資本主義はシステムと実質とがいっしょになって溶け合い、外延と内包、フィジカルなものとメタフィジカルなものとの脱差異化がなされているという。彼は、システムが自己組織化を始めていて、源の原理を統治するものから、表現とコミュニケーションに変わり始めているという。彼は、タルコット・パーソンスの線形の社会システムが機能の論理によって働くのに対し、ルーマンの非線形のシステムが、機能でも活動でもなく、意味を、コミュニケーションを通じて働くことに言及する。それは物質的であると同時に非物質的で、外延的であると同時に内包的な述語化マシンであるという。労働力もライプニッツが欲望と再帰的知として理解したように、内包的にならなくてはならないと語る。資本主義においても内包と外延が溶け合って、労働力も従来の外延的であると考えられていたものから、内包的なものへと変化する。

ラッシュは、またヘゲモニー後の権力の内包的ポリティクスを論じ、権力が、存在論的、内包的、事実的でコミュニケーション的になるときに、カルチュラル・スタディーズが意味するものを問う（Lash 2010：131-154）。かつて世俗外にあった文化が、いまや世俗内のものとなり、カルチュラル・スタディーズは、もはや産業から分かつことができない。文化と産業の重複の増大は、アドルノいわく、文化の産業化であり、同時に産業の文化化であろうという。文化化は生命と存在論に産業のメカニズムをもたらす。実践においてそれが意味するのは、カルチュラル・スタディーズと文化産業の結びつきである。芸術、メディア、建築、デザイン情報、コミュニケーションなどと、技術、ソフトウエア、プロトコロデザイン、都市計画などとの結びつきである。科学と工学も同様に結びつく。というのはこれらのセクターが拡張し、目的を増加させているからであり、そこでは、批判的な干渉が必要とされることになるからである。文化が内包的なものとなり、世俗内のものとなるとき、カルチュラル・スタディーズと文化産業が結びつく。そこではさまざまな文化産業において批判的な干渉が可能となり、また、それが求められることになる。

ラッシュは、エミール・デュルケイムの内包的宗教において、内包的文化と外延的文化の関連は統合的に絡まりあったものであるという（Lash 2010 : 155-184）。デュルケイムによれば、宗教的思想は最初の原理に基礎づけられる。社会的事実とはいつも超越論的に思想とシンボルを通して働く。かつてはただイメージ的であり、認知上の疑問でしかなかった社会的事実が、シンボリックに働くようになる。宗教的なシンボルを通してわれわれの内部へと働きかけるのである。

ラッシュは、今日、情報資本主義において本質は商品そのものに入ると表現する（Lash 2010 : 185-214）。ラッシュは今日の資本主義の支配と発明の中心は、いずれも情報であると考える。ラッシュは、内包的文化を仮想の生きた知のシステム、生きた情報システムであるという。それは、われわれにとっては、現代グローバル資本主義の商品化、同一化から逃れる方法である。ラッシュは、内包的文化とはフィリップ・K・ディックやライプニッツにとって、知の問いであり、心の問いであったという（Lash 2010 : 215-226）。デュルケイムにとっては、シンボルと宗教が、内包的文化の中心で、社会の近代化によって、シンボルはより超越的、普遍的、個人的になったが、結局宗教に帰ることになるという。今日のメタフィジカルな資本主義のメカニズムは、心と協働するマシンとして機械的なものだが、原因―結果のマシンではなくて、表現とコミュニケーションのマシンによって構成されるという。そのマシンは、ルーマンらの意味でのシステムであり、意味の変換ではなくて、不平等な環境における差異の変換である。グローバル資本主義とは、述語マシンや情報コミュニケーションマシンによって作られる。ラッシュは、グローバル資本主義とは、もはや商品の線形性によって統治されるシステムではなく、差異の凝縮や、その支配原理と合体した非線形の自己組織的な奔出によって統治されると論じる。

そして、ラッシュは、「何を望みうるか」は「どのようにわれわれ自身の魂を救うか」に還元できるという。

ラッシュによれば、内包的批判のポリティクスは、「われわれが何を知りうるか」「われわれが何をすべきか」のなかで形成されるものではなく「われわれが何を希望しうるのか」のなかで形成される。ラッシュはイマヌエル・カントの第三批判が主体的で美的批判であることから、「われわれが何を希望しうるか」は、判断の未来の普遍化であるという。文化の普遍化はグローバルな普遍化の広がりではなく、内包的文化の普遍化となり、ギリシャの超越的な抽象とキリスト教の神の人格の超越の両方によって引き起こされるという。この内包的文化こそ、西欧において、そして西欧においてのみ、われわれがだれであるかを述べることになるという。しかしながら、ラッシュは、グローバリゼーションとグローバル文化とは、二十一世紀のグローバルな秩序の半分に過ぎないという。

ラッシュは、このような西欧と対比させて、内包からも外延からも離れて形成されるものとして中国の思想について語る。彼は中国の思想が、内包、外延といった可能性の外にあるもので、「これは何か」という問いから始まるものではなく、状況依存的で関係論的なものであることを示す。西欧人にとって述語化することが意味を作ることの中心であるが、中国人にとってはそうではなく、しばしば関係性の中で位置づける。東アジアの日本語、韓国語の文章においても同様で、抽象が脱床化した主体の「私」として、西欧の言語のように突出しない。それは、原因と結果の道具的なモデルではなく、状況を推し量る戦略で、原因論としてではなく、関係論的に意味をもつことになり、西欧の認識論をも存在論をも巻き戻すものであるという。ラッシュは西欧の政治文化を、普遍的なものではなく状況の一つとして理解する。二十一世紀の資本主義は東と西との絡み合いを通して状況的で関係的な種類の資本主義にもなりうるのでないかという。中国、インドや、新興世界は認知的文化的資本主義を発展させ、そのなかで表現とコミュニケーションの述語マシンのような存在とイノベーションを形成することになるが、それは、個人を通してではなく、グループや関係性を通してであるという。現代の危機において、われわれは情報を交換し、彼らの技術文化との差異の交換の構造的な組み合わせを見出すほかはないという。彼は、二十一世の挑戦とは、内包的文化と、増加する構造的外部との相互知にあるというのである。

ラッシュは、社会学、哲学、宗教、資本主義、ポリティクスなど西欧文化のさまざまな領域で、外延的なものと、内包的なものの融合について論じる。ラッシュにとって文化の普遍化とは「われわれが何を希望しうるか」という未来の内包的文化の普遍化である。彼は、東アジアの「私」という主体が突出しないで、ただ関係論的に位置づける思考様式の抽象化との相互交換に、西欧的なものを超えた知を見出す。情報化、市場化によるグローバリゼーションが進展する現代社会において、近代化は、西欧に始まったものであるにしても、いまや全世界に及ぶ。ベックも、最近、欧州以外の中国、日本、韓国の社会における再帰的近代化の事例研究が示すのは、「第二の近代」の新たなバリエーションの登場であるという（ベック 2011：15-35）。彼は、以前の普遍主義的主張を修正して、再帰的近代化の過程が、あらゆる場所で同じ結果を生んでいるという主張はしないと表明する。そして、「コスモポリタンな複数の近代」の理念を提唱している。また。前節で示したように、別のグローバリゼーション、別の近代化を提唱したハートとネグリは、中南米のメキシコやボリビアにおける先住民の文化の多様性において、「多彩な社会」の特性から、西欧とは別の近代化を見出している（Hardt and Negri 2009=2012：上 109-197）。ラッシュが注目した東アジアのありかたも、西欧では暗黙の了解であった主体と述語を伴う抽象化とは異なる抽象化、異なる考え方に基づいた、西欧近代化とは異なる別の近代化のひとつとして、グローバル資本主義の今後を展望するうえで示唆するものが大きいであろう。

第1章でも触れたように、ラッシュは、自然に対する解釈学的感受性が、西欧の主観、客観という伝統主義的理念型よりも日本の自然に主観を付与する主観主義的理解に近いことを指摘している（Beck et al. 1994：210-211＝1997：382）。また、日本の再帰的近代化は、情報やリスクを企業と従業員、供給側と契約側が分担する集合的なもので、関係的で協調的な情報管理が再帰的生産を促進して、集合的再帰性が経済的成功を生じさせたという。最近では自然の恵みを惜しみつつ享受して暮らそうという「もったいない（mottainai）」という語が世界語として通じるようになりつつある。また、合理的認識のみではとらえきれない場の「空気」を kuuki と表記して、西欧社会でこれに関心が集まっている。顧客満足度を重視する接客などのサービス業などでは、集合的再帰性に通じる「空気」を読むことが重視される。これはオリンピックの招致活動でも強調されたように、日本の「おもてなし（omotenashi）」の精神にも通じるものとして注目されている。西欧合理的な考えかたや言語で示されるものに限界を感じている西欧社会において、非西欧的、非合理的で関係論的な再帰性の働きを求めているように思われる。

ポスト近代の脱分化が進み、西欧の主客図式や認識論と存在論といった二項対立が崩れて、これまで確信していた合理性の追求に疑問符が付けられる。さまざまな場面で、外部にあったものが内部に浸透して外延と内包が融合する。このような現代社会において、われわれアジアの社会における、西欧とは異なる主客図式や状況依存的で自覚のないままに働いている関係論的な考えかたや行動との相互交換が、西欧中心のグローバルな資本主義社会のありかたに、これまでとは異なる立脚点を示唆するものとして、新しい息吹を吹き込むことが期待されるのではなかろうか。

外延的なものと内包的なものが融合する文化は、グローバルな消費資本主義の広がりとも深くかかわりをもつ。遠藤は、日本において「キューピー」「サンタクロース」などの文化アイコンによって、グローバルな消費資本主義の広がりを論じている（遠藤 2009a）。

3 文化と消費資本主義

彼女によれば、キューピーは、一九〇九年にアメリカの若い女性インストラクターが創りだしたキャラクターである（遠藤 2009a：19-98）。キューピーが発表されると、人形をはじめ、キューピーをモチーフとした商品が市場に送り出され、キャラクタービジネスの先駆となった。そしてそれは、ヨーロッパや欧州や日本に伝播したという。彼女はキューピーは文化の世界同時化の先駆けと位置づける。キャラクターの形で理念系としての子どもが商品化されることによって世界化する資本主義経済の重要な要素になったという。日本旧来の童子神との混交によって土着化の日をたどったキューピーだが、その誕生の背景には仏像再創造のようなビリケンというオリエンタリズムを潜在させていて、このオリエンタリズムに二十世紀初頭の日本人が反応したのではないかという。彼女は文化のグローバリゼーションとは、このような循環の中に動的に存在するものではないかと考える。

また、キリストの誕生日であるクリスマスが、非西欧のキリスト教国ではない日本や中国、イラク、インドなどでも季節のイベントとなっていることを取りあげる（遠藤 2009a：99-183）。遠藤によれば、クリスマスはグローバル文化の一つである。日本人にとってはクリスマスとは、キリスト教を信じることではなく、楽しくにぎやかな宴会のようなものであったという。十三世紀のキリスト教会によって成形されたサンタクロースの原型といわれる聖ニコラウスとは、キリスト教以前の農耕神に上書きされた神で、太陽が最も衰える冬至にその再生を願う冬至神を意味しているという。日本においてもクリスマスが冬至祭を源泉とすることは明治時代から知られていたそうだ。彼女は、サンタクロースとは社会的構成物で、その存在を信じることが社会的規範であるという。ファンタジーとは裏返せば規範であるというのだ。さらに野心的な企業が、こういったクリスマスやサンタクロースの表象を積極的に取り込んで、新しいビジネスモデルを形成しようとしたことが指摘される。彼女によれば、サンタクロースというアイコンによって、文化圏をまたいでグローバリゼーションが可能になったのは、世界規範の共時性と、普遍的な神話構造の存在であり、そのエンジンとなったのが消費資本主義の展開となる。

このように遠藤は、労働よりも消費を中心とした資本が循環する消費資本主義の形成過程において、キューピーやサンタクロースに内在する非西欧的な要素を指摘し、これらの文化のグローバリゼーションにおける再帰的相互創出プロセスとして論じる。

遠藤も列挙するように、このほか、マクドナルド化(3)やディズニー化(4)など、消費資本主義によってグローバル化されてローカルな地域に独特の形で根づいた西欧社会の文化は少なくない。アラン・ブライアンによれば、これらは管理や監視、システム化、消費との親和性の高さなどの類似点も多く、同時進行プロセスの面もある（Bryman 2004=2008）。

リッツアは、西欧の合理化とマクドナルド化を関連づけて論じている（Ritzer 1993=1999）。マクドナルド化の考え方は、生産と消費の両方を取り込むもので、その特徴として効率化、予測可能性、計算可能性、脱人間化があげられる。リッツアによれば、マクドナルド化の理論は、二十世紀を終焉させ、二十一世紀に続くものであるという。マクドナルド化は、合理的でフォーディズムや官僚制に源をもつ大量生産・大量消費の単純な近代化の象徴ともいわれる。もっとも全世界に均一化しているのではなく、地域や宗教によって材料、品揃え、味などのローカル化もなされている。が、世界各地マクドナルドのグローバリゼーションに対する批判運動が起きている。マクドナルド・レストランは、紙カップや紙ナプキン使用の問題などもあって、しばしばエコロジー運動家や反グローバリゼーション運動家の標的となっている。

日本においても、マクドナルド化の膨張を危惧し、日本文化を変えようとするものであると脅威ととらえる見方もある（リッツア・丸山 2003）。彼らはマクドナルド化に対抗して、地産池消、旬産旬消などを唱えている。

マクドナルド化は、単純な近代化社会を象徴する合理的な消費文化の広がりと考えることができるであろう。いっぽう、ディズニー化は、ブライマンによれば、「ディズニー・テーマパークの諸原理がアメリカ社会および世界のさまざまな分野に波及するようになっているプロセス」（Bryman 2004=2008：14）である。ディズニー化は、ナラティブによって表現されるテーマ化、ショッピング、テーマパーク、レストラン、ホテル、博物館、映画館、スポーツ、ギャンブルなどの消費形態が重なり合うハイブリッド消費や、イメージやロゴが著作権をもつマーチャンダイジング、雰囲気を作り出す演出による感情労働と美的労働のパーフォマティブ労働などによって象徴される（Bryman 2004=2008）。

ディズニー化は、多様性と選択というポストフォーディズムの世界に関係するもので、マクドナルド化と比べると、ポスト近代的な様相をも合わせもつといっていいであろう。それもあるのだろう、他のグローバル化よりも反グローバリゼーションの拒否反応を引き起こしにくい。が、歴史と場所を歪曲化していること、子どもや消費者の操作をしていること、労働者の感情を操作していることなどにおいては、批判がなされている。

東京ディズニーランドは日本のお化け屋敷のディズニーランド版の「ミステリー・ツアー」を創作したり、日本レストランの開店、マニュアルの翻訳に日本の駄洒落やジョークを加えるなどの改造がなされ、日本向けのローカル化がなされているという。栗田房穂と高成田亨は、ディズニーランドが米国流のサービス術を日本の風土に巧みに取り込み、社員教育やゲストとの関係などにおいては日本の客商売の考え方を取り入れて、米国本家のサービスを上回っているという（栗田・高成田 2012：69–106）。また彼らは、ミッキーマウスを現代の祭りの氏神にたとえて、ディズニーランドを何でも取り込んで、かき回して自分好みに変える日本のフュージョン文化「ごった煮文化」と関連づけて考える（栗田・高成田 2012：185–226，288–324）。ブライマンによれば、ディズニーランド・パリは「文化的チェルノブイリ」批判を引き起こしフランスの知識人の間で冷たくあしらわれたというが、ディズニーランド・パリにおいてもこのようなローカル化が見られるという。

ブライマンにとって、グローバリゼーションとは究極的にはグローカリゼーションを意味する。グローバリゼーションにとって大きな問題は、ディズニーランドにおいて、文化の概念そのものが重要な経済要素となってきていることであり、このような視点が、われわれの文化の理解を変えてしまうことが懸念される。ディズニーランドが社会制度や施設のモデルの役割も果たしていて、模倣的ディズニー化とともに、構造的ディズニー化も起こっていることが指摘される。ブライマンは、これら二つのプロセスが、今後、社会のディズニー化をより押し進めるであろうと予測する。日本においても若者の間で、あまりにも無害で軽過ぎるディズニーランドが仮想現実化しているといわれる（栗田・高成田 2012：183–4，315–20）。

ディズニー化は、ポスト近代社会を象徴する模倣的消費文化の構造的広がりと考えられよう。現代社会において、仮想空間におけるゲームやネットワークビジネス、大事件のメディア報道のフィクションのような、現実の重さや生々しさを伴わない運びに、構造的なディズニー化の片鱗を見出すことも少なくないであろう。ディズニー化する消費文化は、情報化に後押しされて、軽々と世界中に文化圏を越えて飛びかっていく。

消費資本主義によって、西欧を源とする文化が文化圏を越えることで変化を遂げながら、混交しつつグローバル文化として、伝播していく。そのなかで文化は経済的な重要性を増し、グローバリゼーション批判やグローカル化が行われながらも、消費資本主義が文化を経済に取り込んで社会を形成していく。グローバル文化は消費資本主義によって再帰的に広まる速度を速め、人々の内部に深く浸透し、さらに現実的な経済効果として、次々に蓄積を生みだしていく。

4　グローバル文化産業

ラッシュは、前述したようにポスモダン社会において文化の領域と社会の領域、文化的なものと商業的なものの境界が曖昧さを増し、社会における文化の力が増大していくことを論じていた（Lash 1990=1997）。文化は産業化して、グローバル化の要因となり、同時にグローバル化の影響を受けてグローバル資本主義の一端を担う。

ラッシュとラリーによれば、グローバリゼーションに伴って文化は完全に産業的なものとなる（Lash and Lury 2007 : 181-183）。そこでは、表現の履歴としての文化から客体のシステムとしての文化への変化がある。第一に、表現の履歴としての文化が、システムとしての文化へと変化する。第二に、文化的対象がシステムとして自分自身を構成する。第三にシステムとその活動形態が、流れの中に入る。そしてわれわれは、その文化を公的なものとして、使用者として、視聴者として、消費者として経験することになる。この経験は客体の経験のみではなく間主観的な出会いで、同時にわれわれが社会的想像として理解するものを含んだ交換の過程である。グローバルな文化産業の対象は、仮想の対象で、価値形態の流れのシリーズを生み出す。グローバル文化産業の仮想の対象とわれわれの社会的想像は構造的に組み合わされる。グローバル文化産業とは、古典的な文化や古典的な商品よりもより深く超越的である。彼らはわれわれが、資本の集積、単なる発明ではなく、力を、グローバルで帝国主義的な仮想の資本主義となる力を扱うことになるという。国家の手工業の秩序が現実の資本主義であるとするならば、グローバル文化の秩序とは仮想の資本主義であるという。

彼らはまた、グローバルな文化産業とは、表現の共有された履歴において働く古典的な文化産業と異なって、他の空間へ、客体の領域へと逃れるものであるという（Lash and Lury 2007：183-7）。社会的であるということはモティベーションに従って、ルールをフレクシブルに見出しながら操作することであるという。われわれは、原因と結果からなる線形システムとは異なって、非線形の生き生きとした自己組織的なシステムと向きあっているというのだ（Lash and Lury 2007：186-189）。技術が科学の産業化であるならば、文化産業は芸術の産業化であるという。文化産業は常に標準化と差異との緊張状態にある。科学が発見であるのに対し芸術は想像であり、自然を模倣する関係にあるという。ドゥルーズにとって発明とは差異化と脱差異化の両方によってなされるものである。彼は、グローバル文化産業の緊張を、力（potentia）と権力（potestas）の間でとらえ、ゲーテやアドルノが力が権力に変わるという文化の悲観論に対して、権力が力に変わるというところに発明があるという楽観論をとなえることを示す。

彼らはまた、ゲオルク・ガダマーを援用して、遊びが自然から文化へと開かれた扉であるという（Lash and

Lury 2007 : 190-192)。ロジャー・カイヨワが取り上げた四つのタイプの遊び[5]のなかから競争と模倣という二つのタイプを取り上げ、グローバル文化においては特に模倣が支配的になるという。ガダマーにとっては遊びが目的をもつことができないが、カイヨワにとっては遊びが目的をもつべきではないと表現するのである。われわれは目的なく遊ぶのであり、文化は始めから無目的であるという。グローバル文化産業がなすことは、遊びや模倣を使い、感情的なものやその効果を用いて、資本を集積することである。彼らによれば、グローバルな文化産業の目的は、芸術とメタフィジカルな美であると同様にデザインと経験的味わいである（Lash and Lury 2007 : 192-196)。中心となる媒体は構造と表象である。グローバル文化産業の対象は、共有領域と構造を生み出すことの両方で、いまやわれわれは、文化を第一に使用、第二に表象、第三に内側から経験するという。

第1章、第3章でも触れたが、彼らは社会的想像の考え方を消費者の社会的想像も含めて考え、ブランドとは社会的想像を外部化したものであるという（Lash and Lury 2007 : 196-201)。客体に構造的変化が訪れ、この意味でブランドがコアとなる文化的対象がやってくるのである。動きのイメージとは、物自体を継続する機能としての動きのなかでとらえることであって、対象のイメージ化であるという。彼らは、大衆の装飾とは、広まり行く経済システムが鼓舞する美的理性の反映であることを示して、グローバル文化産業の研究においては表面もまた重要であるという（Lash and Lury 2007 : 201-204)。彼らは、グローバル文化産業を特徴づけるものは、大小の計算に関するような物質的な合理性ではなく、大小がともに同時にあるような質的な計算であるというのだ。

ラッシュとラリーによれば、価値は製品ではなく交換を通して現れるもので、これに含まれる間主観性がこれを決定する（Lash and Lury 2007 : 204-207)。グローバル文化産業を特徴づけるものは計測できない合理性であり、より大、より小が同時に起きる質的な計算である。彼らはこれらの価値は贈答と交換の価値であるという。いまや場所は流れの場所となり、常に移り変わる。われわれは場所から場所へと旅をし、小さなイベントに終わることなく贈り物をするが、これは価値の差異の履歴であるとも表現される。遊びは「メタコミュニケーションの枠組み」を構成するもので、グローバルな文化産業は、与えたり奪ったりしながら、この枠組みの内部に参加し、またわれわれを目的的でコミュニケーティブな合理性から引き出してそれ以外のことをすることも可能にするという。

ラッシュとラリーが示唆したように、現代のグローバル資本主義社会において、グローバル文化産業は、いたるところで遊びのメタコミュニケーションの枠組みへの参加を促進する。このことによって、人々が模倣を通じて、いっぽうでは新たな贈答や交換の価値を生み出し、他方では、現実の経済資本を蓄積しているといっていいであろう。

出口剛司はアドルノを援用して、文化が文化産業へと姿を変えることによって発生するマクロ水準での外的強制力を「システム化した文化の統合メカニズム」、システム統合へと諸個人が包摂されるミクロ水準での内的強制力を「内的な支配のメカニズム」としてとらえる（出口 2013）。彼は、前者についてのアドルノの診断とは、すべての領域において類似性を刻印して、全体としてシステムを構成することであるという。システムと化した文化産業は、操作する側と、それと連動する視聴者側の要求とが循環する構造を構築し、中央のコントロールから逃れうる欲求は排除するという。「消費者が何であれ、与えられたもので満足しなければならない」と、文化産業が過剰な欲望を生み出し、しかも与えられたものの断念を強い、娯楽という代替満足を提供していると出口はいう。そして、模倣とは対象の姿の提示を自らの精神＝身体において再提示＝表現することで、そこに自由と創造性の契機が含まれるという。自然による自然の乗り越えとは模倣による模倣の乗り越えで、彼は、支配的な文化を模倣することによって批判文化を構築するところに、模倣の概念が開かれていることを強調する。主体とは、模倣という振舞いにおいて創造的自由を実現する主体であるというのである。

ラッシュは、美的再帰性とは、非概念的な模倣的象徴やイメージに媒介された再帰性で、対話は美的倫理に基づく私の美的な表現であると記し、文化産業がこの直接性を商品へと変質させていることを指摘している（Beck et al. 1994：135–143=1997：247–262）。模倣的象徴やイメージに媒介されて、主体の側からの、批判が可能になるということは、出口の主張からも導き出されよう。がまた、気づかぬうちに批判精神も文化産業のシステムのなかに巻き込まれて、主体の批判が失われていることも十分考えられる。批判も含めてすべては、そういったシステムのなかでなされることになるのではなかろうか。

文化産業は、文化を通した権力を有し、それをさまざまな領域で発揮していく一方で、主体が模倣やイメージによる美的再帰性の働きをとおして、権力への批判へと導くことをも可能にするものであろう。そしてそれは、情報化、市場化やそれに伴うグローバリゼーションの進行につれて、無自覚のままにわれわれの内部に浸透していく相互反映的な現象学的再帰性や新しい市場再帰性の働きを促進していくものともなろう。

5　新しい市場再帰性の変化

第1章で見出したように、新しい市場再帰性とは、市場がわれわれの五感、記憶、幻想、感情、価値など社会的、集合的なものを媒介として、商品、ブランド、広告、インターネット、市場（いちば）などさまざまな場面で、生成、変化、蓄積を続けるものである。

本章第一節では、視角優位の西欧中心の近代化の変容であったグローバリゼーションであるが、いまや、西欧の内包的文化をもつ再帰的近代化が、全世界に広がることで、西欧中心のものから多文化を反映したものへと変化を続けている。今後、アジアにおける集合的な考えかたや行動との相互交換に焦点が当たるのではないかと論じた。そこで働くのはギデンズらの提唱する認知的、制度的再帰性というよりも、ラッシュが日本において見出した集合的再帰性や、ギデンズやベックの再帰性とは異なるものとしてラッシュの提唱している美的再帰性、解釈学的再帰性、さらに現象学的再帰性などに近い性格をもつものであろう。ドナッティが提示する関係論的なメタ再帰性や、バウマンが示唆するように、感動をも地球化するような再帰性も働くことになるのではないかと思われる。さらに、五感の変化を媒介にした商品開発と消費の循環のように、人間の感覚と市場が相互に再帰的に変化し、その変化が市場で現実的にも蓄積していく市場の再帰性のような新しい市場再帰性が働くことになるのではないか。グローバルな情報資本主義は西欧的な合理的な再帰性を促進するだけではなく、アジアでは自明である思考と行動の相互反映のような新しい市場再帰性の働きを求めているといっていいのではあるまいか。さらに第三節で示したように、消費資本主義は西欧の文化が文化圏を超えることによって変化し、再帰的に早く深く内部まで浸透していくとともに、経済効果をもたらすことが、日本など非西欧の事例から明らかであろう。

第四節でラッシュとラリーが示唆したように、グローバルな文化産業は、遊びや模倣をとおして新しい市場再帰性の働きを促進したり変化させたりすることになろう。そこではこういったグローバルな文化産業の持つ力に対する批判も、それらの枠組みを出入りしながら遊びや模倣をとおしてなされることになり、市場の負の働きや批判も含めてすべては、グローバル文化の市場システムのなかで行われるものへと変化していくであろう。

三上剛史（2011）はジンメルを援用して、個人化の進む社会では、個人の自己意識は近代化とともに自己言及的、自己再帰的な複合性を昂進させつつ、一個の閉じたまとまりとして形成されるようになったといい、この個人の意識システムを「閉じつつ、開いている」ものとしてとらえる。彼は、ゲゼルシャフトとは「あらゆる分離にもかかわらず結合」しているものであるといい、現代に適した形で個人「と」社会の関係をとらえなおすことを提言する。われわれと市場の関係も、この「閉じつつ、開いている」ものの一つとして考えられるのではないか。たとえ、自己再帰性のみが働いていると自覚しているときであっても、自らが開いているという自覚なしに、市場は閉じていると思っているわれわれを媒体として、次々に再帰的変化を呼び起こしていくことになるのではないか。

グローバル資本主義は、商品や情報を通してグローバル文化としてわれわれの社会の外部から内部へと深く入り込み、内と外との境界を越えてすべてに浸透する。それは、近代化と同様に西欧において始まったものであっても今や全世界に広がる。合理的な考え方だけでなく、視覚やそれ以外の五感も、感情も、行動もグローバル化し、変化していく。その普及の過程で、西欧とは異なるアジアの主客図式や、関係論的な考え方などをグローバル資本主義市場のなかにとりこんで、新しい市場再帰性のさらなる変化を促進していくことになろう。そこでは第2章で触れた「もったいない」行動、フェア・トレードやネクストマーケットを意識した行動など、地球環境や南北格差に関係した新しい市場再帰性も働くことになろう。

新しい市場再帰性は、内向きにはわれわれの五感、感情、価値、感動などすべての社会や文化に影響を与える。そしてそれは、外向きには資本の再帰的蓄積となり、グローバルな消費資本主義を促進して、社会の変化を促す。新しい市場再帰性は、われわれの伝統や五感、思考、行動など内側の変化と再帰的に影響を及ぼしあうと同時に、多文化と相互交換を行いながら、世界中に際限なく広がり続けるグローバルな消費資本主義を生み出しそれを変革していくことを繰り返して、外側の変化とも再帰的に影響を及ぼしあう。新しい市場再帰性は、グローバルな資本主義社会の変化に伴っていつも次なる変化を促されるという循環のなかで、絶え間なく変化を続けていくことになるであろう。

注

（1）マルチチュードとは、人民とも大衆とも労働者とも異なり、多種多様な社会生産の担い手すべてを含み込んだ包括的な概念で、多様多数性を指示するとともに、そのように多数多様でありながら共同で活動することができるグローバル民主主義の構成主体をさし示す開かれた概念である（Hardt and Negri 2009=2012：下 295–6）。

（2）内包的文化（intensive culture）と外延的文化（extensive culture）については第1章注7を参照されたい。

（3）マクドナルド化（McDonalization）は、リッツアによれば、ハンバーガーレストランのみではなく、マックガソリンスタンド、マック歯科などにみられるように、米国を中心にさまざまな領域で進行している（Ritzer 1993=1999）。マクドナルドに代表されるファーストフードに対抗して伝統的な食事、調理を見直そうというスローフード運動がある。フランスでは、牧羊業者の政治活動加家ジョゼ・ボヴェのグループが、マクドナルドの店舗を破壊した。またイタリアでは、マクドナルドローマ一号店開店を契機にスローフード運動協会が開設された。日本においても、スローフードに相当する、「地産地消」、「身土不二」などの再発見があり、「旬産旬消」のスローガンで、産地と消費地の時間的隔たりを縮小しようという動きもある（碓井 2003：196–220）。

（4）ディズニー化（Disneyization）について、ブライマンは、ディズニーゼーションをディズニーフィケーションと区別して用いているが、これは、ディズニーフィケーションがディズニー社の生み出した文化商品の説明に結びつくものであるからである（Bryman 2004=2008）。ディズニーフィケーションは、対象を表面的で単純すぎるものに変容させることを意味することになるという。彼はディズニー化はマクドナルド化が終息するところから始まるもので、ディズニー化の基礎となるのは、商品とサービスの魅力を引き出し、マクドナルド化の産物である、均質化した環境で商品とサービスの提供を行うといった場面の魅力を高めることであるという。ディズニー化は、マクドナルド化が画一性と類似性を生み出すところに、多様性と差異の創出を求めるという。

（5） カイヨワによれば、遊びを競争（アゴーン）、偶然（アレア）、模倣（ミミクリー）、眩暈（イリンクス）の四つに分類することができる（安藤 2009）。

結

本書では、まずギデンズやベックの再帰性理論を批判的に継承しているラッシュの再帰性の考え方に導かれて、社会の変化に伴う再帰性の変化を追った。そして、情報化、市場化の進む社会における新しい市場再帰性を見出した。

それは、われわれの五感や、記憶、幻想、感情、価値など社会的、集合的なものを媒介として、商品やブランド、広告媒体、インターネット市場を含めた流通など市場のさまざまな場面において生成し、変化し、蓄積を続けていく再帰性である。

つぎに、市場がわれわれの五感、記憶、感情、行動などを媒介として再帰的循環を呼び起こし、われわれに変化をもたらしつつ、自らも変化と蓄積を続けている状況を概観した。そして、市場が社会に対してもたらすものが多いと同時に、市場の負の側面や市場への批判も含めて、すべてを市場のなかに取り込んでいくさまを見た。われわれは、グローバルな市場の意のままに再帰的変化を繰り返して変化し続けているだけであるのかも知れないとも感じられるように、市場の枠組みのなかで構成されながら、市場と創発的に変化を続けて市場の変化を促すという再帰的循環を繰り返している。が、五感や感情を働かせて、記憶をたどり、来るべき市場や社会のイメージを予感して、自らの行動が何によって呼び起こされ、どういう帰結へと結びつくのか思い描きながら次の行動へと移ることで、循環の螺旋を異なる方向へと変化させることも可能であろうと論じた。

第三にブランドのグローバルな再帰性について、「無印良品」を事例として論じた。ブランドは、そのブランド・アイデンティティを核にもちながら、社会の変化に伴う新しい変化を取り入れることで、市場再帰性を働かせて変化しつつ、情報資本、文化資本を蓄積している。ブランドを媒介とした市場の再帰性は、グローバルな社会の変化を促し、われわれの感性の変化を呼び起こしながら、ブランド自身にも新たな発見や創造をもたらす。グローバリゼーションの加速する社会で、ブランドが、世界中との新たな出会いによって、自ら絶え間なく再帰的な変化を繰り返すことによって、存在し続けていくさまを論じた。

第四に東京、名古屋、大阪という日本の三大都市について、インターネット調査結果から、各都市の再帰性を論じた。都市ブランド・マークは各都市を象徴しているもので、市場と都市との切り離すことのできない関係性が明らかになった。市場は都市に影響を及ぼし、同時に市場は都市の影響を受けて、新しい市場を形成するという再帰的循環が、ますます加速している。各々独自の文化や伝統を持った都市において、消費者も企業も市場と都市の影響を受けて無自覚のうちに変化し続け、その変化が、次の時代の新たな市場と都市を創り出していく。今後も終わることなく変化する市場と都市は、互いに再帰的に影響を及ぼしつつ、新たな再帰性の変化を生み出す源となる。また調査結果から、昨今、増加の著しいネット市場であるが、市場の楽しさにおいては、「ネット市場」は「街の市場」の足元にも及ばないことが明らかになった。

第五に、この楽しい「街の市場（いちば）」について日本と英国における伝統的な市場でインタビューを行い、市場の再帰性が、伝統と現代の循環によって時間を越え、地元民と世界中からの観光客との交流によって空間を越えて広がる様子を、インタビュー結果からみてとった。市場という集合的記憶を共有する場で、伝統と新しい潮流、地元のなじみ客と世界中の観光客が交じり合って相互に影響を与え合う。そこでは商品やサービスだけではなく、さまざまな活動や、共感や感動なども互いに交換される。新しい市場再帰性をはじめとして、さまざまな再帰性が盛んに働いて、活動を促す場ともなる。もう一度市場の原点である市場（いちば）に帰ることで、豊かなコミュニケーションの場である市場を五感で感じ取って活動すれば、これまでとは異なる新たな市場再帰性が出現して、螺旋の方向を変化させ、これまでと異なる市場社会へと向き合うことになるのではないかと考えた。

最後にグローバル資本主義について、文化の力が増大してあらゆるところで内包的となる文化や、消費資本主義の広がりを論じた。そして、西欧中心であったグローバル資本主義だが、今後、アジアにおける集合的な考えかたや行動など、多文化との相互交換に焦点が当たるのではないかと考えた。そこで働くのは認知的、制度的再帰性というよりも、ラッシュが日本において見出した集合的再帰性や、美的再帰性、解釈学的再帰性、現象学的再帰性などに近い性格を持つもので、さらに、関係論的なメタ再帰性や、感動をも地球化する再帰性、新しい市場再帰性が働くことになるのではないかと論じた。グローバル資本主義社会において、ラッシュが内包的文化として論じているように、新しい市場再帰性は、内向きにはわれわれの五感、感情、価値、感動などすべての文化に影響を与える。外向きには資本の再帰的蓄積となって、消費資本主義のグローバル化を促進して、社会の変化を促す。新しい市場再帰性は、われわれの伝統や五感、思考、行動など内側の変化と再帰的に影響を及ぼしあうと同時に、西欧と東アジアなど、多文化との相互交換を行いつつ、世界中に際限なく広がり続けるグローバルな消費資本主義を生み出し、外側の変化とも再帰的に影響を及ぼし合う。

そのなかでも、とくに、最近のラッシュやベックが、西欧中心の再帰的近代化から、中国、日本、韓国など東アジアの再帰的近代化に焦点を移し、「グローバルな世界の半分を占めるもの」（Lash 2010）、「第二の近代化」

（Beck ら 2011）などと表現していることに触れておきたい。ハートとネグリも「別の近代化」（Headt and Negri 2009=2012）を提唱している。従来、あれほど西欧が世界の中心であるという大前提を崩すことのなかった西欧社会が、異なる文化との相互知、複数の再帰的近代化に新たな方向性を見出していることは、きわめて大きな変化であろう。

たしかに、再帰的近代における西欧の行き詰まり、東アジアの経済的、文化的な台頭という側面もあるが、この背景には、グローバルな情報資本主義が、西欧的合理的な再帰性を促進するだけではなく、アジアでは自明であるような、沈黙が語るものや思考と行動の相互反映のような新しい市場再帰性の働きを求めているという事情があるのではあるまいか。消費資本主義は、西欧の文化が東アジアへと文化圏を超えることによって変化し、再帰的に早く深く内部まで浸透して経済的集積、文化的集積の効果をもたらしている。日本など「私」が表舞台に登場せずに、伝統的に集合的再帰性、解釈学的再帰性がさかんに働いている社会では、合理的な認知的再帰性の働きの大きい西欧と比較すると、自覚のないうちに、曖昧なままであっても「阿吽の呼吸」で、グローバル資本主義を、育み、拡大していくような新しい市場再帰性を受け入れやすい土壌が形成されていくことになろう。このため、徹底して個人が合理的に判断しようと試みる西欧社会と比較すると、グローバル資本主義が内部に容易に浸透することが可能になり、無自覚のままに、さまざまな変化を受け入れてしまうことになるのではないか。そうなると、どのような社会が展開していくことになるのか。今後、日本など、アジアがグローバル資本主義によってどのように変化を遂げるのか、どのようなグローバル資本主義社会を形成していくことになるのか、西欧社会からも発展途上国の社会からも注目されることになろう。

われわれの社会では、新しい市場再帰性が働くことによって、地球環境問題や南北問題など合理的というよりもむしろ集合的、無意識的に解決の方向へと行動が導かれるということもままあろう。しかし、一方では、グローバル資本主義の意のままに、五感、記憶、感情、感動、行動まで変化させられ、いつのまにか予想もしなかった状況へと変えられてしまってこれまで働いていた再帰的批判力が失われるという光景も容易に想像できるであろう。日本のような東アジアの集合性が新しい市場再帰性と結びつくことは、グローバルな資本主義にとっても、これからの社会にとっても、両刃の剣となるような結びつきではなかろうか。

新しい市場再帰性はどこでどのように働いて、今後のわれわれの社会をどのように変革していくことにつながるのだろうか。グローバル資本主義は、商品や情報を通してグローバル文化として、われわれの社会の外部から内部へと深く入り込み、内と外との境界を越えてすべてに浸透していく。グローバル資本主義のとどまるところを知らない力に、あるときは流され、あるときは抗して、新しい市場再帰性が醸し出す空気を察知し、敏感に変化の兆しを感じ取って、社会の行方をしっかり見据えながら行動していくことが、再帰的に現代社会を生き、未来社会を形成していくことになるわれわれに求められることではないだろうか。

あとがき

私が、ギデンズの書物で初めて再帰性という概念に出会ったのは一九九四年である。それから二十年近くの月日が流れたことになる。本書は、私にとって再帰性を主題とした二冊目の書物である。二〇〇七年の前著『再帰的近代社会』（ナカニシヤ出版）においては、再帰的に変化するアイデンティティや感性、市場と公共性などついて論じ、現代社会を再帰的近代社会と表現していいのではないかと提案した。

本書ではそれ以降、ラッシュの再帰性論に導かれて、この再帰性概念自身が、社会の変化と共に変化してきたことを論じ、新しい市場再帰性を見出した。そしてそれを含めて市場における再帰性の働きについて論じた。市場は、われわれに多くの豊かさや楽しみをもたらしてきた。が、その反面、いつしかわれわれの五感から行動まで市場が浸透して、自覚のないままに文化も社会も大きく変えられてしまうのではないかと漠然と感じていたことが、本書執筆のきっかけである。

私は二〇一〇年から二〇一一年にかけて、ロンドン大学ゴールドスミスCCSのラッシュ先生のところで一年間の在外研究の機会を得た。英国など西欧と比較して、日本など東アジアの再帰性の特性を肌で感じたり、教員や大学院生との議論のなかで気づいたことも少なくなかった。ラッシュ先生をはじめとして、ロンドン大学ゴールドスミスCCS（CCS, Goldsmiths, University of London）の教員、職員や院生のかたがたに深く感謝申し上げる。

なお本書の初出は以下の通りである。

第1章　再帰性の変化と新たな展開「再帰性の変化と新たな展開――ラッシュの再帰性論を基軸に」『社会学評論』二五四（二〇一三年九月）を加筆修正

第2章　市場再帰的な五感や行動 “The Transformation of Reflexivity”『中京経営研究』第二一巻第一、二号（二〇一二年三月）を日本語に直して大幅に加筆修正

第3章　ブランドの再帰性「ブランドの再帰性」『中京経営研究』第二二巻第一、二号（二〇一三年三月）を加筆修正

第4章　都市の再帰性「市場と都市の再帰性」『中京ビジネスレビュー』六号（二〇一〇年三月）を加筆修正

第5章　市場（いちば）の再帰性「市場（いちば）の再帰性」『中京経営研究』二三巻一、二号（二〇一四年三月）を加筆修正

第6章　グローバル資本主義社会と新しい市場再帰性　書き下ろし

本書には東京、名古屋、大阪における市民意識調査と日本と英国の市場インタビュー調査結果が含まれている。前者については共同調査をしてくださった陶山計介先生、インターネットによる市民意識調査を担当してくださった（株）インテージのかたがたに深く感謝申し上げる。また後者では、快くインタビューに応じてくださった、東京築地場外市場、京都錦市場、大阪黒門市場の商店街振興組合と各商店のかたがた、英国ロンドンのコベン

ト・ガーデン・アップル・マーケット、ボロ・マーケット、ポートベロ・マーケット、カムデン・ロック・マーケット、グリニッジ・マーケット、ピカデリー・マーケットの各商店のかたがたに深く感謝申し上げる。日本のインタビュー調査に協力してくださった郷田伸子さん、西田なお子さん、ロンドンのインタビュー調査にご協力いただいた小林隆さん・美音子さん、田中乃理子さんに各々深く感謝申し上げる。

これまでさまざまな学会や研究会で、発表や議論の機会を与えていただき、査読雑誌の評者や学会の研究者など多くのかたから貴重なご教示やご批判をいただいたことを感謝申し上げる。本書にそれらすべてを反映することはできなかったが、これは筆者の未熟さと力不足のためである。今後の課題とさせていただきたい。

中京大学の教員、職員や院生、学生のかたがたに深く感謝申し上げる。本書の研究は二〇〇八年度敷島学術文化振興財団研究助成、二〇〇八年度、二〇〇九年度中京大学特定研究助成を受けている。また、二〇一二・一三年度中京大学企業研究所プロジェクト研究の一環である。ここに記して謝意を表する。

ミネルヴァ書房の浅井久仁人さんと涌井格さんには、貴重なご助言をいただき、出版までこぎつけたことを感謝している。

最後に、本書の出版にいたるまで、励まし育んでいただいた幼い頃から今日に至るまでの恩師の先生がた、先輩、友人、家族など私の周りの多くのかたがたに、とりわけ、天から見守ってくれている父秀夫と母敏子に心から感謝の気持ちを捧げる。

二〇一三年十一月三十日　中西眞知子

著者紹介

中西眞知子（なかにし・まちこ）
大阪大学人間科学部卒業
京都大学大学院人間・環境学研究科修士課程修了
大阪大学大学院国際公共政策研究科博士後期課程修了　博士（国際公共政策）
（株）インテージ（社会調査研究所）
中京大学経営学部助教授を経て
現　　在　中京大学経営学部教授
主　　著
「再帰性と近代社会――ギデンズの再帰性概念の徹底化を論じる」（1998年，ソシオロジ，132）
『再帰的近代社会――リフレクシィブに変化するアイデンティティや感性，市場と公共性』（2007年，ナカニシヤ出版）
『語りと騙りの間――羅生門的現実と人間のレスポンシビリティー』（2009年，ナカニシヤ出版）共編著
『遊・誘・悠の商品開発――新しい市場をひらく柔らかなまなざし』（2009年，同友館）共編著
『グローバル・コミュニケーション――キーワードで読み解く生命・文化・社会』（2013年，ミネルヴァ書房）分担執筆
ほか

再帰性と市場
―グローバル市場と再帰的に変化する人間と社会―

2014年４月25日　初版第１刷発行　〈検印省略〉
2019年７月10日　初版第２刷発行

定価はカバーに
表示しています

著　者　中　西　眞知子
発行者　杉　田　啓　三
印刷者　大　道　成　則

発行所　株式会社　ミネルヴァ書房
607-8494　京都市山科区日ノ岡堤谷町１
電話（075）581-5191／振替 01020-0-8076

太洋社・新生製本

ISBN978-4-623-07036-7
Printed in Japan

人名索引

マ行

ヤ行

ラ行

事項索引

サ行

マ行

ラ行

参考文献

Abercrombie, N., Hil, S., Turner, B., 1988, *The Penguin Dictionary of Sociology*, London : Penguin books.（=1995, 丸山哲央監訳編集『社会学中辞典』ミネルヴァ書房.）

Adorno. Th. W., 1963, *Dissonanzen Musik in der verwalteten Welt*, Göttingen : Vandenhoeck & Ruprecht.（=1998, 三光長治・高辻知義訳『不協和音――管理社会における音楽』平凡社.）

Aaker, D. 1991, *Managing Brand Equity* : The Free press（=1994, 陶山計介・尾崎久仁博・中田善啓・小林哲訳『ブランド・エクイティ戦略――競争優位をつくりだす名前, シンボル, スローガン』ダイヤモンド社.）

Andreasen, A. and Kotler, P. R. 1982, *Strategic Marketing for NonProfit Organizations*, New Jersey : Prentice Hall.（=2005, 井関利明監訳『非営利組織のマーケティング戦略』第一法規.）

安藤和代, 2009,「遊をデザインする商品開発に向けて――快楽的価値研究の概観」岩田貴子・塚田文子・中西眞知子編『遊・誘・悠の商品開発』同友館.

Arendt, H., 1958, *Human Condition*, Chicago : University of Chicago Press（=1994 志水速雄訳 『人間の条件』筑摩書房.）

――――, 1963, *On Revolution*, London : Penguin Books（=1995 志水速雄訳『革命について』筑摩書房.）

朝日新聞社, 2010, 2013, 2014,『朝日新聞』2010年2月9日, 10日, 2013年4月10日, 12日, 5月31日, 6月1日, 11月6日, 2014年1月14日

粟田房穂・高成田亨, 2012,『ディズニーランドの経済学』朝日新聞出版.

Bauman, Z., 1998, *Globalzation*, Cambridge : Polity（=2010, 澤田眞治・中井愛子訳『グローバリゼーション――人間への影響』法政大学出版局.）

――――, 1998, *Consumerism and the New Poor*, London : Open University Press（=2008, 伊藤茂訳『新しい貧困一労働, 消費主義, ニュープアー』青土社.）

Beck, U., 1984, *Riskogesellshaft*, Frankfurt am Mein : Suhrkamp.（=1998, 東廉・伊藤美登里訳『危険社会――新しい近代への道』法政大学出版局.）

Beck, U., 1999 *World Risk Society*, Oxford : Blackwell（=2014, 山本啓訳『世界リスク社会』法政大学出版局.）

Beck, U., Giddens, A., Lash, S., 1994, *Reflexive Modernization*, Cambridge : Polity.（=1997, 松尾精文・小幡正敏・叶堂隆三訳『再帰的近代化――近現代における政治, 伝統, 美的原理』而立書房.）

ウルリッヒ・ベック, 鈴木宗徳・伊藤美登里編, 2011,『リスク化する日本社会

――ウルリッヒ・ベックとの対話』岩波書店.

Bourdieu, P., 1979, *la distinction*, Paris : Edition de Minuit（=1989, 石井洋二郎訳『ディスタンクシオン』藤原書店.）

――――, 1980, *Le Sens Pratique*, Paris : Edition de Minuit.（=1988, 今村仁司・港道孝訳『実践感覚』藤原書店.）

Bourdieu, P., Wacquant, L., 1992, *Responses Pour une Anthropologie reflexive*, Paris : Bureau des Copyrights Francais.（=2007, 水島和彦訳『リフレクシヴ・ソシオロジーへの招待――ブルデュー, 社会学を語る』藤原書店.）

Brown, M., 1993, *Fair Trade*, London : ZedBooks.（=1998, 青山薫・市橋秀夫訳『フェア・トレード』新評論社.）

Bryman, A., 2004, *The Disneyization of Society*, London : Sage.（=2008, 能登路雅子・森岡洋二訳『ディズニー化する社会――文化・消費・労働とグローバリゼーション』明石書店.）

Campaign Asia Pasific 2013 年 9 月号.

「地球の歩き方」編集室, 2010, 『地球の歩き方 A02 イギリス 2010 － 2011』ダイヤモンド社.

――――, 2013, 『地球の歩き方 A03 ロンドン 2013 － 2014』ダイヤモンド社.

出口剛司, 2013, 「文化産業論再考――ミメーシスと大衆欺瞞のはざまで」『社会学史研究』35 : 13-29.

Donati, Pieropaoro, 2011, *Relational Sociology*, London : Routledge.

Elliott, A., 2009, "The New Individualism after the Great Global Crash".（現代社会理論研究会研究会報告原稿=2010, 片桐雅隆訳「グローバルな大暴落以降の新しい個人主義」『現代社会理論研究』4 :54-66.）

アンソニー・エリオット・片桐雅隆・澤井敦, 2010, 「新しい個人主義と現代日本」『現代社会理論研究』4 : 67-92.

遠藤薫, 2009a, 『聖なる消費とグローバリゼーション』勁草書房.

――――, 2009b, 『メタ複製技術時代の文化と政治』勁草書房.

深澤徳, 2011, 『思想としての「無印良品」』千倉書房.

福地享子, 2002, 『築地魚河岸猫の手修行』講談社.

古屋欣子, 2011, 「フェアトレードの歴史と展開」佐藤寛編『フェアトレードを学ぶ人のために』世界思想社.

Gay, P., Haal, S., Janes, L., Mackay, H., Negus, K., 1997, *Doing Cultural Studies*, London : Sage（=2000, 暮沢剛巳訳『実践カルチュラル・スタディーズ――ソニー・ウォークマンの戦略』大修館書店.）

Giddens, A., 1976, *New Rules of Sociological Method*, Cambridge : Polity.（=1987, 松尾精文・藤井達也・小幡正敏訳『社会学の新しい方法基準――理論社会学

の共感的批判』而立書房.）
———, 1990, *The Consequences of Modernity*, Cambridge : Polity.（=1993, 松尾精文・小幡正敏訳『近代とはいかなる時代か——モダニティの帰結』而立書房.）
———, 1991, *Modernity and Self-Identity*, Cambridge : Polity.（=2005, 秋吉美都・安藤太郎・筒井淳也訳『モダニティと自己アイデンティティ——後期近代における自己と社会』ハーベスト社.）
———, 1994, *Beyond Left And Right*, Cambridge : Polity.（=2002, 松尾精文・立松隆介訳『左派右派を超えて——ラディカルな政治の未来像』而立書房.）
———, 2006, *Sociology* : Cambridge : Polity.（=2009, 松尾精文・小幡正敏・西岡八郎・立松隆介・藤井達也・内田健訳『社会学　第5版』而立書房.）
———, 2007, *Europe in the Global Age*, Cambridge : Polity.
———, Diamond, P., 2005, *The New Egalitarianism*, Cambridge : Polity.
Halbwachs, M., 1950, *La mémoire collective*.（=1989, 小関藤一郎訳『集合的記憶』行路社.）
Hardt, A., Negri, A., 2009, *Common Wealth* : New York : Malanie Jackson Agency, LLC.（=2012, 水嶋一憲・幾島幸子・古賀祥子訳『コモンウェルス——〈帝国〉を超える革命論』NHK出版.）
浜日出夫, 2000,「記憶のトポグラフィー」『見田社会学』5 : 4-16.
———, 2010,「記憶と場所——近代的時間・空間の変容」『社会学評論』240 : 465-480.
———, 2013,「記憶と音楽：把持と予持」伊藤陽一・浅野智彦・赤堀三郎・浜日出夫・高田義久・粟谷佳司編『グローバル・コミュニケーション——キーワードで読み解く生命・文化・社会』ミネルヴァ書房.
Hochschild, A., 1983, *The Managed Heart*, Berkeley : University of California Press.（=2000, 石川准・室伏亜希訳『管理される心——感情が商品になるとき』世界思想社.）
池尾恭一・青木幸弘・南千恵子・井上哲浩, 2010,『マーケティング』有斐閣.
石井淳蔵, 1999,『ブランド——価値の創造』岩波書店.
———, 2004,『マーケティングの神話』岩波書店.
———, 2010,『マーケティングを学ぶ』筑摩書房.
伊藤陽一・浅野智彦・赤堀三郎・浜日出夫・高田義久・粟谷佳司編, 2013,『グローバル・コミュニケーション——キーワードで読み解く生命・文化・社会』ミネルヴァ書房.
岩田貴子・塚田文子・中西眞知子編, 2009,『遊・誘・悠の商品開発——新しい市場をひらく柔らかなまなざし』同友館.

金井壽宏・森岡正芳・高井俊次・中西眞知子編，2009，『語りと騙りの間――羅生門的現実と人間のレスポンシビリティー（対応・呼応・責任）』ナカニシヤ出版．
川北稔，2006，『世界の食文化　イギリス』農村漁村文化協会．
河本拓也，2009，「モンスターペアレント――消費社会の生み出した怪物」『中京大学経営学部卒業論文集』2008 年度．
門田健一，2000，「近代の再考と社会（科）学の行方――ギデンズのモダニティ論をめぐって」『慶應義塾大学大学院社会学研究科紀要』51 : 7-14.
Keller, K. L., 1998, *Strategic Brand Management*, New Jersey : Prentice-Hall（=2000，恩蔵直人・亀井昭弘訳『戦略的ブランドマネジメント』東急エージェンシー．）
厚東洋輔，1991，『社会認識と想像力』ハーベスト社．
――――，2006，『モダニティの社会学』ミネルヴァ書房．
――――，2011a，『グローバリゼーション・インパクト――同時代認識のための社会学理論』ミネルヴァ書房．
――――，2011b，「〈モダニティと社会学〉再考」『社会学史研究』33 : 3-20.
久保田進彦，2004，「ブランド要素戦略――ブランド戦略の実戦手段」青木幸弘・恩蔵直人編『製品・ブランド戦略』（現代のマーケティング戦略〈1〉）有斐閣．
公文俊平，2004，『情報社会学序説　ラストモダンの時代を生きる』NTT 出版．
Lash, S., 1990, *Sociology of Postmodernism*, London : Routledge.（=1997，田中義久監訳『ポスト・モダニティの社会学』法政大学出版局．）
――――, 1996, "Tradition and Limits of Difference", in Heelas, Lash, Morris, *Detraditionalization*, Oxford : Blackwell.
――――, 2002, *Critique of Information*, London : Sage.（=2006，相田敏彦訳『情報批判論――情報社会における批判理論は可能か』NTT 出版．）
――――, 2010, *Intensive Culture*, London : Sage.
Lash, S. and Lury, G., 2007, *Global Culture Industry*, Cambridge : Polity.
Lash, S. and Urry, J., 1987, *The End of Organized Capitalism*, Cambridge : Polity.
――――, 1994, *Economies of Signs and Space*, London : Sage.
Luhmann, N., 1974, *Sociologische Aufklärung*, Opladen : Westdeutscher Verlag（=1984，土方昭監修訳『社会システムのメタ理論』新泉社．）
――――, 1990, *Essays on Self Reference*, New York : Columbia University Press.（=1996，土方昭・大澤善信訳『自己言及性について』国文社．）
Lyotard, J., 1979, *La Condition Postmoderne*, Paris : Edition de Minuit.（=1986，小林康夫訳『ポストモダンの条件――知・社会・言語ゲーム』風の薔薇．）
McMillan, J., 2002, *Reinventing the Bazaar*, New York : W. W. Norton.（=2007，滝澤

弘和・木村友二訳『市場を創る――バザールからネット取引まで』NTT 出版.)
前垣和義, 2000,『大阪くいだおれ学』葉文館出版.
間々田孝夫, 2007,『第三の消費社会論』ミネルヴァ書房.
丸山哲央, 2010,『文化のグローバル化』ミネルヴァ書房.
増田明子, 2012,「製造小売業の途上国における製品開発」商品開発・管理学会第19回全国大会発表論文集.
松尾秀雄, 1999,『市場と共同体』ナカニシヤ出版.
松岡絵里, 吉田友和, 2010,『世界の市場』図書刊行会.
松井広志, 2013,「ポピュラーカルチャーにおけるモノ」『社会学評論』252: 503-518.
松井忠三, 2013,『無印良品は仕組みが9割――仕事はシンプルにやりなさい』角川書店.
――――, 2013,「無印良品のマーケティング戦略」第2回マーケティング・カンファレンス講演.
三浦展, 2012,『第四の消費――つながりを生み出す社会へ』朝日新聞出版.
三上剛史, 1998,「新たな公共空間」『社会学評論』192: 453-473.
――――, 2003,『道徳回帰とモダニティ』恒星社厚生閣.
――――, 2010,『社会の思考――リスクと監視と個人化』学文社.
――――, 2011,「〈個人化〉する社会の個人」『社会学史研究』33: 41-58.
見田宗介, 2006,『社会学入門――人間と社会の未来』岩波書店.
宮原浩二郎・藤阪新吾, 2012,『社会美学への招待』ミネルヴァ書房.
宮本孝二, 1998,『ギデンズの社会理論――その全体像と可能性』八千代出版.
――――, 2000,「社会学とリフレクシヴィティ」『ソシオロジ』138: 35-45.
森正人, 2012,『歴史発見！　ロンドン案内』洋泉社.
中村伊知哉, 2013,「クール・ジャパン：日本の産業文化力」伊藤陽一・浅野智彦・赤堀三郎・浜日出夫・高田義久・粟谷佳司編,『グローバル・コミュニケーション――キーワードで読み解く生命・文化・社会』ミネルヴァ書房.
中西眞知子, 1998,「再帰性と近代社会――ギデンズの再帰性概念の徹底化を論じる」『ソシオロジ』132: 21-36.
――――, 2000,「東と西と」『インサイト』2, インテージ.
――――, 2007,『再帰的近代社会――リフレクシィブに変化するアイデンティティや感性, 市場と公共性』ナカニシヤ出版.
――――, 2010,「市場と都市の再帰性」『中京ビジネスレビュー』6: 3-46.
――――, 2013,「ブランドの再帰性」『中京経営研究』第22巻第1.2号: 105-119.

————，2013,「再帰性の変化と新たな展開——ラッシュの再帰性論を基軸に」社会学評論 254 : 224-239.
————，2014,「市場（いちば）の再帰性」『中京経営研究』第 23 巻 1・2 号 : 97-123.
Nakanishi, M., 2012, “The Transformation of Reflexivity”『中京経営研究』第 21 巻第 1・2 号 : 33-45.
中澤天童，2000,『摩訶不思議シティ名古屋の本』PHP 文庫.
日本博物倶楽部，2000,『大阪ことば学』PHP 文庫.
日本経済新聞社，2012,『日本経済新聞』2012 年 10 月 30 日，2013 年 12 月 18 日
野村一夫，2005,『子犬に語る社会学』洋泉社.
尾上圭介，2000,『大阪ことば学』創元社.
小川（西秋）葉子，2007,「グローバリゼーションをめぐる二重らせんの時間」『社会学評論』228 : 763-783.
小川（西秋）葉子・川崎賢一・佐野麻由子編著，2010,『グローバル化の社会学——循環するメディアと生命』恒星社厚生閣.
岡山武史・高橋広行，2013,「小売企業のブランド構築とコミュニケーション——ネットスーパーへの拡張を求めて」『広告科学』58 : 1-22.
大橋照枝・藤井大拙，2008,「インターネットの CGM の急拡大は商品購入への“ブランド”意識をどう変えているか」『広告科学』49.
大島敦，2011,「フェアトレード研究の潮流」佐藤寛編『フェアトレードを学ぶ人のために』世界思想社.
Prahalad, P., 2005, *The Fortune at the Bottom of the Pyramid*, Pensilvanior : Wharton School Publihsing（=2005，スカイライトコンサルティング訳『ネクスト・マーケット』英治出版.）
Ransom, D., 2004, *The No-Nonsense Guide to Fair Trade*, Oxford : Internationalist Publications（=2004，市橋秀夫訳『フェア・トレードとは何か』青土社.）
Ritzer, G., 1993, *The McDonaldization of Society*, Thousand Oaks, CA : Pine Forge.（=1999，正岡寛司監訳『マクドナルド化する社会』早稲田大学出版部.
リッツア，G・丸山哲央編，2003,『マクドナルド化と日本』ミネルヴァ書房.
Robertson, R., 1992, *Globalization : Social Theory and Global Culture*, London : Sage.（=1997，阿部美也訳『グロバリゼーション——地球文化の社会理論』東京大学出版会.）
Rorty, R., 1979, *Philosophy of the Mirror of nature*, Princeton : Princeton University Press.（=1993，野家啓一監訳『哲学と自然の鏡』産業図書.）
佐藤寛編，2011,『フェアトレードを学ぶ人のために』世界思想社.
Schutz, A., 1970, *On Phenomenology and Social Relation*, Chicago : University of

Chicago Press.（=1980，森川眞規雄・浜日出夫訳『現象学的社会学』紀伊国屋出版．）
Scott, J., Marshall, G., 1994, *Oxford Dictionary of Sociology*, Oxford: Oxford University Press.
数土直紀，1994,「存在と時間の社会理論――ひとつのギデンズ解釈」『年報社会学論集』7: 202-212.
――――, 2001,『理解できない他者と理解されない自己――寛容の社会理論』勁草書房.
菅波紀宏・長沢伸也，2012,「SPA 企業の海外展開におけるフラッグシップショップ戦略――無印良品の事例」商品開発・管理学会第 19 回全国大会発表論文集.
砂原庸介，2013,『大阪』中央公論社.
陶山計介，2012,「PB 戦略にみるメーカーと小売業の競争・協調――PB 商品をめぐるインサイトサイト調査より」商品開発・管理学会第 19 回全国大会特別講演資料.
陶山計介・梅本春夫，2000,『日本型ブランド優位戦略――「神話」から「アイデンティティ」へ』ダイヤモンド社.
陶山計介・妹尾俊之，2006,『大阪ブランド・ルネッサンス――都市再生戦略の試み』ミネルヴァ書房.
鈴木謙介，2007a,『〈反転する〉グローバリゼーション』NTT 出版.
――――, 2007b,『ウエブ社会の思想』NHK 出版.
首藤明敏，2010,「サービスブランディング」『AD Studies』Vol.32.
Tomlinson, J., 1999,=2000『グローバリゼーション――文化帝国主義を超えて』片岡信訳　青土社.
友岡邦之 2009「地域戦略に動員される文化的資源」『社会学評論』239.
Turner. J. H. and Stets, J. E., 2005, *The Sociology of Emotions*, Cambridge: Cambridge University Press.（=2013, 正岡寛司訳『感情の社会学理論――社会学再考』明石書店.）
宇城輝人，2010,「［ファーストフード・ファミレス］ひとりで食べる人たちの場所」遠藤知巳編『フラット・カルチャー――現代日本の社会学』せりか書房.
Urry, J., 1995, *Consuming Places*, London: Routledge.（=2003，吉原直樹・大澤善信監訳『場所を消費する』法政大学出版局.）
――――, 2000, *Sociology Beyond Societies*, London: Routledge.（=2006，吉原直樹監訳『社会を超える社会学』法政大学出版局.）
――――, 2007, *Mobilities*, Cambridge: Polity.
碓井崧，2003,「マクドナルド化のプログラム分析」G・リッツァ，丸山哲央編

『マクドナルド化と日本』ミネルヴァ書房.
――――, 2007, 『社会学――原典で読む規格化と多様化』ミネルヴァ書房.
若林幹夫, 2010, 「[ショッピングセンター] モール化する世界」遠藤知巳編『フラット・カルチャー――現代日本の社会学』せりか書房.
余田拓郎, 2010, 「B2Bコミュニケーションの新たな基軸――ブランディングによる成長シナリオ」『AD Studies』Vol.32.
――――, 2011, 『B to B マーケティング――日本企業のための成長シナリオ』東洋経済新報社.
読売新聞社, 2013, 『読売新聞』2013年4月19日.
吉田純, 2000, 『インターネット空間の社会学――情報ネットワーク社会と公共圏』世界思想社.

資料1　第4章関連資料（調査票）

都市と市場に関するアンケート
アンケートにアクセスしていただき、ありがとうございます。

このアンケートは、モニター登録情報で、東京 23 区・名古屋市・大阪市のいずれかに在住の方にお送りしております。
条件をご確認の上、よろしければアンケートにご協力ください。

アンケートにご協力いただける場合は、下の[開始]ボタンを押してご回答ください。
＜調査実施機関 ： 株式会社インテージ・インタラクティブ＞

このアンケートは、前のページに戻ることができません。ブラウザの「戻る」ボタンは使用しないでください。

【各都市のイメージについておうかがいします。】

Q1 東京と聞いて何を思い浮かべますか。ご自由にご記入ください。
（回答は具体的に）

Q2 名古屋と聞いて何を思い浮かべますか。ご自由にご記入ください。
（回答は具体的に）

Q3 大阪と聞いて何を思い浮かべますか。ご自由にご記入ください。
（回答は具体的に）

Q4 東京のイメージを表現するのに各項目がどの程度ふさわしいかお聞かせください。
※わからない場合はイメージでお答えください
（回答は横の行ごとに１つずつ）

	非常にふさわしい	←	←←	どちらともいえない	→→	→	全くふさわしくない
誠実な	○	○	○	○	○	○	○
温かい	○	○	○	○	○	○	○
刺激的な	○	○	○	○	○	○	○
ユニークな	○	○	○	○	○	○	○
安全な	○	○	○	○	○	○	○
リーダー的な	○	○	○	○	○	○	○
洗練された	○	○	○	○	○	○	○
おしゃれな	○	○	○	○	○	○	○
素朴な	○	○	○	○	○	○	○
力強い	○	○	○	○	○	○	○

Q5 名古屋のイメージを表現するのに各項目がどの程度ふさわしいかお聞かせください。
※わからない場合はイメージでお答えください
（回答は横の行ごとに１つずつ）

	非常にふさわしい	←	←←	どちらともいえない	→→	→	全くふさわしくない
誠実な	○	○	○	○	○	○	○
温かい	○	○	○	○	○	○	○
刺激的な	○	○	○	○	○	○	○
ユニークな	○	○	○	○	○	○	○
安全な	○	○	○	○	○	○	○
リーダー的な	○	○	○	○	○	○	○
洗練された	○	○	○	○	○	○	○
おしゃれな	○	○	○	○	○	○	○
素朴な	○	○	○	○	○	○	○
力強い	○	○	○	○	○	○	○

Q6 大阪のイメージを表現するのに各項目がどの程度ふさわしいかお聞かせください。
※わからない場合はイメージでお答えください
（回答は横の行ごとに１つずつ）

	非常にふさわしい	←	←←	どちらともいえない	→→	→	全くふさわしくない
誠実な	○	○	○	○	○	○	○
温かい	○	○	○	○	○	○	○
刺激的な	○	○	○	○	○	○	○
ユニークな	○	○	○	○	○	○	○
安全な	○	○	○	○	○	○	○
リーダー的な	○	○	○	○	○	○	○
洗練された	○	○	○	○	○	○	○
おしゃれな	○	○	○	○	○	○	○
素朴な	○	○	○	○	○	○	○
力強い	○	○	○	○	○	○	○

【各都市にふさわしいものについておうかがいします。】
※知らない場合はイメージでお答えください。

Q7 東京に各項目がどの程度ふさわしいかお聞かせください。
（回答は横の行ごとに１つずつ）

	非常にふさわしい	←	←←	どちらともいえない	→→	→	全くふさわしくない
皇居	○	○	○	○	○	○	○
東京駅	○	○	○	○	○	○	○
銀座	○	○	○	○	○	○	○
秋葉原	○	○	○	○	○	○	○
ソニー	○	○	○	○	○	○	○
キリンビール	○	○	○	○	○	○	○
握りずし	○	○	○	○	○	○	○
読売ジャイアンツ	○	○	○	○	○	○	○

Q8 名古屋に各項目がどの程度ふさわしいかお聞かせください。
（回答は横の行ごとに１つずつ）

	非常にふさわしい	←	←←	どちらともいえない	→→	→	全くふさわしくない
名古屋城	○	○	○	○	○	○	○
名古屋駅	○	○	○	○	○	○	○
栄	○	○	○	○	○	○	○
金山	○	○	○	○	○	○	○
トヨタ	○	○	○	○	○	○	○
ミツカン	○	○	○	○	○	○	○
きしめん	○	○	○	○	○	○	○
中日ドラゴンズ	○	○	○	○	○	○	○

Q9 大阪に各項目がどの程度ふさわしいかお聞かせください。
（回答は横の行ごとに１つずつ）

	非常にふさわしい	←	←←	どちらともいえない	→→	→	全くふさわしくない
大阪城	○	○	○	○	○	○	○
大阪駅	○	○	○	○	○	○	○
梅田（キタ）	○	○	○	○	○	○	○
難波（ミナミ）	○	○	○	○	○	○	○
パナソニック	○	○	○	○	○	○	○
サントリー	○	○	○	○	○	○	○
たこ焼き	○	○	○	○	○	○	○
阪神タイガース	○	○	○	○	○	○	○

【全体として各都市についておうかがいします。】

Q10 あなたは、現在住んでいる都市にどの程度満足していますか。

非常に満足	←	←←	どちらとも いえない	→→	→	非常に不満
○	○	○	○	○	○	○

Q11 あなたは、各都市をどの程度お好きですか。
(回答はそれぞれ１つずつ)

〈東京〉

非常に好き	←	←←	どちらとも いえない	→→	→	全く 好きでない
○	○	○	○	○	○	○

〈名古屋〉

非常に好き	←	←←	どちらとも いえない	→→	→	全く 好きでない
○	○	○	○	○	○	○

〈大阪〉

非常に好き	←	←←	どちらとも いえない	→→	→	全く 好きでない
○	○	○	○	○	○	○

Q12 あなたは、各都市にどの程度住みたいですか。今住んでいる方はどの程度今後住み続けたいか、をお答えください。
(回答はそれぞれ１つずつ)

〈東京〉

非常に 住みたい	←	←←	どちらとも いえない	→→	→	全く 住みたくない
○	○	○	○	○	○	○

〈名古屋〉

非常に 住みたい	←	←←	どちらとも いえない	→→	→	全く 住みたくない
○	○	○	○	○	○	○

〈大阪〉

非常に 住みたい	←	←←	どちらとも いえない	→→	→	全く 住みたくない
○	○	○	○	○	○	○

Q13 あなたは、各都市にどの程度観光に行きたいですか。
（回答はそれぞれ１つずつ）

〈東京〉

非常に 行きたい	←	←←	どちらとも いえない	→→	→	全く 行きたくない
○	○	○	○	○	○	○

〈名古屋〉

非常に 行きたい	←	←←	どちらとも いえない	→→	→	全く 行きたくない
○	○	○	○	○	○	○

〈大阪〉

非常に 行きたい	←	←←	どちらとも いえない	→→	→	全く 行きたくない
○	○	○	○	○	○	○

Q14 あなたは、各都市にどの程度買い物に行きたいですか。
（回答はそれぞれ１つずつ）

〈東京〉

非常に 行きたい	←	←←	どちらとも いえない	→→	→	全く 行きたくない
○	○	○	○	○	○	○

〈名古屋〉

非常に 行きたい	←	←←	どちらとも いえない	→→	→	全く 行きたくない
○	○	○	○	○	○	○

〈大阪〉

非常に 行きたい	←	←←	どちらとも いえない	→→	→	全く 行きたくない
○	○	○	○	○	○	○

Q15 あなたは、各都市にどの程度食事、喫茶、飲酒などに行きたいですか。
（回答はそれぞれ１つずつ）

〈東京〉

非常に 行きたい	←	←←	どちらとも いえない	→→	→	全く 行きたくない
○	○	○	○	○	○	○

〈名古屋〉

非常に 行きたい	←	←←	どちらとも いえない	→→	→	全く 行きたくない
○	○	○	○	○	○	○

〈大阪〉

非常に 行きたい	←	←←	どちらとも いえない	→→	→	全く 行きたくない
○	○	○	○	○	○	○

Q16 あなたは、各都市にどの程度コンサートや観劇、美術鑑賞などに行きたいですか。
（回答はそれぞれ１つずつ）

〈東京〉

非常に行きたい	←	←←	どちらともいえない	→→	→	全く行きたくない
○	○	○	○	○	○	○

〈名古屋〉

非常に行きたい	←	←←	どちらともいえない	→→	→	全く行きたくない
○	○	○	○	○	○	○

〈大阪〉

非常に行きたい	←	←←	どちらともいえない	→→	→	全く行きたくない
○	○	○	○	○	○	○

Q17 次にあげる意見について、どのように思いますか。あなたのお考えに近いものをお答えください。
（回答はそれぞれ１つずつ）

	非常にそう思う	←	←←	どちらともいえない	→→	→	全くそう思わない
街はものづくりで成り立つ	○	○	○	○	○	○	○
街は商店街や飲食店の賑わいが大切だ	○	○	○	○	○	○	○
街は観光地としての魅力が大切だ	○	○	○	○	○	○	○
街はコンサートや美術館など文化の魅力で価値が決まる	○	○	○	○	○	○	○
街は教育や福祉など住みやすさで決まる	○	○	○	○	○	○	○
所得の増加を何よりも重視する	○	○	○	○	○	○	○
所得増加よりも労働時間の短縮を重視する	○	○	○	○	○	○	○
所得増加よりも社会保障を重視する	○	○	○	○	○	○	○
雇用の安定が何より大切だ	○	○	○	○	○	○	○
市場に任せておけば経済はうまくいく	○	○	○	○	○	○	○
社会にはセーフティーネットが不可欠だ	○	○	○	○	○	○	○
競争するよりも共存したい	○	○	○	○	○	○	○
途上国の経済発展の方が先進国の経済危機より深刻だ	○	○	○	○	○	○	○
将来世代の利益のほうが自分たちの世代の利益よりも大切だ	○	○	○	○	○	○	○
一人ひとりのライフスタイルが変わらなければ、地球環境は良くならない	○	○	○	○	○	○	○
街の市場（いちば）は楽しいコミュニケーションの場だ	○	○	○	○	○	○	○
ネット上の市場（しじょう）は楽しいコミュニケーションの場だ	○	○	○	○	○	○	○
街は社会の大きな財産なので大切にしたい	○	○	○	○	○	○	○

Q18 あなたは、都市において、製造業の振興、サービス業や商店街の振興、観光や文化の振興をそれぞれどの程度重視していくべきであると思いますか。

また、今後 2020 年、2050 年、どの程度重視していくべきだと思いますか。

「現在」「2020 年」「2050 年」のそれぞれにおいて、(1)～(5)の 5 つの重視度の合計が 100 点になるようにお答えください。

(回答は半角数字で入力)

	現在	2020年の都市で重視	2050年の都市で重視
(1)製造業の振興	点	点	点
(2)商店街の振興	点	点	点
(3)観光振興	点	点	点
(4)文化施策	点	点	点
(5)教育や福祉	点	点	点
合計	点	点	点

【最後にあなたご自身のことについておうかがいします。】

F1 あなたの性別は。
(回答は 1 つ)
- ○ 男性
- ○ 女性

F2 あなたの年齢は。
(回答は半角数字で入力)

□ 才

F3 あなたのご職業は。
(回答は 1 つ)
- ○ 経営・管理職
- ○ 専門・技術職
- ○ 事務職
- ○ 労務・販売職
- ○ 商工・自営業
- ○ 自由業
- ○ 農林漁業
- ○ 専業主婦
- ○ パート・アルバイト
- ○ 学生
- ○ 無職
- ○ その他 □

F4 ご結婚は。
(回答は 1 つ)
- ○ 既婚
- ○ 未婚

F5 あなたを含めて、同居しているご家族の人数は。
（回答は半角数字で入力）

[ ] 人

F6 あなたの最終学歴は。
（回答は１つ）
- ○ 中学卒（旧高等小学校卒）
- ○ 高校卒（旧中学卒）
- ○ 短大・専門学校卒（在学含む）
- ○ 大学・大学院卒（在学含む）
- ○ その他 [ ]

F7 あなたがお住まいの住居形態は。
（回答は１つ）
- ○ 持ち家・一戸建て
- ○ 借家・一戸建て
- ○ 分譲マンション（公団含む）
- ○ 賃貸マンション（公団含む）
- ○ 民間アパート
- ○ 社宅・寮
- ○ その他 [ ]

F8 あなたのご家族全体の年収は、この中のどれにあてはまりますか。
（回答は１つ）
- ○ 200 万～400 万円未満
- ○ 400 万～600 万円未満
- ○ 600 万～800 万円未満
- ○ 800 万～1000 万円未満
- ○ 1000 万～1200 万円未満
- ○ 1400 万～1600 万円未満
- ○ 1600 万～1800 万円未満
- ○ 1800 万～2000 万円未満
- ○ 2000 万円以上
- ○ わからない/答えたくない

F9 あなたの１か月に自由になるお金（お小遣い）はおおよそいくらですか。
万円より小さい単位は、四捨五入してお答えください。
（回答は半角数字で入力）

[ ] 万円

F10 あなたの１週間の自由な時間は合計何時間ですか。
（回答は半角数字で入力）

[ ] 時間

F11 あなたがお住まいの都市は。
（回答は１つ）
- ○ 東京
- ○ 名古屋
- ○ 大阪

資料2　第4章関連資料（三都市のイメージ）

性別	年齢	東京と聞いて何を思い浮かべますか。	名古屋と聞いて何を思い浮かべますか。	大阪と聞いて何を思い浮かべますか。
男性	40	大都会，商売の規模が大きい。	トヨタで栄えている。	商売が上手。
男性	34	高層ビル群と入り組んだ鉄道網。	駅前の広い空間。	雑然とした町並み。
女性	57	首都。	田舎の大都会。	いいかげん。
男性	43	一見大都市。しかし，島国のため，頭でっかちな世間知らず。都会に在りがちなイケイケどんどん。ドンドンどちらまで??????????????????世界（若者文化）に，影響力あり。クール。島国根性のフロンティア精神満載。	コンプレックスからくるであろう虚栄心，あくまで西と東の通過地点。トヨタだけに頼らず，地場でもっとなんとか若い人の活性化しとかねば，先が。。。味覚もそうだが，ナーンか，コユイ感じ。その濃さをどう料理するか今後の課題。何事かをするにはそれって大切だから。成熟したら淡くなって行くんだけどね。って事で，未開の大地。	マイペースぶっている負犬の遠吠え，所詮東京と比較するしか無いそして悟，東京に行かねばと。。。ガチャガチャしたおもちゃ箱。
男性	37	都会。人混み。通勤ラッシュ。	トヨタ。エビフライ。	地元。地盤沈下。阪神タイガース。
女性	31	東京タワー，お台場，六本木，新宿，渋谷，東京ドーム，東京バナナ，物価が高い。	ういろう，金のしゃちほこ，名古屋城，テレビ塔。	たこ焼き，ふぐ，道頓堀，大阪城，橋下さん，おばちゃん，大阪弁。
女性	52	東京タワー，東京ディズニーランド，浅草，雷門。	名古屋城，味噌煮込みうどん，ういろう，あんこトースト，エビフライ。	大阪城，関西弁，たこ焼き。
女性	21	人混み，電車のラッシュ，山手線，人形焼，東京バナナ，テレビ局，お台場，東京タワー。	中日新聞，中日ドラゴンズ，名古屋港，東山動物園，ひつまぶし，てばさき，みそにこみ，ういろう，すがきや，きしめん，名古屋城。	お好み焼き，たこ焼き，グリコの看板，食い倒れ人形，大阪のおばちゃん，関西弁（大阪弁？），お笑い。
男性	30	都会，日本の中心，政治経済の中心。人が多い。	中日新聞，中日ドラゴンズ，トヨタ。	粉もん文化，笑い，食の中心。
男性	39	首都，情報の中心。	なし。	自己中の集まり。
女性	47	人が多い。車で走りにくい。日本の首都。あまり行きたくない。	自分が住んでいる。発展はしていないが自分にはちょうどいい。都心部に老人が多く，店も少ない。	関西弁。結構，親切。宝塚へ行くときの経由地。
男性	40	TDL。	手羽先。	たこやき。
女性	50	都会。人が多い。美術館がたくさんあって面白い展覧会をいつもどこかでやっている。思ったより緑が多い。	これといった特徴がないし，いわゆる名所が少なくて半日観光で十分。でも住んでいると動き回るのにちょうどいい大きさで，繁華街もわかりやすい。独自の文化を喧伝せずに守っている。	にぎやか。個性的な人が多いし，自分たちが標準だと思っている。ただし街には清潔感がない。ラテン化する日本の核だと思う。
男性	57	首都。	トヨタ。	難波。
女性	41	首都。大都市。赤坂や六本木など，賑やかなところが多くあり，うらやましい所。でも，住んでみたいとは思わなくて，旅行や観光では行きたいって思う…でも，なかなか行けない。何年も行っていない。	住むまでは，日本の3大都市だと思っていたが，大きな間違いでめちゃめちゃ田舎だった。そのくせ，住んでいる人間は名古屋は都会だと思っている。考え方も田舎だし，道路も田舎のつくりのままでめちゃくちゃで道路開発の整備がされずに家だけがどんどん建っている。食べ物がまずい。大嫌いな街。	財政難だが，活気がある。にぎやか。人間的にいい街。大阪のおばちゃんって好き。腹をわって話せる。食べ物がおいしい。大好きな街。
女性	25	人が多い，機械的，居心地が悪そう，ものが多い，新しい。	派手好き，味噌カツ，えびふりゃー，名古屋巻き，金色。	うるさい，人情あったかい，便利。
女性	31	大都会，日本の中心，洗練された，お洒落。	しゃちほこ，海老フリャー，いなか，赤味噌。	吉本，笑いの殿堂，たこやき。

男性	39	高層ビル，人が多い，排気ガス，文化が無くなりつつある，地方の人の集まり。	中途半端な都会（田舎），味噌煮込み，名古屋城，味噌カツ，中小企業が多い。	たこやき，お好み焼き，お笑い，道頓堀，ボケとツッコミの精神。
男性	24	首都。	地元。	うるさい。
男性	54	日本の首都，寝むらない街。	道路が広い，地下街，名古屋めし。	商売，たこ焼き。
女性	45	大都市で日本の中心。	けっこう都市のよう。	密集している住宅地が多い。人口密度が高い。
男性	56	東京タワー。	ういろ。	通天閣。
女性	36	大都会，高層ビル群，あふれる人，地方出身者。	ほどよい都会，ほどよく田舎，暮らしていくには困らない。	異国，関西弁，たこ焼き。
男性	25	都会。日本の中心。最先端。	トヨタ。名物が多い。	たこ焼き。人がポジティブ。
女性	34	首都，大都市，狭い。	地方都市，元気がある。	汚い。
男性	47	首都，国際都市。	過去の栄光，三菱とトヨタの天下。	不愉快。
女性	36	東京タワー，大都市，乾いた夜景。	シャチホコ，味噌。	食の都，くいだおれ，お笑いの街。
女性	21	東京タワー。	なし。	くいだおれ人形。
男性	46	雑多，首都，オリンピック，中心，皇居，東京駅。	エビフライ，味噌カツ，城，トヨタ，しゃちほこ。	おばちゃん，自分勝手，商人，たこ焼き，引ったくり日本一，財政破綻。
女性	37	排気ガス。	見栄っ張り。	たこ焼き，喧しい。
男性	53	おもちゃ箱をひっくり返したようにごちゃごちゃしている。	金のしゃちほこ。	ワイワイとにぎやかでやかましい。
男性	30	東京タワー，大都市，新宿，繁華街，都会，コンクリートジャングル。	シャチホコ，モーニング，愛知，天むす。	関西たこ焼き，お好み焼き，通天閣，漫才，道頓堀。
男性	38	東京タワー。	トヨタ。	お好み焼き。
男性	35	人が多い。	車。	うるさい。
男性	45	首都政治や物事を決めていてる感じがする。	トヨタの町トヨタ自動車が町を形成している。	緻密な町素直で腹にためることがない。
男性	31	首都。都会。	味噌煮込みうどん。名古屋城。中日ドラゴンズ。	食い倒れの町。地元。駐輪違反が多い。
男性	51	大都会。	みゃー。	食い倒れ。
女性	39	都会最新のお店がいろいろある，物価が高い，有名な良い学校が沢山ある。	名古屋メシ，名古屋城，トヨタ。	粉もん，吉本，大阪弁，阪神タイガース，安くて美味しいものが沢山ある。
男性	37	育った場所，都会，狭い。	海老フライ，甲子園，関西。	関西，犯罪，キチガイ，悪賢い。
男性	28	東京タワー，首都。	田舎と都市の中間，トヨタ。	大阪城，食べ物がおいしい，大阪弁。
女性	50	ビル群，ネオン，空気の汚れ，狭い路地，密集する家々。開発された町並み，便利な町事情高い衣食住。	味噌カツ，冠婚葬祭の派手さ加減。	たこ焼き，元気なおばさん，笑いの町。
男性	48	首都，人が多い。	車が多い。道が広い。あまり特徴が無い。	にぎやか。食い倒れ。
男性	29	都会。	しゃちほこ。	くいだおれ。
女性	48	おしゃれ。	トヨタ。	こわい。
男性	56	皇居。	金の鯱。	食い倒れ。
女性	42	都会，流行発信地，人ごみ，東京タワー。	名古屋めし（赤だし，味噌煮込み，ひつまぶし，味噌カツ，味噌おでん，おぐらトースト），名古屋城。	お好み焼き，たこ焼き，くいだおれ，阪神タイガース。
男性	31	冷たい。	名古屋城。	あつかましい。
女性	29	電車が多い。	えびふらい。	漫才。
女性	29	繁華街が多く買い物も便利でなんでもある。	特になんにもないところ。	都会のようで都会じゃない。
男性	37	中央，秋葉原，眠らない街。	シャチホコ，ドアラ。	食いだおれ，USJ，日本橋。
男性	47	イベント，秋葉原，上野，御徒町，中野，山手線，ビジネスホテル。	地元，車がないと不便。	道頓堀，お好み焼き，金龍，アーケード，日本橋，風俗。

女性	32	都会。首都，中心。	第三の都市。	地元。第二の都市。
女性	49	ゴミゴミしているところ，人が多い。	いまいち都会的でないこと。	人々がセカセカしている感じ。
女性	26	どうしようもない都市。	食のおいしい街。	下品。
女性	48	首都。	金の鯱。	たこ焼き，うどん。
男性	25	人が多い。地方より仕事が多い。買物をするのに便利。渋滞が多い。地方出身者が多い。	外の人間を受け付けないイメージ。見栄張りが多いイメージ。	商売上手。値切りという文化。
女陸	29	渋滞。	派手な女の子。	たこやき。
女性	47	首都，皇居，国会。	城，ウイロウ，味噌カツ。	商人，たこ焼き，御堂筋。
男性	56	大都会。	きしめん。	大阪城。
女性	49	若いときは楽しい。住宅が高い。刺激的。	生活しやすい。公園や緑が豊富。田舎と都会が丁度良い具合。海が近い。	吉本。お笑い。荒い。
女性	32	都会。	ｔｏｙｏｔａ。	お笑い。
男性	31	霞が関，皇居，国会議事堂。	トヨタ自動車，外郎，味噌カツ。	ダイハツ工業，パナソニック，サンヨー，まいど1号。
男性	52	大都会。	名古屋城。	大阪城。
男性	32	都会，雑踏，東京タワー，欲望嚢く街。	鯱鉾，名古屋城，トヨタ市。	ガンバ大阪，漫才，汚い淀川，大阪城。
女性	30	都会，忙しい，流行。	都会も田舎も両方ある，環境良い。	ごちゃごちゃしてる。
男性	32	都会。	えびふらい。	なんでやねん。
女性	45	都会。	味噌煮込みうどん。	たこ焼き，お好み焼き。
男性	65	東京タワー。	しゃちほこ。	たこ焼き。
女性	27	浅草。	味噌煮込みうどん。	たこ焼き。
女性	42	東京タワー。	シャチホコ。	道頓堀。
女性	45	芸能人が普通に歩いていても動揺せず，オシャレな町。	どぎつい派手なイメージ。	オープンでセコセコしない。
男性	59	大都会。余り生活はしたくない。	偉大な田舎。食べ物がおいしい。	関西弁に違和感。衰退している。吉本興業の文化。
女性	44	大都会，石原都知事，芸能界。	みそにこみうどん，ういろう，みそかつ。	くいだおれ，吉本。
女性	34	人が多い，個々人社会，空気が汚い，かろうじて日本。	みゃー，クルマをつくってる近く，愛地球博，やっとかめー。	韓国人に占拠されている，汚い，ごみごみしている，堺。
女性	53	首都。	鯱鉾。	第二の都市。
女性	49	東京タワーが脳裏に浮かぶ。	みそカツ。食べたことはないが，食い道楽の町。	突っ込みに強く，よくしゃべる気質の人たちがいる町。
男性	41	大きな都市。	味噌かつ，きしめん，ういろう。	通天閣，お好み焼き。
女性	48	大都市，日本の中心。	しゃちほこ。	食い倒れ，大阪弁言葉。
女性	24	なし。	なし。	なし。
男性	56	銀座，六本木，新宿。	ういろ，名古屋城。	たこ焼き，お好み焼き。
男性	44	日本の中心。	味噌カツ。	地元。
男性	37	東京タワー。	地元。	ＵＳＪ。
女性	32	首都，都会，人が多い，夜も賑やか，電車がいっぱいで複雑，色々な店がある。忙しそう。	地元。名古屋城，独特であまり理解されない事が多い。	賑やか，人情が厚い。観光よりグルメ。楽しい。
女性	30	都会的で常に流行の最先端をいっている。オシャレな人やお店が多い。自分のスタイルを皆持っている。	流行りが2～3年後になって入ってくる。都会だけどなかなか都会になりきれない中途半端さがある。保守的。	東京の次に都会。独自の文化がある。個性的。
女性	50	世界一物価の高い都市。大都会。	日本の中心部にあり日本国内が不景気でありながら，その中でも比較的景気が良いところ。	たこ焼き，お好み焼が美味しいところ。吉本を初めとするお笑いの地。街の活気の良さ。
女性	32	日本の首都。	名古屋嬢。	お笑い食いだおれ。

男性	50	東京タワー，日本の首都，六本木ヒルズ，浅草，政治経済の中心。	金の鯱ほこ，えびフライ，味噌煮込みうどん，栄，松坂屋。	くいだおれ，大阪城，ＵＳＪ，難波，阪神タイガース。
女性	31	何でもあって便利。	見栄っ張り。	ずうずうしい。
男性	42	人ごみ。	自宅。	大阪弁，汚い。
女性	28	日本の中心。	味が濃い料理が多い。	USJ。
男性	40	雑多な都会。地方からの就職。	緑が多い。	古都に囲まれた街。
女性	47	大都市，日本経済の中心，不夜城。	中日ドラゴンズ，エビフライ。	商人，派手，世話焼き。
男性	28	人と金が集まるところ。	意外と可愛い女の子が多い。	笑いについて勘違いしている。在日韓国・朝鮮人が多く，住みにくい。
女性	39	楽しい，便利。	堅実，おもしろい食べ物。	ケチ，大阪大好き，おもしろい，阪神。
女性	56	日本の中心。石原都知事のやりたいようにやっているところ。東北や北海道の人も多そうで純粋な江戸っ子は少なそう。名古屋でもそうだが東京の中心部と周りの東京では都会の地域差があるかなと思う。一般に言われる東京は空気が少なく空気も汚く水もまずい。そして何より物価が高いんですよね。	東京と大阪にはさまれた偉大なる田舎。失敗するだろうと言われた万博も難も無く成功させた。何事にも無難に制すところが名古屋らしいところ。物価も比較的安いほうだし水は日本でも３番目位に美味しい。	おばちゃんが凄い。物を購入するのに値切るのは当たり前という。値切らないほうがおかしいと大阪出身の大人しい男性に言われたときには吃驚した。
男性	36	東京タワー。	テレビ塔。名古屋城。	道頓堀。
男性	43	東京タワー。	名古屋城。	USJ。
男性	23	都会。怖い。標準語。巨人。東京タワー。地下鉄一人で乗れそうにない。首都。あんまり良いイメージがない。あんまり好きじゃない。うるさそう。土地が高い。家賃が高い。物価が高い。１０９。山手線。渋谷。新宿。歌舞伎町。大阪と地名がかぶってるとこが多い（京橋，新橋とか）	都市ってイメージがあんまり無い。ご飯が多そう。モーニング。日本の真ん中あたりのイメージ（場所的に）。セントレア。栄。名古屋の周りに都市がなさそう（大阪なら神戸や京都みたいな感じ）。	安い。ガラ悪い。関西弁。大阪弁。キタ。ミナミ。ミナミの帝王。新世界。吉本新喜劇。大阪環状線。たこやき。いかやき。お好み焼き。気前がいい。ＨＥＰ。なんばウォーク。なんばパークス。だんじり。御堂筋。新御堂筋。心斎橋。難しい地名。おばちゃんの豹柄。ひっかけ橋。グリコ。マクド。ドンキの観覧車。海遊館，天保山。大阪南港。インテックス大阪。ＡＴＣ。大阪ドーム。梅田。
女性	38	首都，都会，土地が高い。	名古屋弁，シャチホコ。	おばさん，ヒョウ柄，たこやき，飴ちゃん。
男性	58	中心。	田舎。	こてこて。
女性	26	事件が多い。人が多い。	みそかつが有名。	お笑い，お好み焼き，たこ焼き，通天閣。
女性	39	東京タワー，お台場，大江戸線。	ナナちゃん，みそかつ，オアシス21，エビフライ，セントレア，ドラゴンズ，浅田姉妹。	お好み焼き，たこ焼き，アメ村，よしもと，淀川，タイガース，関空，USJ，大阪城。
女性	39	日本の中心地，情報発信基地，大都会。	都会田舎，男性が優しい，「お値打ち」に弱い，結婚式が豪華，でか盛りの聖地，地元愛強し，八丁味噌文化。	食い倒れ，粉もん文化，ノリがいい，ひやしあめ，どこでもそのまま大阪弁を通す値切るのが当たり前。
男性	33	とても刺激が多く楽しそうな半面，人が多く，緑が少なくすみ難そう。	都会と田舎の間。必要なお店などは一通りそろっている上に，少し郊外へ出れば緑も多く残っている。	正直なところ３大都市圏でもっともすみたくない街。緑も東京より少なく町の活気も少なそう。
女性	28	コンクリートジャングル，人が多い，日本の中枢。	みそかつなどの名物料理，シャチホコ，ドラゴンズ。	お笑い，たこ焼き，関西弁。
男性	43	自分の町。	ひつまぶし。	浪速商人。
女性	38	はなやか。	お金持ち層。	食べ物のがおいしい。
女性	39	高層ビル＆ごちゃごちゃしている。	田舎町＆お金持ち。	人情＆阪神タイガーズ。
女性	36	物価が高い。	食べ物がおいしい。	にぎやか。
男性	40	都会便利。	浜名湖，ういろう，味噌カツ，ドラゴンズ。	お笑い，せっかち。

女性	41	自由が丘。渋谷。山手線。お台場。高層ビル。	味噌カツ。トヨタ。婚礼にお金がかかる。せこい。	取引に汚い。うそつき。調子がいい。セコイ。くちばっかり。あつかましい。
男性	42	都会。	きしめん。	大阪弁。
女性	42	大都会。東京タワー。渋谷スクランブル交差点。浅草。	しゃちほこ。味噌カツ。きしめん。	大阪城。お好み焼き。たこ焼き。通天閣。新喜劇。
男性	47	大都会。	トヨタ。	商売。
女性	40	首都。人が多い。新開発が進んでいる。	名古屋城。きしめん。みそかつ。	関西弁。粉モノ文化。
女性	46	自分の育ったところ，仕事しているところ，住んでいるところ，自分の根っこ。	金のしゃちほこ，味噌カツ，味噌煮込みうどん，結婚するときにトラックで嫁入り道具を見せびらかす（？）	商人の町，お好み焼き，通天閣。
男性	46	眠らない都市。	堅実な都市。	あきんどの町。
男性	43	タワー。	鯱。	たこやき。
女陛	57	石原都知事，東京オリンピック，浅草，秋葉原。	味噌煮込み，ひつまぶし，東山動物園。	くいだおれ。
女性	46	オリンピック開催候補地，都会，首都，上野動物園，東京タワーといったものを思い浮かべますが居住地の為毎日の生活の一部に東京がなっています。	シャチホコ，名古屋弁，豊田自動車，味噌煮込みなどの味噌を使用したこってり料理など東京に近い都会といったイメージ。	出身地，関西弁，たこ焼き，道頓堀，食い倒れ，大阪城などでも最近西には行きません。
男性	43	車で移動するより電車で移動した方が早い。	名所が少ない，目玉の観光地が無い。	食文化の街，名物は沢山あるが名所は少ない。
女性	45	都会。	生まれた町。	商人の町。
男性	41	人が多い。	都会の田舎。	関西弁，おかんが強い。
女性	36	日本の中心，都会東京タワー。	味噌カツ，きしめん，ういろう，天むす金のしゃちほこ。	たこやき，吉本，関西弁。
女性	43	首都，人ごみ。	派手。	地元，派手。
女性	35	東京駅，ディズニーランド，渋谷の交差点，新宿の歌舞伎町。	シャチホコ，手羽先，味噌カツ，きし麺。	道頓堀，大阪弁，お好み焼き，たこ焼き，グリコ，ガンバ大阪。
男性	43	人ごみ雑踏。	節約，派手，味噌煮込み，ういろう，きしめん。	たこ焼き，関西弁。
女性	35	東京タワー，渋谷の交差点，六本木ヒルズ。	しゃちほこ，ひつまぶし，みそカツ。	通天閣，串カツ，お好み焼き。
男性	33	東京競馬場，東京タワー，皇居。	中京競馬場，名古屋コーチン，金のしゃちほこ。	通天閣，大阪城，御堂筋。
男性	48	ごみごみきゅうくつ人情味がない。	うそつき，利己主義，右左にうごく，実直。	もうけっまっか，さいきんはたにん，きごころ，ほんね，ゆうことわゆう。
男性	50	日本の首都。	ういろう。	マナーが悪い。
男性	51	秋葉原。	栄町。	天王寺。
男性	30	うるさい。	だがや。	商人。
女性	59	頭脳集団の街。経済至上主義の本拠地。	婚礼の家具等が派手。味噌カツ，外郎。	商人の街。食い倒れの街。
男性	34	大都市で駅が複雑。本社がたくさんある。	トヨタの町。派手な人が多い。車が多い。名古屋城。名古屋飯。	大阪弁，タイガース，おばちゃんがうるさい。
男性	40	都会。	しゃちほこ。	通天閣。
女性	28	首都。	地方都市。	地方都市。
女性	38	都会，人が多い，お店が多い，友達が住んでいる，家賃が高い，少しの間だけ住んでみたい。	食べ物が美味しい，ひつまぶし，名古屋城，きしめん，マリオット，ういろう，大阪から近い。	地元，コテコテ，社交辞令が多い，時々うっとうしい，安くて美味しいお店が多い，阪神タイガース，阪急電車。
男性	39	東京タワー。	味噌カツ。	たこ焼き。
男性	58	東京タワー。	名古屋城。	大阪城。
女性	36	満員電車，どこでも，人が多い。物価が高い。TLD。	名古屋コーチン，手羽先，モーニング，トヨタ。	お笑い，吉本しんき劇，たこやき，お好み焼き，大阪のおばちゃん。

女性	52	首都。	名古屋城。	大阪商人。
女性	22	大都会。	中途半端に都会。	関西弁。
女性	35	洗練されたスマートな場所。でも，どこか冷たい感じがする。	日本の真ん中にある都会すぎず田舎でもない，ちようどいい場所。	ゴチャゴチャした所と整った所が混在している場所。
男性	48	都会，ゴミゴミしてる。	都会と言うより田舎。	ごちゃごちゃした感じ，庶民的。
女性	45	首都，東京タワー。	しゃちほこ，みそかつ。	たこやき，お笑い。
女性	38	東京タワー。	しゃちほこ。	たこ焼き。
男性	48	大都会。	田舎都市。	商人の町。
女性	40	六本木ヒルズ。	えび。	おこのみやき。
女性	28	ビルが立ち並ぶオフィス街の風景。	シャチホコ。	くいだおれとグリコ。
男性	25	東京タワー。	みそかつ。	たこやき。
男性	41	首都，ビジネスの中心，都会，遊ぶところ，人多すぎ，秋葉原。	名古屋コーチン，きしめん，味噌カツ，大須。	たこ焼き，日本橋，USJ，道頓堀。
男性	43	流行，かっこいい，都会。	個性的，田舎っぽい，岐阜と三重のファッションリーダー。手羽先，味噌煮込み。	吉本。たこ焼き。
男性	48	メガタウン，眠らない，地方からの集まり，おしゃれ，見栄。	質実，いなか，中心，製造業。	食べ物，本音，ボケとツッコミ。
男性	27	都会，ビル。	名古屋城。	たこ焼き，関西人。
女性	38	日本の中心，経済の中枢。日本最大，ニューヨーク，ロンドンに並ぶ日本代表の都市。大企業オフィスが集中する都市。一方，冷たい，他人に興味のない個人主義的な街。駅でいえば，渋谷，新宿，池袋。浅草，秋葉原。皇居，永田町，六本木ミッドタウン，丸の内。	名古屋城，煮込みうどん。保守的。トヨタの街。	東京に次ぐ第2の都市。関西の代表。関西弁が飛び交う街。関東の代表が東京なら関西代表は大阪。人情厚く，おしゃべりが多い。女性が派手。
女性	31	首都高速や，高層ビル。	金の鯱。	天下の台所看板。
女性	45	銀座や青山などのショップ，品ぞろえが豊富で選択肢が多い，高層ビル群，人が多い。	商品のバリエーションが少ない横並びが好き変化が嫌い。	横並びが嫌い，人と違っていることが大好き，おおらか，庶民ぽい。
男性	41	首都，皇居，仕事場，生まれた所。	途中で寄る所，ひつまぶし，派手，味噌煮込みうどん，計画都市。	お好み焼き，たこ焼き，大阪城，出張先，お笑い。
男性	37	都会。	みそ。	おばちゃん。
男性	28	お台場。	味噌カツ。	たこやき。
男性	44	大都市。自然災害などにも強いと思うし道路などの整備も良いと思います。	中途半端。	大嫌い。
男性	23	もんじゃ。	手羽先。	たこ焼き。
女性	43	首都。	地元。	面白い。
男性	27	殺伐とした無機質な大都市。	東京でも大阪でもない中途半端な大都市。	ごみごみしてはいるが，明るい大都市。
女性	33	大都市，密集している。	味噌煮込みラーメン。	ユニバーサルスタジオ，西の都。
男性	43	故郷。	あまりにも中途半端，他人に迎合しやすい人たちの集まった土地。	在日朝鮮人。
男性	62	日本の首府。	地方都市。	ガラが悪そう。
女性	28	都会で高層ビルが多く，夜も明るい。芸能人がたくさん見れそう。	しゃちほこ，お金持ち。	食べ物。おばちゃん。関西はヒョウ柄ばかり着た人が多いと思われてそう。ガツガツセカセカしてる人ばかりと思われてそう。気軽に話しかけてくる。
女性	37	物価が高い。緑が多い。人が多い。	味噌煮込みうどん。きしめん。地下街。人が多い。	地下街。動く歩道は歩くもの。人が多い。緑が少ない。
男性	44	首都，大都会，高層ビル，江戸。	名古屋城，金のしゃちほこ，ういろう。	大阪城，通天閣，難波，道頓堀，食い倒れ。

男性	47	人が多い遊ぶところが多い。	トヨタで持っている味噌，田楽。	粉もの食道楽アクが強い。
男性	60	巨大，輻輳社会，主軸。	進取の気風，トヨタ。	商い，くいだおれ，活気。
男性	43	東京タワー，電車，若者。	味噌カツ，えびフライ，すがきや。	たこ焼き，お好み焼き。
女性	33	高層ビル。電車の路線図。若者。テレビ局。	名古屋コーチン。味噌田楽。しゃちほこ。	お好み焼き。大阪弁。吉本。たこ焼き。
男性	32	ビル群が立ち並ぶ，頑張り次第でどんなものにもなれそうな場所。	日本第三の商業都市。	猥雑。下品。
男性	45	花粉症。	ない。	食い倒れ。
女性	43	都会。	ひつまぶし。	くいだおれ。
女性	34	都会。	しゃちほこ。	お好み焼き。
女性	61	雑然とした街。	都会だけど田舎。	本音がいえる町。
女性	38	東京タワー，東京駅，高層ビル，都会，人ごみ。	味噌カツ，ひつまぶし，変な食べものが多い。	大阪城，串カツ，どて焼き，焼肉，関西弁，芸人，大阪のおばちゃん，通天閣，ミックスジュース，出汁，きつねうどん，お好み焼き，たこ焼き，てっちり，ハリハリ鍋，道頓堀，心斎橋，梅田，茶屋町，天神橋筋商店街，上方落語，世話好きな人。
女性	23	大都会，迷いそう，空気が汚い，怖い，人が冷たい，孤独。	運転が荒い，味噌カツ，ひつまぶし。	おばちゃん，ヤクザ，阪神タイガース，たこやき，お笑い。
女性	27	「東京」はビジネスマン，旅行者，家族など様々な人が通過するところというイメージがあります。たぶん友達が住んでいる，遊びに行くということがないからだと思います。でも駅は大きいし，海外でも横浜や大阪と言っても通じないけど，東京と言えば誰でも知っている有名な固有名詞だからだと思います。他のイメージ：東京タワー。都庁。皇居。丸ビル。赤煉瓦の駅。新幹線。人ごみ。旅行者。	派手な女性が多く，鼻が高いイメージです。多分雑誌に出てくる女性が名古屋の人は派手という先入観です。	物価が安くて食べ物が薄味でおいしい。関西弁の口調が強い感じなので，ちょっと怖いイメージです。
男性	39	人ごみ。	鯱ほこ。	グリコ。
男性	42	東京タワー。	きしめん。	食い倒れ人形のある道頓堀の風景。
男性	46	首都。	自動車産業。	食文化。
男性	47	日本の中心だが，住みにくい。	大いなるいなか，ドけち。	お笑い，せこい。
男性	43	東京タワー。	自動車生産。	万博。
男性	48	そば，寿司，天ぷら。	海老フライ，きしめん，ういろう。	信号無視，迷惑駐車。
女性	34	どこにいっても人が多い。	自分の住んでいるところ。	関西弁。
女性	37	人が多い。	豪華。	値切る。
女性	34	都会で人が多い。物価が高い。	味噌カツ，きしめん，手羽先。見栄っぱり。	食べ物がおいしい。派手好き。
男性	29	大都市，ラーメン激戦区，ラーメンがうまい，人と人同士のつながりが希薄，秋葉原。	日本第三の都市，関東関西の境目，どことなく中途半端，独自の文化がある，地下街が多い。	食い倒れ，おばちゃん，ずうずうしい，無秩序で雑多な感じの街の構成。
男性	45	政治・経済の中心。	産業の中心。	文化の中心。
男性	41	大都会，タワー，ディズニーランド。	名古屋城，味噌。	お好み焼き，関西弁，漫才，値切り文化。
男性	20	大都会。	あんかけスパ，味噌カツなどのグルメ。	食い倒れの街。
男性	21	ビルが密集している，人が多い，ものであふれている。	トヨタ，新幹線，洗練されている都市。	情緒がある，お笑い，借金。
女性	22	首都，大都会，小さい，オリンピック。	派手，きらびやか。	おもしろい，ホームタウン。
女性	59	人が多い。	きしめん，見栄っ張り。	食べ物が安くて美味しい。

女性	41	都庁，赤坂サカス，H＆M。	シャチホコ，味噌煮込みうどん，ういろう。	お笑い，たこ焼き，ぶたまん，おこのみやき，吉本新喜劇。
男性	64	巨大都市。	第3番目。	第2番目。
男性	33	都会。	名古屋城，味噌煮込み。	関西弁。
女性	35	故郷，下町，東京タワー，浅草寺，人がやたら多い。	しゃちほこ，味噌，ナゴヤドーム，夏暑い。	関西弁，吉本，道頓堀，うるさいおばちゃんがいるまち。
女性	40	大都市。遊ぶ事にお金がかかりそう。（お金がないと遊べない）寂しさが身に沁みそう。美術館が多くて，うらやましい。	味噌カツ，エビフライ，味噌煮込みうどん。金のしゃちほこ，名古屋城。変わった人が多い。	明るい，楽しい，面白い。食べ物が美味しい。気さくな反面，ずうずうしいけど，なんか憎めない。丁度いい規模の都会だから，住みやすい。ただ，まだまだエコや町の美観には，出遅れ感があります。
男性	58	人口の多い大都会。	人口の多い大都会。	庶民的な都会。
女性	32	人が多い，ゴミゴミしている。	味噌煮込み。	たこ焼き，運転が荒い。
女性	41	大都会。人が多い。遊びには行きたいけど，住むのには抵抗がある。鉄道など交通網が発達している。芸能人にすぐ会えそう。	道路が広い。これといって観光名所がない。最近は「名古屋めし」がブーム。	お笑いの街。たこ焼き，お好み焼き。街がごみごみしている。
男性	51	自分の故郷，都会，世界都市。	きしめん，しゃちほこ，みそかつ。	たこやき，ガンバ，大阪弁。
女性	32	日本の先頭を突っ走る都市だが，コンクリートの塊ばかりではなく，意外にゆったりした空間も残っている。	派手好きだとか聞くが，行ってみると特に変わったところは見つからない。東西日本のものが混在して売られていたりする。	泥臭いかゴミゴミしているかどちらか。大阪出身には妙なプライドを持っている人が多い。
女性	35	東京タワー，東京メトロ，東京ブギウギ，江戸，ZeppTokyo，ディズニーランド。	えびふりゃー，天むす，小倉トースト，味噌煮込みうどん，ひつまぶし，ダイアモンドホール。	通天閣，なんば花月，お好み焼き，たこやき，大阪城。
男性	43	首都。	味噌煮込み。	大阪弁。
女性	44	東京タワー。あまり好きじゃない。	金のしゃちほこ，名古屋弁，エビフライ，ミソカツ，きしめん。	地元。粉もん。ミナミ，ウメダ，通天閣，道頓堀，御堂筋，大阪弁，お笑い。
男性	43	人が多い。物価が高い。	特にない。トヨタの町。	食べ物がおいしい。下品な人が多い。
男性	32	都会。東京タワー。	名古屋城。	お笑い。たこ焼き。くいだおれ。関西人。
女性	27	人ごみ。疲れる。公共交通機関が安い。でも住みたくない。	居心地がいい。都会すぎず田舎すぎず公共交通機関も発達してるので住みやすい。食べ物はおいしいがあまり観光するところがない。	人が多い。せっかち。
女性	40	都会。	きしめん，みそカツ…食べ物。	吉本新喜劇。お笑い。たこやき。
男性	35	大都会。東京タワー。	味噌カツ。三英傑。	食べ歩き。
女性	50	なんでもある。	城。	道頓堀。
女性	30	人ごみ。	ブランド。	たこ焼き。
男性	29	東京タワー。	みそかつ。	たこやき。
男性	44	混雑，混沌としている，異人種の集まり。	自己満足の集大成。	身勝手な人間の集まり。
女性	51	お金たくさん持ってミュージカル観たり，遊びに行きたい。	手羽先，エビフライサンド，きしめん，あんかけスパ，味噌煮込みうどん。	お好み焼き，たこ焼き，こなもん。
男性	51	お台場。東京タワー。	名古屋空港。名古屋城。	大阪城。
女性	27	大都会。いろいろなものがそろっている。	あまり発展しない。かわった食べ物が多い。	おばちゃんがすごい。アニマル柄のふくをきている。
男性	51	東京タワー，六本木ヒルズ，首都。	みそ煮込み，ひつまぶし。	道頓堀，食道楽。
女性	33	高層ビルの多い都市。	少し懐かしい雰囲気の都市。	ごちゃごちゃした都市。
男性	30	なんでもある。自分が住む場所。コンクリート。	しゃちほこ。ドアラ。てばさき。	たこやき。おこのみやき。ごった煮な場所。
男性	45	日本の首都。	名古屋城，中日ドラゴンズ。	阪神タイガース。

男性	52	青春。レトロ。	中日ドラゴンズ。出身地。	大阪弁。吉本興業。
女性	54	首都，混雑，人口過密。	味噌カツ，味噌うどん，見栄っ張り。	芸人根性。
男性	30	東京タワー。	金の鯱。	たこ焼き。
男性	51	自分の娘が現在一人で大学生活を送っている町。	自分が現在単身赴任生活を送っている町。学生生活を送った町。昔から変わらないが街並はそこそこだが偉大なる田舎を脱っしきれない街。	なぜか友人が多く。自分の青春の街。
男性	35	ごちゃごちゃした街。ヒトが冷たい。冷めた人間関係。	きしめん。ういろう。独特の世界観を持っている。	人情味あふれる。何かにつけてボケたがる。話してないと気が済まない。笑いが絶えない。たこ焼き。
女性	40	東京タワー，上野動物園，アキバ，国会議事堂，浅草。	しゃちほこ，ひつまぶし，名古屋巻き（髪型），トヨタ，ういろ，みそかつ。	通天閣，お好み焼き，たこ焼き，食道楽，大阪弁，ひょう柄おばちゃん，ラテン大阪気質，鶴橋，庶民的，阪神タイガース。
女性	40	大都会，空気が悪そう，人が多すぎる，ファッションの最先端，新しいものは東京から。	みそ，お金持ち？，けち，みえっぱり。	がめつい，愛想のいい，ガラが悪い，品がない。
男性	50	人が多すぎ。活気がある。誰が何をしているのかわからない。情報過多。節約生活は出来ない。交通は便利。しかし道を歩きにくい。狭い。	大げさ。人が多い。派手好き。暑い都市。ドラゴンズ。金のしゃちほこ。	ケチ。詐欺に引っかかりにくい。人情がある。他人をほっておかない。お節介。口数が多い。ごちゃごちゃした町。狭い。真ん中に集まりすぎ。キタとミナミではまるで違う町。道頓堀川。食い倒れ太郎。
女陸	29	都会。	派手，しゃちほこ。	たこやき。
男性	41	日本の首都であり，世界屈指の国際都市でもある。	名古屋城。味噌カツ，きし麺。今年のノーベル賞を受賞した方は名古屋大学出身。日本三大ブスの一つ。	関西人の中心地。自己中心的な粗野な人間が多い。汚い，垢抜けていない。コテコテが気に入らない。府知事の橋下さんは良く頑張っておられると思う。
男性	30	広い。	味が濃い。	雑多。
女性	32	人ごみ，空気が悪い，詐欺，世知辛い，田舎者の集まり，色んなものの値段が高そう，ディズニーランド。	名古屋弁，名古屋飯，夏暑くて冬寒い，トヨタ，名古屋城，名古屋嬢。	粉もん文化，お好み焼き，たこ焼き，大阪弁，優しい，個性の強いおばちゃん，おいしいものが多い，大阪城。
男性	50	首都。一番の経済区。	みそかつ，結婚式，きしめん。	食いだおれ。せこい。お笑い。
男性	46	都会。	地元。	関西。
女性	46	大都会，ひとりで行動するには迷ったりと不安がある。遊びで行くには楽しそうだが物価が高そう。芸能人に会える。	車が多い。お金持ちが多い。生活し易い。世間一般に愛知の人は名古屋と呼んでしまう傾向がある。日本の中心で全てここでうまくいけばどこの県でも住むことが出来る。	食べ物が美味しい。気さくな人が多い。遊ぶところも多い。
男性	25	東京タワー，人が多い，日本の中心，浅草，秋葉原，上野，新宿，池袋，ディズニーランド。	みそかつ，名古屋コーチン，ういろう，名古屋城，栄地下。	たこやき，阪神タイガース，おこのみやき，ＵＳＪ。
男性	30	満員電車。	海老フライ。	お笑い。
女性	35	都会，受験戦争，首都。	しゃちほこ，ひつまぶし，豪華な結婚風習，味噌煮込み。	お笑い，通天閣，大阪城，グリコの看板，お好み焼き，関西のノリ。
男性	41	機能。	みゃー。	おおきに。
男性	45	雑踏。	田舎。	五月蝿い。
男性	41	新規開発ばかり，変わり続ける街。	トヨタ，何をしても中途半端な街。	大阪弁きらい。
男性	43	首都。政治の中心。	トヨタ。名古屋城。	大阪城。たこ焼き。お好み焼き。お笑い。橋下知事。

男性	60	人と車の多さ。ラッシュアワーのむさくるしさ。メイデーのスト時，物凄い距離を歩かされたという思い出から，鉄道がなけりゃ身動きできなくなる不便さの町。地震の恐怖が付きまとう町。地震が起きたら人が邪魔になり逃げられなくなる恐怖。兎に角国の最終決定組織の一極集中しすぎ。分散化が直ぐに必要。焼き鳥と居酒屋が多い町。車通勤でないからサラリーマンの酔っ払いが多い町。	車をむちゃくちゃ走らせたがる輩の多い町。車を作ったのは自分でないのに，車に乗るとさも天下取ったように感じる馬鹿が多い町。名古屋ナンバーと三河ナンバーでは全然気性が違う。三河ナンバーは所謂不良走り。石橋叩いても渡らない気質は今回のように，石橋そのものが崩れると再起に時間がかかる可能性が高い。二番なりが多い町。	商売熱心。だが，熱心すぎて相手に迷惑を掛ける事が多々ある。ごちゃごちゃとした町を好む気質。綺麗という言葉があまり似合わない町。
女性	30	高飛車な感じ，自分が一番と思っている人が多そう。	見栄っ張り。	派手，やかましい。
男性	29	人ごみが凄い。とにかく流行の発信基地だと感じている。何でもそろう。	優しい人が多い。物価が安い。喫茶店ではいつ行ってもモーニングが食べられる。	お笑い。会話にオチがないと変な空気になってしまう。おばちゃんパワーが凄い。
男性	39	都心。ありとあらゆるものが集中している。	トヨタのお膝元。あとは鏡，味噌カツ，ういろう等。	自分の街。いろんなものが織り交ざって存在している。
男性	22	タワー。	味噌カツ。	だんじり。
女性	53	首都。	みそかつ。	ごちゃごちゃしている。
女性	22	東京タワー。	シャチホコ。	たこやき。
男性	33	大都会。	道が広い。	ごみごみしている。
男性	21	東京タワー。	名古屋城。	たこ焼き。
男性	35	街がうるさい。	田舎。	そそっかしい。
女性	58	東京タワー。	コーチン。	大阪城。
男性	38	六本木ヒルズ。	味噌カツ。	通天閣。
女陸	50	住むのに便利，何でも揃ってる。	独特の文化がある。食べ物が美味しい。	お笑い。食べ物が色々有る。
女性	38	都会，人が冷たい，他人に関心ない人が多い，ごみごみしている，日本の県庁所在地。	方言，味噌，名駅。	たこ焼き，ＵＳＪ，お笑い，ねぎり，おばちゃん。
男性	42	大都会，日本の首都，中心，生まれ故郷，ゴミゴミ，喧騒，人が多い。	昔住んだことがある，第二の故郷，みゃ〜，大通り，大いなる田舎。	友人が多いのでよく遊びに行く，関西弁，ガキのクセして関西弁しやべってる，たこ焼きやお好み焼き，東京と競ってる。
女性	31	日本の中心である都市。	手羽先，コーチン，味噌煮込みうどん。	たこ焼き，お好みやき。
女性	47	首都。大都会。東京タワー。ディズニーランド。	金の鯱。手羽先。名古屋城。味噌煮込み。	食いだおれ。関西弁。おばちゃん。儲かりまっか？。
女性	43	日本の首都。都会。	味噌煮込みうどん。名古屋城。八丁味噌。味噌カツ。ういろう。喫茶店のモーニングセット。名古屋コーチン。	たこやき。お好み焼き。大阪城。関西弁。お笑い。
男性	32	人が多い。	みそかつ。	たこ焼き。
男性	24	田舎者の集まり。文化や情報等の中心。日本の首都。	我が町。安心。	独自の文化。自尊心が強い。
男性	28	やはり東京タワーしか考えられない。東京の名がついて名物でしかも戦後の首都の象徴だから。	名古屋城と金のしゃちほこ。	道頓堀と通天閣。
男性	21	人が多いが，冷たい人も多い。東京タワーや浅草寺などの名所が多い。情報の発信地。若者が多い。テレビ局が多い。サッカーではFC東京・東京ヴェルディ1969，野球では巨人の本拠地。地下鉄が多い。	名古屋弁。栄を中心に繁栄している。テレビ局が多い。名古屋城などの観光地がある。サッカーでは名古屋グランパスエイト，野球では中日ドラゴンズの本拠地。	道頓堀を中心に食べ物が豊富。大阪弁。人情がある街に思えるが，おばさんが怖そう。サッカーではガンバ大阪の本拠地，野球では阪神タイガーズのファンが多い。
男性	38	日本の首都。日本にありながら日本で無い国際都市。	トヨタ自動車で成り立っている街。	関西商人。気忙しい。

女性	25	都会，人が多い，賑やか，コンクリート，情報。	みえっぱり，味噌，変な食文化，祭りが派手，パチンコ。	笑い，関西弁，食べ物がおいしい，人情，ヤンキー，ゴミが多い，派手，隙間無く広告。
男性	30	東京タワー。	みそ。	道頓堀。
女性	34	東京タワー，雷門，お台場，賑わい，高層ビル。	きしめん，味噌煮込み，ななちゃん，虹。	戎橋，新大阪，鶴橋，船場道頓堀，アメリカ村。
男性	33	都会。	トヨタ。	下町。
男性	39	都会。	遊ぶ場所が少ない。	食べ物がおいしい。
女性	51	都会，人が多い，あらゆる情報発信の場所，物価が高い，洗練されている印象。	みそカツ，エビフライ，見栄っ張り，地方都市。	ごちゃごちゃしている，町が汚い，町がうるさい（特に南），オバサンが元気，声が大きい，女子高生もオバサン化している。放置自転車，ヤンキー，人の迷惑になる事も平気。
男性	50	物価が高い。	結婚式が派手。	商売人。
女性	31	首都，東京タワー，ディズニーランド，皇居，国会議事堂。	名古屋城，味噌カツ，ひつまぶし，天むす，コメダ珈琲。	通天閣，たこ焼き，お好み焼き，食い倒れ，道頓堀，かに道楽，づぼらや，ビリケンさん大阪城，心斎橋。
男性	33	東京タワー，上野動物園。	外郎，みそ。	たこやき。
女性	57	公共交通の連絡や交通網の充実で，自動車がなくても移動がラクにできる町。人口が集中しすぎている。意外と町に『緑(樹木)』が多い。カラスが多い。江戸と現代がとなりあわせのミョーな空間があって，そのことがとてもよい。	公共交通網の不足，連絡が悪く，個人の自動車がないととても不便な町。市内中心部の道路巾が広い。市内に『緑（樹木など)』が少ない。昔からの名古屋の歴史の繋がりを感じない町。都市計画がない，企業や住民の感覚優先で建造物を作り，改造するので街がバラバラというイメージ。	街全体がゴチャゴチャ，雑多というように見える。うらがえすと元気？なのかな。駐車違反の自動車が目立つ。街に落ち着きがなく，住むにはつらい。
女性	31	うどんがまずい。	派手。	ええとこ。
男性	47	人が多い。	名古屋城。	食いだおれ。
男性	45	東京タワー。	味噌カツ。	たこ焼き。
男性	39	秋葉原，東京ディズニーシー。	名古屋城の鯖。	たこ焼き，お好み焼き。
女性	31	日本の首都・心臓部。人や高層ビルが多い。何でもある。	名古屋城。エビフライ。見栄っ張り。頑固。	お笑い。たこ焼き＆お好み焼き。ケチ。
女性	43	しゃべるかたインテリーぽい，つんとしている。	お金かける，しゃべりかた変。	話しやすいし，親切です。
男性	26	都会，東京タワー。	名古屋城。	道頓堀。
女性	44	高層ビル，怖いところ。	田舎，住みやすいところ，節約家。	言葉が乱暴，吉本。
女性	49	イベントが多く行われている。	我が町。	食べ物が美味しい。
男性	47	人が多い。	パチンコ。	せっかち。
女性	32	東京タワー，繁華街，冷たい，芸能界。	しゃちほこ，味噌カツ，きしめん，中日劇場。	食道楽，北新地，おばちゃん，関西弁。
男性	50	ひと昔前のように輝きも魅力も感じない巨大な偶像都市。地方の時代をつくづく感じさせる象徴。	東京と大阪にはさまれ，何も無い中途半端な田舎街。可でも不可でもない特徴のない土地柄。	人間的な温かみをイメージ出来る魅力的で活気のある街。ただし，在日のイメージが強く大きなマイナスを感じる。
男性	56	煩雑。	しゃちほこ。	関西空港。
女性	45	東京タワー。	金シャチ。	お好み焼き。
男性	42	石原都知事，東京タワー，渋谷，109，首都高速，おいしいものがあつまるところ。	木材屋さん，鳥のてば，大盛，金のしゃちほこ，結納が豪華。	お好み焼き，車のマナーが悪い，けち。
男性	58	人口過密都市，物価が高い。	自動車製造及び関連会社，パチンコ機器製造。	商業都市，おばちゃん。
男性	34	東京タワー，浅草，東京駅。	ひつまぶし，名古屋城。	道頓堀，たこ焼き，お好み焼き。
男性	47	大都市。	トヨタ。	吉本興業。

女性	44	首都，東京タワー。	トヨタ，みそ煮込みうどん。	たこ焼き，関西弁。
女性	22	渋谷，原宿，新宿等のビルが沢山並んでいる都会風景のイメージです。本来東京ではないですが，ディズニーランドも連想されます。他には東京タワー，渋谷109，新幹線が連想されました。	名古屋城，名古屋コーチン，あまり名古屋に行く機会がないので特にありません。	大阪は，やはり難波や梅田（もしくはキタ・ミナミ等）という都市名や，大阪の代名詞のたこやき，お好み焼き等。他には通天閣や大阪城等が連想されました。他には，大阪弁等の言葉やヒョウ柄を着たおばちゃん等のイメージです。
女性	21	コンクリートジャングル，人が冷たい，お金，治安が悪い，芸能人が多い，政治家，オタク，ギャル，大都市。	矢場とん，大須，３番目の都市，都会と田舎，デパート。	道頓堀，いい町，２番目の都市，自由，人情がある，笑い，大都市，食べ物が美味しい。
女性	58	ビル街，芸術文化やファッション，混みあった電車，交通量の多い道路，地下街，政治経済の中心，高級ホテル，大学。	名古屋城，味噌料理，戦国時代，派手。	大阪城，商魂，芸人，関西弁，食道楽。
女性	28	大都会。人が多すぎて住みにくそう。でも，色々なものがそろっており，楽しむのにも，生活にも便利そう。	まぁまぁ都会で，生活するにはそろっているが，東京と比べて，まだまだないブランドとかがある。都会すぎず，田舎でもなく丁度いい。	大都会だけど，商店街みたいなかんじ。大阪弁や，性格がこわそう。あまり住みたくないところ。
女性	37	日本の中心となっている都市。流行の最先端の町。	独特の文化がある中で，高層ビルも立ち並び東京，大阪の次に来る大きな都市。	気さくな大都市。
女性	38	大都会で地方出身の人は多い。	小さな都会で，住みやすい。地元色が強い。	大都会だけど，庶民が多く人情に溢れている。
男性	26	東京タワー。	味噌カツ。	たこ焼き。
男性	29	満員電車，東京タワー，人ごみ。	エビフライ，ひつまぶし，金の鯱。	たこやき，大阪城。
男性	69	首都。	城。	城。
女性	36	大都会，地方出身者が多い。	独特な文化，見栄を張る。	下町，お笑い，たこやき。
女性	38	大都市。街がたくさんある。オシャレ。	地方都市。大学が名古屋方面だったので懐かしい。	関西弁。お笑い。
男性	69	大都会。	名古屋城。	たこ焼きとお好み焼き。
男性	59	過密都市，空気が汚い，人工的，騒々しい。	道が広い，緑が少ない，排他的。	中途半端，がさつ，自分勝手。
女性	36	都会，人ごみ。	田舎もん，見栄っ張り。	派手，タイガース，暖かい，人情，ホームグラウンド。
女性	33	東京タワー。いろんな人が集まっている土地。出身とかもですが，職業なんかでも。みんながあこがれるようなところ？	派手。独特の雰囲気がある。食べ物もおいしい。	ごみごみしてる。笑いのまち。
女性	29	都会。人が多く何でもある街。物価が高い。日本の中心。	万博を境に元気が出てきた街。食の街。シャチホコ。大阪が嫌い。	笑いと食の街。大阪弁。名古屋が嫌い。橋下府知事。吉本興業。
男性	35	大都会，渋滞，人混み，満員電車。	味噌カツ。	たこ焼き，アメ村，南港。
女性	34	日本の中心。	へんこ。	食の町。
女陛	33	大都会何をするにも不自由がない空気が悪い。	地方都市，名古屋コーチン，きしめん。	関西弁マナーが悪い。
男性	42	鉄道が発達している。	そこそこ住みやすい。	関西弁がきつそう。
女性	46	東京タワー。	ミソカツ。	たこ焼き。
女性	39	大都会，人ごみ。	名古屋城，派手，金のしゃちほこ。	たこ焼き，おばちゃん，豹がら。
女性	38	地方出身者の集まり地域。人間性が冷たい。地域密集。	赤味噌。喫茶店モーニング。人間性が温かい。あんかけパスタ。食べ物が多種多様で美味しい。	たこ焼き。関西弁。気質が荒っぽい。下品。
男性	37	日本の中心，首都。	日本の真ん中，名古屋城。	安い，経済，関西弁。
女陛	34	都会，流行の最先端。	頑張ってる感じ。都会というより田舎。	明るい街，個性的。

女性	64	世界に冠たる面白い街。でもゴミゴミしていて建物がぐちゃぐちゃな建築で統一性が全くなく，其の上古き良き物をどんどん壊して平気な街。	きしめんと味噌カツ。	大阪人，特に中年女性は日本のラテンだと思う。バイタリティーあふれる，ど根性の街。
女性	38	都会。	コーチン。	実家。
男性	34	都会，東京タワー，築地，浅草。	金の鯱，ブサイク多い，赤味噌。	たこ焼き，お好み焼き，うどん，通天閣，吉本。
男性	42	故郷。	エビフライ。	商売。
女性	27	地下鉄が多くてわかりにくい。	濃い味の食べ物。	おもろい。
女性	30	首都。東京タワー。皇居。大都会。	名古屋城。駅前の大きなビル。いろいろな名古屋めし。	道頓堀。たこ焼き。大阪城。関西弁。
女性	37	人の多さ。	中日ドラゴンズ。	お好みやき。
女性	35	東京タワー。お台場。	みそかつ。派手。	グリコの看板。道頓堀。
女性	24	他人に無関心。	見栄っ張り。	がさつで派手好き。
男性	44	日本の中心，トレンドリーダー。	せこい。	おおらか。
女性	38	空気が悪い。喧噪感あり。水もまずい。	せかせかしている。田舎者の集まり。口は悪いが優しい人が多い。	ずうずうしい。イライラしていそう車の運転が荒い。
女性	33	都会。	派手。	下品。
男性	41	首都。	しゃちほこ。	お好み焼き。
男性	30	都会。仕事するには最適だが住むにはきつい。おしゃれな町並みが多い。	東京，大阪の分岐地点。すべてにおいてバランスがとれている。貯蓄家が多い。	こだわりが強い商人の町。
女性	37	大都会。人ごみ。空気が汚い。日本の中心。犯罪が多い。人間関係が希薄。	食べ物が美味しい。方言に特徴がある。お祝い事が派手（見栄っ張り）。	食道楽。商人の街。ケチ。人が面白い。ズケズケとモノを言う。東京をライバル視している人が多い。親しみやすい人柄。
女性	37	違う世界。	都会だけど田舎。	元気なおばちゃん。
女性	38	日本の首都，全国から人間が集まってきている。東京タワー。	結婚式が派手。金のしゃちほこ。味噌煮込みうどん。	お笑いが盛ん。食べ物がおいしい。大阪城。
男性	36	ごみごみしている感じ，全国からの寄せ集まりの集団。	車の世界一。	商売の町。
女性	37	寂しい街。にぎやかな街。両面性のある街。	見えっぱり。派手。プライドが高そう。	楽しい。陽気。元気。にぎやか。派手。うるさい。
男性	56	雑多な街，現在の東京は江戸ッ子には許せない，地方出身者によって，悪くされた都市。	名古屋城，物作りの街。	商人の町，豊臣秀吉が作った町。
男性	59	東京タワー。	名古屋弁。	オバタリアン。
女性	42	日本の中心，ビジネス街，浅草観音。	みそうどん、エビフライ，愛知県自動車工場。	道頓堀，お好み焼き，たこ焼き，宝塚歌劇。
男性	41	そら。	いなか。	おかね。
女陸	41	高層住宅，ビル。	みそ煮込みうどん。	くいだおれ。
男性	38	東京タワー。	味噌カツ。	たこ焼き。
男性	51	大都会都市。	名古屋城，金の鯱，名古屋コーチン，手羽先，味噌なべ。	粉もん，食いだおれ，大阪太郎。
男性	50	都会的，マナーがよい。	田舎，マナーが悪い。	都会だがマナーが悪い，かつ部落差別が横行している。
男性	39	東京タワー。	エビフライ，味噌煮込み，きしめん，あんこ，しゃちほこ。	通天閣，新世界，ミナミ，環状，夏祭り，道頓堀。

女性	31	便利な地下鉄。膨大な人工密度。ショッピングや遊ぶ所，グルメが多い。ただしグルメは数が多いだけはずれも多いといろんな人に聞く。マナーには節度があるけど，不親切で困っている人に無関心な人たちが集まっているようなイメージ。ディズニーランド。浅草。もんじゃ。お台場。東京以外の土地にいくと，「東京人」をやたらアピールする人をしばしば見ます。	名古屋の一部の人間に，徳川家康を未だに引きずっている閉鎖的かつ喘りが強い意識がある。味噌煮込み。とんかつ。ひつまぶし。天むす。名古屋こーちん。手羽先。愛知万博（名古屋じゃないかな？）地方都市の割りに都会のイメージはなく，全部中途半端の発展のような。	大阪城。ＵＳＪ。粉もん。串かつ。
男性	47	人が多い雪で大パニック下町と都会の人の考えの差が大きい。	食べ物が豊富下町と都会の人の考えが同じすみやすい。	住みにくい人の考えに偏りがある。
女性	41	東京タワー。秋葉原。	名古屋城。栄。自分が住んでるところ。	道頓堀。
女性	31	都会，高層ビル，混んでいる，忙しい。	味噌煮込み，名古屋城，東山動物園。	大阪のおばちゃん，阪神，通天閣，たこ焼き，お好み焼き。
男性	42	日本の中心。	地方都市。大阪との中間都市。	西の中心。
男性	31	東京タワー，新宿歌舞伎町。	味噌煮込みうどん，味噌カツ，名古屋巻き。	たこ焼き，お好み焼き，通天閣，かに道楽，づぼらや，引っ掛け橋。
男性	39	都会，ファッション，最先端，ブランド，人ごみ。	味噌，見栄っ張り。	お笑い，下品，マナーが悪い，ケチ，派手，たこ焼き。
女性	41	首都，オリンピック招聘，国際都市。	中部。	関西，個性的，お笑い。
男性	53	成り上がりの街。	大いなる田舎。	銭万能。
男性	29	関東地方。	名古屋城。	梅田。
女性	44	高層ビル街と東京タワー。山手線。羽田空港。	シャチホコ，きしめん，八丁みそ。金のかかる花嫁道具。新幹線。	道頓堀，たこ焼き，関西弁，凶悪犯罪。蒸し暑い夏。吉本興業。食い倒れ太郎。阪神タイガース。
男性	24	高い。	東京と大阪の中間。	うるさい。
女性	38	都会，日本の首都，ビジネス。	東京大阪に次ぐ都市独特の感性を持っている食べ物が美味しい。	経済観念がしっかりしている，食べ物が美味しい，たくましい。
女性	27	東京タワー，日本の首都，最先端，にぎやか。	シャチホコ，天むす，味噌煮込みうどん，栄，手羽先，愛知万博，ういろう，美味しいものがいっぱいある。	なにわ，通天閣，お好み焼き，たこ焼き，関西人，道頓堀，阪神タイガース。
女性	39	東京タワー。	味噌煮込みうどん。	通天閣。
男性	59	官公庁のエリート集団の集まりで冷たい感じがする。	金に細かくせこい感じ。	ちょっとアホやけれどパワーを感じる。
男性	26	人ごみ。	トヨタ。	関西弁。
女性	46	ビル，人，車，先進，中心。	豪華，みえっぱり，強引，運転荒い。	なにわ，人情，芸人，たこ焼き，関西弁。
男性	43	都会，人が多い。	派手，都会になりきれない。	せわしい，お上が嫌い，値切る。
女性	23	渋谷１０９，海外ブランドの国内初出店地。	鯱，道路広い，食べ物が個性的過ぎる。	取り合えず何でも騒いでおけ，道汚い，比較的ご飯美味しい。
女性	45	首都，都会。	地元。	お笑い。
男性	37	都会。	田舎。	べた。
女性	32	都会。人ごみ。永田町。東京タワー。	地元密着型の人が多い。喫茶店。地下街。グルメ好き。ブランド好き。	橋下知事。たこ焼き。お好み焼き。人情的な街。お笑い。
男性	29	新宿，渋谷，東京タワー，ひよこ，東京ばなな，都会，雑踏，東京ディズニーランド，山手線。	コメダ，喫茶店，味噌煮込みうどん，味噌，ひつまぶし，変な食文化，名古屋嬢，名古屋城，手羽先。	お好み焼き，たこ焼き，いか焼き，食いだおれ，大阪城，新大阪，蓬莱の豚まん。
女性	29	ごみごみしてる。高層ビル。最先端。	思ったよりビルが多かった。食べ物がおいしい。	落ち着く。おばちゃん。

男性	35	首都。なんでもある。空気が汚い。人が多い。特に，昼間っから，サラリーマンも中高生もなぜ町にいる？と思う。物価が高い。	名古屋弁。みそかつ。きしめん。エビフライ。トヨタ。信長。秀吉。家康。	関西弁。おばちゃん。通天閣。キタ・ミナミ。アメ村。広告がどきつい。あんまりきれいじゃない。阪神タイガース。梅田。
男性	33	都会。	名古屋飯。	笑い。
男性	25	首都，中心東京タワー，国会議事堂など政治の中心部。	みそかつ，しゃちほこ，トヨタ，住みやすい。	たこ焼き，道頓堀，関西，タイガース。
男性	31	人が多い。便利そうと思いきや不便。くさい。	ほどよい人のおおさ。トヨタ。	たこやき。通天閣。道頓堀。
男性	50	大都会，人口過密，日本の中心，築地，国会議事堂，高層ビル，丸ビル。	きしめん，金の鯱，豊田，名古屋弁。	食い倒れ，道頓堀，大阪城，たこ焼き，大阪のおばちゃん。
女性	56	大都市。高層ビル。日本中だけでなく世界の国々から人々が集まってくる，ニューヨークについで活気のある都市。ただ東洋の国の特徴の，物がごたごたしていてヨーロッパのように色彩や外観に統一感がなく汚い。日本人の勤勉さの性格から，その結果としての文化が世界各国の料理の味さえもその国を凌駕している。	味噌カツ。きしめん。言葉が下品。結婚式のお祝いが3倍返し等風習がいつまでも古い。東海地震等の大地震の可能性が高い。	食道楽。出身芸人が多いし，一般人は東京へ出てきても標準語に変えることはほとんど無い。性格に表裏がない。高層ビルや高級ホテルなど，思ったより立派な建物が多く，高級商品を購入する人々が，トップの方は東京の比ではない。
女性	25	人ごみ，空気が悪い，お店がたくさんある，日本の中心，東京/Mr. Children。	しゃちほこ，ひつまぶし，みそにこみうどん。	道頓堀，たこやき，大阪弁，騒々しい，長居陸上競技場。
女性	35	東京タワー，ハトバス，浅草人が多い，お店が多い，芸能人が多い。	名古屋弁，味噌料理，天むす。	粉もん，関西弁，道頓堀，大阪のおばちゃん，やかましい，よしもと，大阪城。
男性	38	都会家賃が高い。	地元。	漫才，お笑い，たこ焼き，阪神タイガース。
男性	69	日本の首都。人が多い。お金さえ出せば何でも食べられる。	今は景気がいい。東京と大阪に挟まれて窮屈なところがある。偉大なる田舎。	独特の庶民文化がある。食べ物が安い。
男性	35	人が多い。	ななちゃん。	東京に対して対抗意識を持ってる。
男性	26	物価が高い。	みそ。	治安が悪い。
男性	60	日本の首都。さまざまな地方出身者の人が集まっている。日本一の大都会。	東京と大阪の中間都市（距離的・文化的に）。名古屋城，ソースカツどん，きしめん。	日本で2番目に大きい都市？。庶民的な町。不景気がより感じる都市。
男性	61	憧れるところ。	トヨタ。	がめつい。
男性	56	大都会，政治・経済の中心。	東京と大阪の間の都会。	関西弁，夏が暑い。
女性	35	首都。大都会。地元。忙しい。	みそかつ。	お好み焼き。
男性	36	ビルが粉じんで黒ずんでいる様子。人が多いこと。	都市部の広さが印象的です。	他地域に比べて，都市部が小さい。
男性	41	メディアの中心地。大都市。人が多い。地方人の集まり。住みにくい。物価が高い。	どこにも類を見ない独自の文化。みそ煮込みえびフライ，あわゆきういろ，ユニモール，サカエチカ，女子大広路，カキツバタ，つゆぐもり，パチンコ，駄菓子，ドラゴンズ，テレビ塔，銀の柱，あと，道路広すぎ。	タイガース，たこやき，お好み焼き，おばちゃん，動物柄の服，商売人，人がいい，人なつっこい，おせっかい，いらち（せっかち），金にうるさい。
男性	55	世界中のすべてのものを見つけることができる世界唯一の大都市。例としては，世界中の料理が食べられる。	独特のセンスを持つ地方都市の雄。ライバルは広島かも？	地方文化最大の大都市。大阪は東京をライバル視しているが，東京は無関心。
男性	41	物価が高い。	派手好き。	ケチ。
女性	33	日本の中心地。	手羽先，味噌煮込みうどん，味噌カツ，ういろう。	たこ焼き，関西弁，お好み焼き。
男性	54	華の大東京。世界に名高い大都会です。		日本じゃない雰囲気のある町。
男性	46	大都市，日本の中心，TDR，華やか。	工業，ものづくり，味噌，鯱，戦国武将。	お笑い，吉本，阪神タイガース，たこ焼き，食い倒れ，豊臣秀吉，陽気。

男性	54	都会。	田舎。	関西。
女性	48	中心。	みそカツ，味噌煮込みうどん，トヨタ。	食い倒れ，おもしろい，おいしい，ごちゃごちゃ，にぎやか。おばちゃん。
女性	47	都会。	楽しく住める。	遊びに行きたい。
男性	33	便利。	不況。	犯罪。
女性	51	日本の政治・経済の中心，高層ビル群，人口密度が高い。	自動車関連の工場，飛行機，ロケット。	商業の街。
女性	26	流行の最先端で人が多い都会。	みそかつ。	うるさいくらいににぎやかな街。
男性	43	六本木ヒルズ，冷たい，永田町。	みゃーみゃー，手羽先，味噌煮込みうどん。	なつかしさ，生まれ育ったところ，雑多。
男性	58	首都。大都会。	味噌カツ。	大阪弁。
女性	39	便利である。	みそ，醤油が，独特。	ずうずうしい。
男性	33	首都。都会。都心。東京タワー。皇居。ゴミゴミしている。坂が多い。銀座，赤坂，六本木。	エビフライ。きしめん。味噌煮込み。八丁みそ。ドラゴンズ。名古屋章。尾張名古屋は城でもつ。東西どっちつかず。	お笑い。漫才。吉本。自治体の赤字。大阪城。通天閣。お好み焼き。たこ焼き。いか焼き。串揚げ。タイガース。東京に対する対抗心。
女性	23	東京タワー。東京駅。新宿，渋谷，浅草など名所。東京バナナ。	うなぎ。	たこ焼き。グリコの看板。かに道楽。大阪ドーム（京セラドーム）。橋下知事。御堂筋。関西弁。アメリカ村。
男性	54	大都会。	自動車産業。	たこ焼き。
女性	42	騒音。	はではで。	ずうずうしい。
男性	38	都会，田舎者が多い。	ド田舎，味噌。	カオス。
女性	41	人の混雑と車の渋滞欲しいものが何でも揃う。	味が濃く，派手。	どんどん衰退していく。
男性	33	首都。	飯がうまい。	たこやき。
男性	21	都会。政治・メディア・流行など世の中すべての中枢。山手線。	ドラゴンズ。味噌カツ，味噌煮込み，手羽先などの食べ物，名古屋飯。でか盛り。	阪神タイガース。たこ焼き。くいだおれ人形。通天閣。
女性	58	都会，よそよそしい，クール，近所付き合いがない。	派手，外面がよい，見栄をはる。	騒々しい，プライバシーがない，明るい。
女性	27	東京タワー，高層ビル，あふれる人，おしゃれなカフェ。	ウイロー，しゃちほこ，豪華な結婚式。	たこ焼き，通天閣，関西弁，にぎやか，ヒョウ柄，おばちゃん，値切る。
男性	27	混雑，商業都市，浅草，祭り，六本木，新宿，繁華街。	天むす，きしめん，味が濃い，派手好き。	お好み焼き，商売上手，西側，道頓堀，梅田，堺，ユニバーサルスタジオジャパン。
男性	43	政治・経済・情報の中心一極集中。	輸出産業のメッカ，工業・製造業の一大地域。	思い浮かばない。
男性	30	東京タワー，大都会。	名古屋城。	たこやき。
男性	37	高層ビル，発達した交通網，高い人口密度，アジア経済の最大拠点。	トヨタ自動車，名古屋城，エビフライ，きしめん。	橋下知事，関西弁，道頓堀，心斎橋，強烈なおばちゃん。
男性	45	人が多い。	中途半端。	ガラが悪い。
女性	28	東京タワー，新幹線，丸の内。	名古屋コーチン，あんかけスパゲッティ，食べ物がおもしろい。	たこやき，お好み焼き，お笑い，うるさい，車のマナーが悪い。
男性	50	出張で訪れる先，おいしいお店がたくさんある街，物価が高い。	少し田舎であるが住みやすい，夜は早くに交通機関が終わってしまう。	元気な街，のりがいい人が多い街。
男性	30	東京タワー。	名古屋港。	道頓堀。
女性	41	日本の首都。都会。	鯱鉾。海老フライ。みそかつ。	漫才。たこやき。お好み焼き。
女性	51	首都，東京タワー，明治神宮，六本木ヒルズ，代官山，多摩川，渋谷，新宿，代々木第2体育館。	地元，名古屋城，100M道路，中日ドラゴンズ，グランパス，味噌煮込み，天むす，手羽先。	大阪弁，お笑い（吉本興業，難波花月）お好み焼き，橋下知事，造幣局の桜。
男性	33	人が多い。	海老フライと言葉使い。	汚い。

女性	30	新宿，渋谷あたりの人ごみ。満員電車。たくさんのお店や娯楽施設。東京タワー。	天むす，みそかつ。しゃちほこ。ドラゴンズ。	たこやき。吉本。阪神。
女性	47	生活圏。	味噌煮込みうどん。	たこやき。
女性	23	首都，人が多くごみごみしている，日本の10分の一の人口が住む場所，政治経済の主要機関が揃っている，東京出身の住民のふるさとへの思いが弱い，東京タワー。	味噌カツ，豊田，三大都市。	関西の中心地，道頓堀，人が強い，人情が厚い，阪神タイガース，お好み焼き，関西弁。
男性	50	混雑，物価が高い。	中途半端。	大阪弁。
男性	44	大都市，政治経済の中心地。	みそカツ，えびフライ。	たこ焼き，お好み焼き，お笑い。
女性	40	人が多い。人情が薄そう。ショッピングポイントが多そう。	大きすぎない都会で住み心地がよい。自動車が多い。	人情が厚いが，激情に走りやすそう。遊び場所が沢山ありそう。
男性	60	人が多い。	小さい都会。	人が多すぎ。
男性	51	人混み。	Ｂ級グルメ。	お笑い。
女性	26	首都，都会，東京タワー，人ごみ，渋谷，新宿，六本木，お台場。	名古屋城，きしめん，ひつまぶし，天むす，カレーうどん，モーニング。	大阪人，関西弁，おばちゃん，ナンパ橋。
女陛	42	日本の首都。都会。自動車が多い。交通機関が豊富。家賃が高い。何か目標がある人集まる場所。	喫茶店が多い。ブランド好きな人が多い。中途半端。意外とお金にシビア。きしめんがおいしい。味噌系が好き。	ハキハキしている。忙しい感じ。ミーハー。運転が荒らそう。元気で面白い人が多そう。食べ物が美味しい。レジで小銭をきっちり出す。
女性	29	大都会。日本の中心。人ごみ。	名古屋城。手羽先。ういろう。	くいだおれ。お笑い。
女性	23	東京タワー，都庁などの高い建物が多くある所。	名古屋城。	通天閣。
男性	34	人が多い，空気が悪い，水がまずい，華やかな店が多い，物価が高い，大企業が多い。	活気がある，景気がいい，名物の食べ物が多い，ドラゴンズ。	品がない，あまりきれいではない，人情がある，タイガース，お笑い好きが多い，芸人気取りの一般人も多い。
女性	29	排気ガス犯罪人ごみ満員電車。	見栄っ張り，エビフライ，赤みそ。	商売人，阪神タイガース，たこやき，お好み焼き。
女性	45	首都，都会，人込み，便利，ふるさと，生活の場所。	トヨタ，しゃちほこ，徳川美術館，ういろう，なごやん，えびせん，味噌煮込みうどん，ドラゴンズ，フィギュアスケート選手の出身地。	お好み焼き，派手，大阪弁，阪神タイガース。
女陛	44	24時間稼働している大都市。	個性的。	明るい。
男性	38	人口多い，物価高い，高級グルメ，高級マンション，空気悪い，皇居。	幅100ｍ道路，ミソ文化，手羽先，見栄っ張りで外面を着飾る，名古屋城。	ゴミゴミしている。無計画道路で道がわかりにくい。コナモン文化。庶民は中身重視で外面気にしない。行政は外面ばっかで中身のないハコモノをよくつくる。大阪城。
男性	20	東京タワー。	しゃちほこ。	通天閣，大阪城。
女性	39	大都会，人が多い。核となる街が多い。	小さい都会。こぢんまりしているので生活しやすい。地元志向がつよい。	第二の都市。下町グルメがたくさんありそう。
女性	25	ビル，都会。	独自の文化。	コテコテ，元気，はっきりしている。
男性	50	皇居，東京タワー雑踏，ビル群地下鉄網，山手線。	名古屋弁，100ｍ道路。	商人，たこ焼き，関西弁。
女性	32	東京タワー，浅草，東京ディズニーランド。	ひつまぶし，名古屋城，みそかつ。	くいだおれ，お笑い。
男性	52	田舎物の集まり。	トヨタの業績に左右される所。	ガチガチの街。
男性	25	自己中。	ドラゴンズ。	おそろしい。
女性	38	人が多くてビルが多い。空気が汚い。都会。	地元。みそかつ。田舎臭い。	吉本。お笑い。たこ焼き。えげつない。
女性	34	東京タワー，日本の中心都市。	海老フライ，ミソカツ。	たこ焼き，関西弁。

男性	53	首都，大動脈。	きしめん。	お好み焼き，上方。
女陸	28	都会。	食べ物の味が濃い。	ゆっくりしている。
女性	35	なんでも中心になっている。人が多くて忙しそう。電車が混んでいる。	名物が多い。食べ物がおいしそう。服装などが派手。	食べ物がおいしい。親しみやすい。声が大きい。
男性	52	人ごみ。	海老フライ。	けち。
女性	28	首都。都会。	名古屋コーチン，味噌カツ，エビフライ。	地元，たこ焼き，お好み焼き，食いだおれ，吉本。
男性	51	芸能人が沢山いる。	下品。	面白い。
男性	45	日本の首都。大都会。混雑。渋滞。	金の鯱鉾。きしめん。ういろう。海老フライ。味噌煮込みうどん。中途半端。	食い倒れ。ケチ。関西弁。吉本興業。
男性	56	東京タワー，皇居，銀座，山の手線，ディズニーランド。	名古屋城，東山動物園，地下街。	大阪城，道頓堀。
男性	51	大都会，田舎者の集まり，下町，人情，粋。	鯱，きしめん，ひつまぶし，織田信長。	食道楽，泥臭い，人情，気安さ，おばちゃん。
女性	45	東京タワー，六本木，丸の内，霞ケ関。	しゃちほこ。	やくざ。
女性	26	六本木ヒルズなどのタワー型商業施設。	料理の味付けが濃い。	よくしゃべる。
男性	29	駅。	名城，名駅，味噌煮込み，ひつまぶし，味噌カツ，オアシス21，名古屋はええとこやっとかめ。	御堂筋，アメ村，海遊館，お好み焼き，大阪城，USJ。
男性	23	都会。人口が集中していてゴミゴミしている。	基本的に地味。質実剛健。	安物買いの銭失い。うるさい。
男性	55	日本の首都。	名古屋城。	大阪城。食い倒れ。
男性	27	東京タワー。	金のシャチホコ。	食い倒れ人形。
女性	55	楽しい，刺激的な都会。娘と息子が大学時代から住んでおり，いつも行きたい所。いつか，住む事になるかも。	実家も近く，通算22年住み落ち着く所。	転勤で7年半住み，友人も多く食べ物も美味しい，行くのが楽しみな所。
女性	35	高層ビル。	味噌カツ。	お好み焼き。
女性	49	大きい，自由な，憧れ，洗練された，日々進歩。	けち臭い。	中途半端な都会，庶民的，故郷。
男性	21	東京タワー。	てんむす，味噌かつ。	お笑い，たこ焼き，お好み焼き。
男性	44	首都。	トヨタ自動車。	道頓堀。
女性	44	首都，人ごみ，他人に無関心，何故か忙しく心にゆとりを感じない。	鯱鉾，味噌煮込みうどん，海老フライ，ウイロウ，天むす，嫁入り。	通天閣，食い倒れ，ノリのいい人。
女性	32	東京タワーのまわりに首都高速が走っている。	食べ物に何でも味噌をかけて食べる。	粉もん天国。
女性	25	首都，（都内生まれ，在住の為）地元東京駅，浅草，新宿，池袋，上野，秋葉原，渋谷，品川，錦糸町，吉祥寺，アメ横，築地市場…人形焼き，柳川鍋，鰻の蒲焼，深川めし，東ばな奈，舟和の芋ようかん，雷おこし，浅草煎餅，満願堂の芋きん，空飛ぶでかドラ，もんじゃ焼，江戸前。	名古屋城，手羽先，名古屋コーチン，味噌グルメ，モーニング，織田信長，豊臣秀吉，天むす，ひつまぶし。	お好み焼き，たこ焼き，イカ焼き，ネギ焼き，大阪城，お笑い，値切り，USJ。
女性	40	都市。自分にとって仕事をする場所。住む場所。右翼の知事が選出された場所。いちおう故郷。	ういろ。名古屋城。自動車産業。	なにわ。おばちゃん。橋下知事。
男性	50	生まれ故郷。しかし，今や周りは見知らぬ田舎者の町。	転勤先，溶け込みにくいが一度入り込むと情け深い，行きと帰りで2度泣いた。女性と老人が強い。八丁味噌。	食い倒れ，飲食は安くて旨い。せかせかしていお笑いの通じる町。
女陸	34	東京タワー，首都。	名古屋城。	食いだおれ。
女性	32	人口が密集。しかし人と人の関係が希薄。	車が多く，運転マナーが悪い。環境問題に前向き。	騒がしい。商魂たくましい。せっかち。

女陸	40	日本の首都。	独創的な人が住む街。	商都。
男性	49	大都会。	味噌煮込み。	たこ焼き。
女性	36	都会，スマート。	しゃちほこ，くどい，方言。	派手，おもしろい。
女性	32	東京タワー，上野動物園，お台場，石原都知事。	味噌煮込みうどん，手羽先，ひつまぶし，名古屋城。	たこ焼き，お好み焼き，大阪城，ユニバーサル，スタジオ，橋下知事。
女性	47	東京タワー。	名古屋城。	大阪ドーム。
女性	32	都会，都庁，国会議事堂，皇居。	名古屋城，愛地球博，みそかつ。	食い倒れ，道頓堀，太陽の塔。
男性	30	大都市。	親切。	きらい。
男性	39	東京タワー。	金のしゃちほこ。	たこやき。
男性	40	首都，大都市。	地方都市，名古屋飯。	関西圏の中心，食い倒れ，大阪弁。
男性	29	東京ドーム。	名古屋コーチン。	お好み焼。
男性	48	大都会。	せこい…金に汚い。	うまい，やすい，親しみやすい。
男性	56	大都会。江戸っ子。下町と山の手。	結婚式の派手さ。新婚家具をトラックに積んで走る風景。	派手なオバチャン。アメちゃん。
男性	46	大都会。	都会，食べ物が美味しい，観光で見るものが少ない，市は責任を住民にマワシガチで，やる事が遅い。	ごちゃごちゃしている，おばちゃんが面白い。
男性	36	自由が無い。	なし。	うるさい。
女性	41	経済・政治・文化の中心地。東京にしかないお店とかに憧れはあるものの，なんとなくそれを認めたくない気持ちが漠然とある。東京弁が嫌い。大阪弁と正反対で気持ちがこもっていない印象を受け，友達どおしが話してても到底友達に思えないような雰囲気。	特異な食文化や慣習のある地域というイメージ。セントレアが出来て経済が盛り上がりを見せていたが，最近落ち込み気味なような。何にでもみそという食は嫌だが，ひつまぶしは食べてみたい。	地元。都会だが人情味のあふれる，親しみ易い街。安くておいしいものが沢山。大阪人は常に大阪弁でいるべきだと思っているのでどこでも大阪弁かも。それだけに違う地方の人からは閉鎖的に感じる場合もあるように思う。
男性	33	都会，首都，東京タワー。	自動車，味噌カツ，ドラゴンズ。	たこ焼き，お笑い，タイガース。
女性	39	大都会，美味しい飲食店が日本一集まっている，泊まりたい一流ホテルが一杯，ショッピング，都庁，皇居。	味噌煮こみ，名古屋城，モーニング，トヨタ商人（ドケチ）。	おばちゃん，粉モン，大阪城，関西弁，ミナミの帝王，お笑い（ナンバ花月）。
男性	37	人が多い。	なし。	吉本。
女性	38	都会でも怖いところ。	馴染むのに時間がかかりそう…。	何にでも干渉してくる美味しい食べ物が沢山ある。
男性	43	娯楽の宝庫。	トヨタ。	道頓堀。
男性	31	人ごみ，首都，電車の乗り換えが世界一複雑，田舎者の集まりが住んでいる。	中途半端に田舎だがそれが心地よく住みやすい都市，地元，金の鯱，名古屋城，セントレア。	おばちゃん，オレオレ詐欺とは無関係，漫才，商人，たこ焼き。
女性	20	東京タワー。	みそ。	関西弁。
女陸	23	東京タワー。	名古屋コーチン。	くいだおれ。
女性	50	中心地，人口が多い，空気が汚れてる，ゴミが多い，地震，東京タワー，ブランド。	名古屋城，手羽先，嫁入り道具が大変，きしめん，しゃちほこ，派手好き，ひつまぶし。	たこやき，おこのみやき，けち，値切る，おばちゃんパワー，大阪弁，派手好き，アニマル柄大阪城，USJ。
男性	35	人ごみ。混雑。物価が高い。空気が悪い。	食べ物。真ん中。目立ったもののない。	粉モノ。話し方がキツイ。
男性	54	世界に類を見ない巨大都市。	これと言ってイメージが湧かない。	東南アジア。
女性	31	お台場，都会，都庁，東京タワー，芸能人，渋谷，秋葉原。	みそカツ，ういろう，エビフライ，中日，名古屋弁。	大阪城，たこ焼きお好み焼き，USJ，関西弁，吉本。
男性	43	首都，国会，政治，経済，文化の発信地。霞が関，オフィス。下町。	3英傑。元気。博覧会。地下鉄。金シャチ。名古屋弁。味噌。	関西弁。吉本。喰い倒れ。値切り。
女性	50	都会。	田舎。	商人。
女性	62	大都会。	田舎の都会。	商売人。

男性	32	日本の首都。多府県から来た人も多く特徴という特徴は無い。	せこい。見栄っ張り。味噌カツ。モーニング。手羽先。	お金にシビア。おしゃべりが好き。せっかち。ノリがいい。たこ焼き。お好み焼き。道頓堀。阪神フアン。
女性	40	東京タワー。	みそかつ。	通天閣。
男性	44	大都会で人口が多くいろいろな可能性を秘めた町。しかし，貧富の差も激しく多才な人々のいる不夜城。政治経済の中心地。	結構，マイナーだけれどいろいろ面白いものがある街。味噌煮込み。手羽先。	キラキラものが多い。たこ焼きを代表にするような粉ものの食べ物。阪神タイガース。
男性	31	日本の首都で，たくさんのビルや人がいる一番の都会。人間が冷たいような感じがする。	戦国武将の織田信長，羽柴秀吉，徳川家康，前田利家らが生まれた場所で，トヨタ自動車といったものづくりの中心。人間はけちな人が多いような気がする。	吉本興業や松竹芸能といった，お笑い芸人が多くいる都市で，商人が多くいそう。
女性	26	都会，高層ビル，芸能人。	名古屋嬢，エビフライ，味噌カツ。	たこ焼き，吉本新喜劇，お好み焼き，大阪弁，お笑い。
男性	50	都会，人混みが浮かびます。	保守的な地方都市という感じです。トヨタ自動車も思い浮かびます。	道徳，風習や生活感など独自の価値観を持つ地域の印象が強いです。関西弁やガラの悪い言葉のイメージが強い。
男性	40	首都，東京タワー。	味噌カツ，名古屋城。	お笑い，たこやき。
女性	40	首都，高層ビル，皇居，人が多い。	名古屋城，きしめん，ひつまぶし，みそかつ，トヨタ自動車，広い道路。	大阪城，水の都，ＵＳＪ，たこ焼き，お好み焼き，吉本興業。
女性	56	みんなが思っているのと反して，緑が多い人間がやさしい。	Ａがたのひとが多いマナーがわるい時間にとらわれない。	本音で暮らしてる。おもしろい。
男性	57	日本の中心。	自己中心的な地域。	嫌い。
女性	37	都会。時間が早く流れる。人が多い。エグゼクティブが住んでいる。	地元。地元愛，中日ドラゴンズ，ドアラ，名古屋めし。	大阪弁，よしもと，海遊館，ＵＳＪ，値切る，美味しい食べ物。
男性	45	増殖。密集。経済の中心。	保守的。都会の形態をした田舎。	庶民的。食文化。人情。
女性	33	都会，ものが溢れている感じ。	うどんが美味しい。	お笑い，たこ焼き，面白そう。
女性	32	物価が高い。	ちょっと前まで景気がよかった。	ノリがいい。
男性	27	都庁。	つぼいのりお。	SPF ソフト：初代熱血硬派くにおくん。
男性	60	ゴチャゴチャした町。	東京からすると田舎。	やかましい町。
女性	31	東京タワー。	金のしゃちほこ。	たこ焼き。
男性	36	日本の中心。	特になし。	昔の栄光。
男性	39	冷たい。	ケチ。	がさつ。
女性	25	東京タワー，六本木ヒルズ。	名古屋嬢，味噌かつ，味噌煮込みうどん，ひつまぶし。	お好み焼き，たこ焼き，道頓堀，食い倒れ人形。
女性	25	大好き。	お金。	商売。
男性	67	首都，日本の中心，皇居，過密都市。	田舎。堅実。	食い道楽。商売の町。
女性	45	お台場。新宿のビル街。人ごみ。	喫茶店。中日ドラゴンズ。加藤晴彦。味噌煮込み。天むす。	吉本。たこ焼き。グリコの看板。千日前。
男性	53	住んでる都市。	新幹線ホームのきしめん。	たこ焼き。
女性	27	人が多くて混雑している。華やか。	グルメの街。おしゃれ。	賑やかな町。うるさいイメージ。
男性	48	人が多い。	大いなる田舎。	笑い。
女性	42	都会。	しゃちほこ。	食いだおれ。
男性	39	オリンピック。	みそかつ。	たこ焼き。
女性	38	都会的。	味噌煮込み，みそかつ，ドラゴンズ。	阪神，関ジャニ∞。
男性	46	人が多い。雑然としている。	道が広い。地下街が複雑。	解かりにくい。
男性	40	故郷。	エビフライ。	食い倒れ。
女性	37	都会。	トヨタ。	吉本，くいだおれ，おもしろい。
女陛	37	東京タワー。	味噌煮込みうどん。	たこ焼き，関西弁。

女性	37	高層ビル，大企業，ビジネスマン，都市，人ごみ，満員電車，交通渋滞，ネオン，音楽，ファッション。	手羽先，エビフライ，ギラギラ。	黒服，大衆食堂，ヤクザ，水商売，おばちゃん，くいだおれ，ケチ，趣味の悪い派手な服。
女性	31	都会。ライブや観劇をしやすい土地。	夏休みの旅行先。祖父母が居住していたため。暑くて車線が多い。	お好み焼き。怖い場所。（防犯上。道端の貼紙がひったくり多発につき注意だった）商売意欲旺盛な場所。（電車の放送で次の停車駅の近所のお店や病院のＣＭがあった）
女性	50	首都，大都会，コンクリートジャングル。	金のしゃちほこみそかつ新しくできた空港。	通天閣，道頓堀，大阪弁，淀川。
女性	23	ディズニーランド，ジブリ美術館，都会，人がいっぱい。	地元楽しい。	たこ焼き，串カツ，食べ物がおいしい，ユニバーサルスタジオ。
男性	28	濃い味付け。柄の悪い老人男性。吊り目パーマ。粉化粧の中高年女性。冷淡な人間。東京球場。東京ヤクルトスワローズ，神宮球場，大東京。首都大学東京。東京大学。立川談志。東京@桑田圭佑。東京タワー。フランク永井&松尾和子@東京ナイトクラブ。FC 東京。	ヒョウ柄。アイパー。名古屋巻き。味噌味。櫃塗し。手羽先。きし麺。名古屋球場。ナゴヤドーム。燃えよドラゴンズ。ドアラ。シャオロン。名古屋グランパスエイト。名古屋大学。にゃーも。だぎゃー。つぼイノリオ。シーモネーター。ゆきねえ。なごやん。	食い倒れ。短気な中年男性。暴力団。パンチパーマ。大阪球場。大阪（オリ鉄）バファローズ。南海ホークス。BORO。上田正樹。通天閣。阪神デパート。阪急電車。藤井寺球場。ガンバ大阪。セレッソ大阪。やしきたかじん。上沼恵美子。サンテレビ。FM802。大阪大学。ひったくり。人権問題。
男性	48	大都会。人。首都。経済および文化の中心。本社。秋葉原。	トヨタ。名古屋弁。ういろう。きしめん。	商人。関西弁。お好み焼き。たこ焼き。難波。
男性	34	東京ドーム。	ナゴヤドーム。	京セラドーム大阪。
男性	46	首都，新宿，お台場。	名古屋城。	たこやき。
男性	36	都会。	大都市の田舎。	やばん。
男性	33	都会。	中日，トヨタ。	阪神。
男性	42	都会。	味噌カツ。	タコヤキ。
女性	31	雑。ごみごみしている。移動が地下鉄。	小さくて歩きやすい。下町。	電車の乗換が難しい。活気がある。
女性	39	石原都知事，公共交通機関が発達しており運賃が安いが通勤は殺人的。	都会の割には保守的な土地柄で持ち家率，車所有率が高い。名古屋城。	よしもと，お笑いが生活にしみこんでいる。橋下知事。たこやき。
男性	37	東京タワー。	ひつまぶし。	たこやき。
女性	47	大都会雑踏。	大いなる田舎。	下町の大都会。
女性	29	東京タワー，下町，ビル。	みそかつ，シャチホコ。	たこやき，大阪弁。
男性	43	仕事量が多い。遊ぶ所が多い。	閉鎖的。	おもしろい人が多い。
男性	41	都会人混み，渋滞。	名古屋城，モーニング，豊田。	たこ焼き，お好み焼き，人情，お笑い。
女性	28	国会議事堂。	テレビ塔。	大阪城。
男性	54	アンバランス。	明るい。	バイタリティー。
男性	44	首都，一極集中，人口密集，情報発信基地。	大いなる田舎，近年の急激な成長，自動車主体の産業，Ｂ級グルメ。	道頓堀，水の都，大阪城，財政赤字，故郷，日本一まずい水。
男性	44	人が多い，ごちゃごちゃしている，乗り物がややこしそう，空気が悪そう。	手羽先，ひつまぶし。	たこやき，お好み焼き，粉モノ。
女性	37	新しいものが集まっている。すべてが最先端。	親しみやすい。	食べ物がおいしい。
女性	43	斬新な都会的な危険な感じ。	田舎くさい保守的みえを張る感じ。	うるさい積極的な食べ物がおいしい感じ。
男性	45	出身地。	ういろう。	たこやき。
女性	42	住んでいる街。	地方都市。	関西。
女性	27	日本の首都であり大都会。スタイリッシュで華やか。高くておいしい店はあるが，安くておいしい店はない。値段と味が比例する。	田舎からの成り上がり。成金。独特の味つけ。好みの問題。	人情味ある下町。高くてまずい店もあれば，安くておいしい店もある。自分の目利きしだい。

男性	31	東京タワー，六本木，歌舞伎町，新宿，国会議事堂，靖国神社，渋谷，原宿。	名古屋城きしめん，みそかつ，スガキヤ，ひつまぶし，手羽先。	たこやき，道頓堀，よしもと，お好み焼き。
女性	32	交通の便がいい（交通網の発達）流行の発信地。人気の飲食店が集まっている。便利な事が多い（交通・飲食店の多さ・日用品や服飾店の多さ・雇用機会の多さ）ため，結局は一番人が多く集まる地域。	こだわり・誇りを持つ人が多い（名古屋に住んでいること・ファッション（名古屋巻き・ブランド））印象。オリジナル料理がある（みそカツ・味噌煮込みなど）	元気。パワーがある。おいしいものがたくさんある。
男性	32	都会。	金のしゃちほこ。	関西弁。
女性	22	日本の代表，東京タワー，東京ドーム，流行の最先端。	名古屋城，エビフライ。	大阪城，通天閣，くいだおれ，吉本。
男性	43	とかい。	なし。	なし。
男性	27	地元。	生活圏。	うるさい。賑やか。
男性	36	歌舞伎座。	名古屋城。	通天閣。
女性	60	大都会。センス溢れる都市。文化都市。	近年大きくなった都市。どちらかというと地味な都市。	食いだおれと，言われるごとく食べものが豊富でおいしい。ごちゃごちゃしていて，緑がすくないので，美観が劣っている。
女性	37	日本の首都。人が集まるところ。	地元。独自の県民性。	橋下知事。やや斜陽なところ。
女性	34	政治，流行等，あらゆるものの中心。発信地。人が多くて空が狭く，窮屈なところ。食事が金額の割りに美味しくない。通勤時間が長い。家賃が高い。	東京に張り合わないで独自文化を確立している。そこそこ流行を感じられてお得に美味しい食事ができ，住みやすい。	人柄が明るく，体にしみこんだお笑いのセンスを全員が持ち合わせている。食事が美味しい。仕事が少ない。
女性	39	人が多い，娯楽や楽しみに不自由しない。	産業と車のまち，道が広い。	商人のまち，ごみごみしている，おばちゃんがずうずうしい遠慮がない。
男性	39	詐欺。	嘘つき。	べた。
男性	37	水がまずい町。	エビフライ。	大阪弁。
女性	35	人が多い。迷子になりそう。	みそかつ，名古屋巻き，スケーター，結婚式が派手。	濃い，大阪弁，路駐。
女性	36	首都。	食べ物。	おいしいもの。
女性	28	東京タワー，お台場，都市，ディズニーリゾート。	名古屋城，ひつまぶし。	通天閣，ＵＳＪ，たこやき，道頓堀，吉本新喜劇。
男性	31	都会，冷たい。	閉鎖的，自動車，濃い味付け。	人情味あふれた町，ノリが良い，食べ物がおいしい。
男性	42	首都。	名古屋巻き。派手。金の鯱鉾。	商人の町。
男性	41	自己中心的な都市。	地方都市。	文化度の低いまち。
女性	28	汐留。	トヨタ。	橋下知事。
女性	24	首都。都会。交通網発達。人だらけ。	中日ドラゴンズ。トヨタ。適度に都会。名物たくさん。喫茶店。	たこやき。下品。おばちゃん。阪神タイガース。
男性	53	東京タワー。	名古屋城。	たこ焼き。
男性	49	首都，政治・行政の中心。	トヨタ等自動車産業独自の文化。	商業の街。
女性	53	物価が高い。東京タワー。	ウイロー。うなぎ。	たこやき。おばちゃん。
男性	37	混沌。	閉鎖。	明るい。
女性	35	石原都知事。	コーチン。	さびれてる。
女性	48	電車，歩き，ビル。	意外に田舎，車。	川，古い，大阪弁，吉本。